20世纪中国图书馆学文库·63

中国古代图书事业史

来新夏 等著

圙 國家圖書館出版社

本书据上海人民出版社 1990 年 4 月第 1 版
排印（原书所附图未排印）

目　录

叙　言

来　新　夏

　　《中国古代图书事业史》的构思始于七、八十年代之交。那时,我开始由研究古典目录学而逐渐延伸到图书馆学领域,并由于我受命组建图书馆学专业和承担教学行政管理工作而需要对某些学科作具体的剖析与探讨。我朦胧地感到在图书馆学的教学领域中某些课程有重见叠出的弊病,如中国书史、中国目录学史和中国图书馆史的分设就出现无可避免的重复,使人有数见向、歆父子之烦。我想为什么不能将书史、目录学史和图书馆史等合一而写成《中国图书事业史》呢? 于是准备先从鸦片战争前的古代部分着手,并在1980年写成《试论〈中国古代图书事业史〉的研究对象与划阶段问题》一文(《学术月刊》1980年8月号)。这是《中国古代图书事业史》的最原始提纲。此文发表后得到一些同行的支持与鼓励,希望我能作较为系统的撰述,我也不揣固陋,开始作组织力量和进行撰述的准备。

　　1981年,我对此书的规模进行了构思和设计,并邀约合作者。我以那篇论文为基础,撰写了近四万字的提纲(油印本),作为共同写作的基本依据。这份提纲先付油印,后以讲话形式在《津图学刊》连载;1986年又承天津古籍出版社敦促删订增补,并配印图片,以《中国古代图书事业史概要》为书名,于1987年公开出版问世,成为《中国古代图书事业史》的简本。但物色合作人手洵非易事,几经反复,始克着手;中间又因认识一时难趋一致,往返商榷,

1

成稿速度延缓,蹉跎岁月,历时五年,1986年春始成初稿(油印本)70万字。略加翻读,即感亟需删订,遂将管见所及提请原撰人修订,并再次订正提纲以求划一,规定进度以谋克期竣工。不意又多经周折,始陆续集中我手,乃由我全面删订,成为五十万字的二稿,油印后曾分寄有关同志求教。当时《中国文化史丛书》有几位编委力邀将此书列入,而主其事的朱维铮兄又多次提示,既入丛书宜与它书形式大体一律,于是先请端木留先生再删其繁芜,整其文字,然后由我通读全稿,统一体例,查核史料,修饰文字,于1987年冬完成此30万字定稿。此书虽三易其稿,四经修订,但书成众手的痕迹仍依稀可见。现循读定稿,实感忐忑,只是由于艰难孕程中新生物的躁动在催促我不能再迁延时日,有负属望,才决心将书稿送交丛书编委会审定。

本书是《中国图书事业史》的古代部分。它的编纂目的是力求自成体系而减去繁复。撰者尽可能搜集有关史料,并在此基础上考辨研究,论述成文,不作蹈空之论。它的基本内容是以图书为中心而涉及与图书有关的各种事业,包括搜求、典藏、管理、整理和编纂等。它既非学术发展史,也非历代著述史。各篇章节大体求其一致,但因时代情况各殊,所以章节安排和论述方式也间有出入。至于鸦片战争后的近代部分尚待假以时日,撰著成书。

本书初稿的编写系按时代由撰者分担,参加编写的人员有:

绪论、各章目录部分——来新夏;

周、秦——端木留;

两汉——陈德弟、陈作仪;

魏晋南北朝——孙立群;

隋唐五代——郑伟章、赵永东;

宋辽夏金元——萧鲁阳;

明——南炳文;

清——白新良。

在编写过程中，江晓敏和李玉进等同志都参加过部分工作。端木留先生在全过程中出力尤多，他除分担专章撰稿外，还协助我删订文字、整理书稿，工作繁重而朝夕从事，对本书的底成作出了应有的贡献。孔德利同志在拍摄图片工作中也颇著辛劳。我对这些同志的支持并使我的设想付诸实现都表示深切的感谢。由于我承担了提纲拟制、通稿审定、统一文字等工作，因此我应对全书负责。书中存在的体例、史料、论述和文字诸方面的缺点，则是我限于学识的不足和试探工作的生疏所造成，我衷心希望通过本书的问世能获得知者和读者的指正。

一九八七年十二月于南开大学邃谷

绪　论

　　我国是一个历史悠久、文化遗产丰富的国家,图书的出现较早,图书事业已有二千多年的发展历史。图书在各时代的政治、社会生活中所发挥的作用,是中华民族精神文明的重要组成部分。因而,探索和研究中国古代图书事业史是非常有意义的工作。对这一课题的研究对象,历史发展阶段以及前此的研究概况略加叙述是有助于了解本书的。

一、研究对象的问题

　　每一门学科都有它的特定的研究对象,也就是这门学科的范围。中国古代图书事业史既不同书史,也不同于图书馆事业史,它既包括图书本身发展的历史,又包括与图书有关的各项事业的发展史。它是一门以图书为中心,包括所涉及的各有关方面发展情况的学科。

　　既是以图书为中心,那么首先应该明确什么是图书?

　　图书,浑言之就是指书籍而言;析言之则以文字为表达手段的称"书",以图画画面为表现手段的称"图"。那么,图书究竟从何时开始出现? 它的最初形态是什么?

　　有人认为:从结绳记事、象形壁画到甲骨文、金文都是图书。这种说法不能说毫无理由。但是,从严格意义上说,只能说这些是图书正式出现前的先驱形式。它们为图书的出现准备了条件,起了图书的作用，但不是正式的图书。因为它们虽有了文字或图画这类直接载体，但铭刻金文的青铜器却不是专用的间接载体，甲骨虽是专用的间接载体，但它所记录的内容却是作为档案来保存，没有起到传播各种知识的作用，所以都不能算作正式图书。

我们认为：正式图书必须具备如下三项条件：

1.有一定符号（文字或图画）所表达的内容。

这是图书的基本条件。这种用一定符号记载的内容，是指各种事项、知识、思想等等。没有这样的内容，则不成其为图书。

2.有一定形式的专用载体。

这是图书的必要条件，是指用于记载一定内容的专用材料。

3.有传播各种知识的作用。

这是图书的重要条件。人类的文化借以传播、丰富和发展。

按这三项条件来看，我国图书的最早形态应是简书。它把人们的思想、观点……，通过文字写在竹木上，然后集成书的初级形式，卷成卷子加以流通传播。帛和纸的相继使用也都类此。从而图书和与图书有关的各种事业也得到相应的发展。因此，古代图书事业史的研究对象首先应是图书发展的历史。

图书的出现和发展，自然地产生了聚散和典藏诸问题，而各个时代又由于现实的需要，采取一些相应的措施，如制定有关政策和法令、制定若干庋藏、保管（防蛀、防火、防盗等）制度和办法、设置有关机构和人员等等。这些都构成图书事业的内容。因此也是古代图书事业史的研究对象。

有了大量的藏书而不加整理、编目，则无从发挥图书传播知识这一重要功能。这种整理、编目工作无疑地应成为古代图书事业史的研究对象。

图书的出现和发展，必然带来图书的流通与纂集。而随着印刷技术的发明和改进，图书的流通形式和纂集工作也日益变化、发展，使图书事业更为蓬勃兴旺。因此，也必须把图书的流通与纂集作为研究的对象。

总之,中国古代图书事业史的研究对象应包括:

1. 图书形态的发展;
2. 图书的聚散、典藏及其所采取与施行的相应措施;
3. 图书的整理与编目;
4. 图书的流通与纂集。

二、关于阶段划分问题

中国古代图书事业发展的漫长历程处于周秦至明清的封建社会历史时期内。那末,究竟应该根据什么标准来划分中国古代图书事业发展的不同历史阶段呢?

我们认为:它既是史,当然不能完全脱离一般历史的阶段;但是,也不能不考虑它是专史,而应寻求足以划分专史发展阶段的标志。作为中国古代图书事业史来说,图书是它的根本,所以图书形态发展特点应作为划分阶段的主要标志;同时也应考虑整个历史的发展阶段以及围绕图书而展开的各种事业的显著特点进行综合考察,从中得出一个大体上可以划分的段落。

以这样的标志为依据,中国古代图书事业史拟划分为以下几个阶段:

（一）图书事业的创始阶段——周、秦

我国最早形态的图书——简书在周秦的正式出现,标识着图书事业的开端。随着简书的正式出现,有关的各项事业因之创始。根据文献记载,周秦时已正式建立了主管和领导图书事业的机构和职官,而图书分类的概念和使用也已在这时开始。

（二）图书事业的兴起阶段——两汉、魏晋南北朝

两汉是我国图书第一次大集合时期,图书事业逐渐正规化,成为我国古代图书事业的兴起阶段。魏晋南北朝大体延续两汉成规并有所发展,是兴起以后走向发展的过渡。这一阶段又可分为二

小段：

1. 两汉

简书是两汉时期图书的主要形态，缣帛是辅行的书写材料，纸的制造也在东汉以后逐渐达到可以代替缣帛而作载体的质量水平，为图书和图书事业的发展奠定了物质基础。汉朝从一开始就注意图书的搜集，武帝、成帝相继颁布求书命令，使图书出现了第一次大集合。两汉之际，虽有散失，但东汉光武、安帝、顺帝各代继续搜求，渐复旧观，并略有增加。刘向父子在国家大量藏书的基础上，开展大规模的校书活动，正式进行整理编目工作。他们历经二十余年的辛勤劳作，完成了我国综合目录的开创性著作——《别录》与《七略》。班固以《七略》改编为《艺文志》入于《汉书》，开二千年来史志目录之局。

2. 魏晋南北朝

这一时期，社会比较混乱，政局变动较大，中外经济文化交流频繁，成为图书事业从奠定基础以后走向发展的过渡阶段。帛和纸逐渐代替简书成为主要的书籍形态。各朝都积极进行了求书工作，至梁元帝时已达十万余卷，较之汉代，增长多倍。在整理编目方面也作出了卓越的贡献。著名学者魏郑默、晋荀勖、李充、宋王俭、梁阮孝绪等所进行的工作，均卓有成效。图书的纂集出现了第一部类书《皇览》。这是曹丕于黄初年间（220—226年）命刘劭等类辑五经群书而成者。

（三）图书事业的发展阶段——隋唐五代

这是中国图书第二次大集合时期。隋统一后就分道搜访异本，并制定奖励办法。唐自太宗至文宗历朝都有求书活动。图书典藏较前代有很大改进。专设的图书机构和职官至唐可称完备。由于雕版印刷和纸的普遍使用，图书逐渐由写本向刊本过渡，增加了图书的数量，扩大了流通。整理编目工作，反映了我国图书第二次大集合的成果，这一时期编纂了一些体制较备，资料丰富的类书,对保存图书资料起了重要作用。

(四)图书事业的兴盛阶段——宋、辽、夏、金、元

宋自建国后,除将各地藏书集中外,还不断诏募亡书。国家藏书得到初步恢复。元灭宋后,又接收版片,修补刊行。辽夏金不仅从宋接收了汉文书籍,还刊行了蒙文等少数民族文字的图书。宋代典藏图书,主要有国家、私人、书院三大系统。元辽夏金也均有与图书有关的机构。宋代不仅雕版印刷有所发展,而且发明了印刷。这是图书印刷的第二次跃进。宋代刻印图书之风甚盛,图书的形态逐渐由卷子过渡到方册,印本逐渐代替写本。辽夏金也都有公私刻书,元代的刻书事业不亚于宋代,宋代除了官修目录外,私人藏书家编目成为这一阶段的特点。郑樵的《校雠略》更开创了对目录学的研究工作。纂集图书的事业在这一时期也有了极大的发展,不仅有多种大类书,新的纂集图书形式——综合性丛书也开始出现。

(五)图书事业的全盛阶段——明清

明初除接收元朝全部藏书外,又下诏求书。清朝除求书外,还通过《四库全书》的纂修,使图书进行了第三次大集合,成为图书事业全盛的显著标志。明代的套版多色印刷使图书益臻精美。这是继雕版、活字之后的第三次跃进。图书的装帧也改用线装。明朝的国家藏书处文渊阁,自成祖将文渊阁藏书拨归内阁后取消了。清初也是内府藏书。乾隆后期,由于《四库全书》纂成,更在南北修建七阁,使国家图书馆具备正式规模。明清藏书事业的特点,还在于私人藏书兴盛。这些藏书家大都具有专深的学术造诣,对图书的完善作出了超越前代的贡献。明清两代的目录事业也比较兴盛,清代《四库全书总目》是封建社会图书的总结。而史志目录的补志工作基本上形成了整个封建社会的图书总目。在图书纂集方面,明清两代更是迈越前朝,《永乐大典》、《古今图书集成》、《四库全书》成为我国图书事业全盛阶段的重要标识。

中国古代图书事业在正常发展进程中，随着外国资本主义势力侵入我国，加以封建统治政权的日趋腐朽，社会性质有所改变，图书事业的有关内容，也随之发生若干变化而进入近代图书事业的历史时期。

三、研究工作的回顾

中国古代图书事业史的综合研究一直比较薄弱，过去的成果多偏重于单一领域的研究。

（一）书史的研究

清代末期开始有了对古代图书制度进行研究的专著。如叶德辉的《书林清话》，叶昌炽的《藏书纪事诗》。以后又出现了王国维的《简牍检署考》，刘国钧的《中国书史简编》等。

（二）目录学史研究

据文献记载，自宋开始已经有人从事这方面的研究，主要代表有：王应麟的《汉书艺文志考证》，郑樵的《通志·校雠略》，晁公武的《郡斋读书志》和陈振孙的《直斋书录解题》等。清代章学诚的《校雠通义》和晚清姚振宗的《快阁师石山房丛书》诸作，允称佳著，而散见诸家文集杂著者，为数更多。近代还出现了余季豫师的《目录学发微》，汪辟疆的《目录学研究》，姚名达的《中国目录学史》。解放后有王重民的《中国目录学史论丛》和来新夏的《古典目录学浅说》、武汉大学和北京大学编著的《目录学概论》等。

（三）图书馆史研究

在这方面，散篇的论文多而专著则较少。有刘国钧的《中国图书馆史》，李希泌的《中国古代藏书与近代图书馆史料》及武汉大学编的《图书馆史的资料》等。

书史、目录学史、图书馆史这三者因各自述作，重复必然很多，而三者既紧密相连，又不能不互有涉及。因此，把这三者综合为图书事业史，则既可避免重复，又可使体系完整。

与中国古代图书事业史有关的基本文献，大致有以下几个方面：

正史　即二十四史。如增入《新元史》和《清史稿》可合称二十六史。它是研究这一课题的基本文献。

政书　是典章制度的专门史。可分三大类：一是会典，是一个朝代典章制度的汇编；二是十通，是专讲典章制度的书；三是会要，是后人按专题汇编的史料。

诗文集　是个人的专集。有学者的个人见解和记事。

笔记杂著　多记书林掌故，可备稽考。

时人论述　时人论述散见报刊，检读困难，华东师范大学图书馆学系与图书馆合编的《图书馆学情报学档案学论著目录》，收录1949—1980年论文篇目，可备检索。

第一章　图书事业的创始阶段——周秦时期（公元前207年前）

第一节　汉字的产生与图书的先驱形式

一、汉字的起源与图书的传说

文字的产生，从社会史上看，它是出于人们生活的需要而逐步创造的，是社会发展到一定阶段上的产物，是经过漫长的时期而形成的。汉字当然也不例外。相传为孔子所作的《易经·系辞下·传》说"上古结绳而治，后世圣人易之以书契"，说明文字是继结绳记事之后逐渐创造积累而来的。

根据我国古代文献和近代人科学资料，在文字产生以前，原始人类曾采用过实物和图画等作为帮助记忆和辅助语言的手段。结绳是主要的记事实物，如以绳结大小表示事的大小，绳的数量表示数字等等。"契"则是刻画符号的骨板。如在甘肃西宁仰韶文化遗址发现的刻划过的骨板是古代的骨契，其中周家寨出土的骨契上刻的线条，很像古文字"五"和"六"两字。从结绳、契到原始汉字是汉字起源基本线索之一。

汉字起源的另一条线索是图画。自人类进入新石器时代后，随着交际的需要，图画便逐渐取代了实物而成为辅助语言的主要手段。除单幅的图画外,还出现了比较复杂的图画,并通过图解语意而与语言相联系,具有了文字的性质,这便是通常所谓的"文字画"。汉字中最初的象形字和指事字便都是从文字画中孕育出来的。据西安半坡仰韶文化遗址和山东大汶口文化遗址出土的陶器上的符号推测,估计在夏代的初期形成文字体系的可能性是很大的。因此,汉字至今或已有四千年的历史了。

现在所能见到的最早汉字是商代后期的甲骨文。它是公元前十三、四世纪时遗留下来的刻在龟甲和兽骨上的文字。它使用的单字已达四千六百多个,形声字已占一定比例,并且已使用了假借字,这说明甲骨文已是相当成熟的文字了。

另外,由于冶炼技术的发展,夏代晚期可能属于青铜时代。作为古代"重器"的鼎和其他青铜器,往往铸有铭文,称为钟鼎文或金文。相传为殷代的"散氏盘",铭文达三百四十八字;相传为西周的"毛公鼎",铭文达四百九十一字。五十年代,陕西扶风的一个窖穴里出土有铭文的青铜器七十四件,其中"史墙盘"铭文达二百八十四字。这些文字比甲骨文字的成熟度似乎更高些。

甲骨文和钟鼎文是现在所能见到的最古老的汉字。有了文字,图书的产生便有了基础。

我国最早的图书传说,据文献记载,是"河图"和"洛书"。关于"河图洛书"的内容和作者,在经书和子书中有许多不同的说法,而且差异很大。"河出图,洛出书"的"图"和"书",即使确有其事,实有其物,也决不是正式图书,而只是古人出于对图书的喜爱和向往的美好传说而已。

继之,有夏的"铸九鼎、象九州"的说法。但是,这种在"九鼎"上的象物之图,即使不失传,也不能看成是具备图书要素的正式图书。

在《史记》、《尚书》和《大戴礼记》中所载夏及夏以前的文献,其著作时代最早的也不会超过周,或均出于战国时期。而且这些文献也主要是作为档案材料被保存,而不是作为流传用的正式图书。所以我们认为夏代还没有任何形式的正式图书出现。

二、殷商时期的图书先驱形式

公元前约十七世纪初,商王朝建立。公元前约十三世纪,商王盘庚迁都于殷(今河南安阳),直到公元前十一世纪,史称殷商时期。

关于殷商时期的图书事业状况,由于文献不足,尚难作出比较完整的描述。有一些人曾引《尚书·多士》篇中所说"惟殷先人,有册有典"来证明商代已以简牍作为书写材料。但是,一方面由于尚无实物资料可作证据;另一方面,对这两句话也还有不同理解。如刘国钧认为这里所谓的"册"和"典","很可能就是简策"①。可是汉许慎《说文解字》(卷二下)册部则说:"册、符命也。诸侯进受于王也。象其札一长一短,中有二编之形。""𣜩古文册从竹。"所谓"符命"是类似证件一类的东西。李静生在《纳西东巴文与甲骨文的比较研究》中提出东巴文的 𠕋 是"氏族设栅共居"的栅,与甲骨文中 𠕋 字,形相似,义相同。他认为"竹木简成册,不可能一长一短,长短不一",而"栅栏不必求齐,多为参差之状,文亦如之。"②这种比较研究所得出的见解是有一定启发意义的。至于"典"字,也可按许慎所释"大册也"的说法而看作是一种大型"符命"。因而这一"典"、"册"的记载只能视作正式图书出现前的先驱形式。至于"册"和"典"的古文均从竹,则因《说文解字》的"古文"并不是殷商时的文字而是东周后期战国时东方六国所用的文字,那时的典册已通用竹了。

流传到现在的商代的重要实物文献,是十九世纪末叶在河南

---

① 《中国书史简编》第 26 页,高等教育出版社 1958 年版。

② 《云南社会科学》1983 年第 6 期。

安阳发现的龟甲兽骨上面刻划的文字——甲骨文或称"契文"。最普遍的内容是祭祀、战争、田猎、出行、疾病、风雨等和其他关于神灵、自然现象及与人事有关的记录。当帝王需要决定和预知一些可能发生的祸福事件时，便以甲骨来祈求神灵或祖先佑助。由"贞人"或"卜人"先在甲或骨的背面凿一个长槽，上宽下狭，狭处逼近正面，然后再在槽旁钻一圆坑，卜时便用火在圆坑处烧灼，随之在正面沿着槽和坑的地位便爆裂出纵横的裂纹——兆。卜人根据兆纹的形状而判断所卜之事的吉凶。贞卜毕，卜人便将疑问、解答以至卜后的征验刻在甲骨上，这便是所谓记事的刻辞了。据胡厚宣先生统计，现在国内外和港台地区收藏的甲骨共十五万四千六百多片①。

在甲骨文中，"册"字作𠕋、𠕋、𠕋、𠕋、𠕋诸形，或贯穿、或套札、或叠放，其中或三或四或五，都长短不齐，正像龟板联缀之形。而殷墟出土的成套甲骨，有的三板，有的四板，有的五板，与所象之形也正合。甲骨文的典字则作𠔜、𠔜、𠔜诸形。其中所含之"册"亦皆长短不齐，其余或像两手捧册置"二"（上）或"二"（下）之形。"二"当指窖穴，即殷墟发掘的灰坑。

卜辞中又多见"𠀉册"②、"祝册"、"工典"等词。小屯乙编四五二八片有一片龟腹甲记事刻辞"三册、册凡三"，当系记载龟册的数目。因而有人认为这正是《史记·龟策列传》的所谓龟策，而商王朝的甲骨文应是"中国最古老的书"③。

又，魏东坡在《我国最古的一部书——介绍殷代甲骨的〈月

---

① 《八十五年来甲骨文材料之再统计》，载中华书局《古籍整理出版情况简报》第129期（1984年10月）。

② 《说文解字》四下菁部："𠀉，并举也。"

③ 曾毅恭：《我们最古的书甲骨文——龟册》，载《文物参考资料》1954年第5期。

令〉》①中说，在传世的甲骨文中，有一片记载殷代"月令"的甲骨②，内容为一月和二月的干支表，是殷代"宪书"一类的东西，虽然只有一月和二月，但可推断它可能是一部记载一至十二月的"残页"，因而它应该成为我国最古的一部书。这从文字记载于专用载体的角度说是可以的，因为甲骨文的发现，在我国文化史上无疑有着极为重要的意义，它向人们提供了殷商时代有关政治、社会、文化、生活各个方面的第一手文字资料。孔子正是因为没有见过甲骨文资料才深深慨叹"文献不足"；但从图书必须流通这一重要性质来说，"龟册"（龟策）、"月令"，应属档案性质的东西，可称为图书正式出现以前的先驱形式，或图书的雏形，但还不是正式图书。但它们确为正式图书的出现提供了趋向成熟的条件。

在历次对安阳小屯的甲骨的发掘中，有巨大意义的一次是前中央研究院于1936年在127号窖穴一坑出土的甲骨17804片。其中有三百片完整的龟甲，经过考证，是当时的档案，原来这里是武丁时代的档案库③。坑中并有一具人体骨骼，很可能是这批龟甲档案的保管者，也就是"史"一类的人物。"史"字常见于甲骨文及金文。"史"在《说文解字》卷三下史部释作："记事者也。从又持中；中、正也。"按：许氏以中为正，这是望文生训，其实"中"是物，"史"象征右手持物。但所持何物则自来有不同解释，清江永谓："凡官府书谓之中"；吴大澂谓："象手执简形"；王国维解释为"盛算之器"；马叙伦谓为笔；陈梦家谓为田猎之网；劳幹谓是弓钻，为钻灼卜骨之用。这些解释虽不同，但有一共同点，即"中"必与文字记录有关。而甲骨文中已有"史"、"御史"、"内史"、"乡史"、"左史"、"右史"、"祝册"等称谓，如对照《尚书》，殷时已有

① 《图书馆工作与研究》1981年第2期。
② 《殷墟书契后编》卷下，第1页第5片。
③ 《商周考古》，文物出版社1979年版。

卜、史、巫、祝之官，则可知殷代的史官制度已有相当规模。这些职称虽很难判断其具体职掌，但从周秦的设官推测，都可能与图书档案管理工作有关。

第二节　周秦时期的图书事业

一、简策与书写工具

周王朝初年，仍使用甲骨为文字载体。《史记·龟策列传》说："至周室之卜官，常宝藏蓍龟。"《逸周书·史记解》也说："龟册是从。"可见周时仍使用龟甲，并有龟策。但周代龟甲上的文字与殷代的有所不同。

1977 年春，在今陕西省岐山、扶风两县之间的周原发现早周宫殿遗址。在西周甲组宫殿基址的西厢二号房内第十一窖穴中，出土甲骨一万七千多片，其中，有刻字甲骨近二百片。此后，在这一地区又陆续有所发现。到目前为止，有字甲骨已近三百片，总文字数达 1030 个。其中一部分记周文王时期的事，另一部分记武王克商以后的事。周原甲骨与殷商甲骨相比，有两点不同：一、字小，要在五倍放大镜下才能看清；二、多记事刻辞，与殷商甲骨基本上是占卜之辞不同①。

在我国历史地理学上，一直以西周初年为见于文献记载的有图之始。西周初期已有了绘制的地图是可信的，但实物则没有保存下来。西周的"图"的载体是什么？文献上虽没有记载，但对照

① 参阅陈全方：《陕西周原考古的新收获》，载 1979 年 3 月 25 日《光明日报》。《甲骨资料的搜集、整理和出版》，载中华书局《古籍整理出版情况简报》第 93 期（1982年 8 月）。《西周甲骨探论》，中国社会科学出版社 1984 年版。

《礼记·中庸》中"文武之政,布在方策"的话,图的载体很可能是"方策"。对于"方策"的解释,唐孔颖达说是"方牍简策",朱熹说:"方,板也;策,简也。"这可以解释为一块木板称"版",写了字的版称"牍",一尺见方的牍称"方",一支竹片称"简",许多支简编连在一起称"策"。《中庸》的作者是孔子的孙子孔伋(子思),他的话如果可信,则西周之初便已使用简牍了。

《左传·昭公十五年》(公元前527年)记周襄王对晋大夫籍谈说:"女,司典之后也,何故忘之?"因籍谈的九世祖孙伯黡为晋大夫,掌管晋国的典籍,他的后人便因官而姓籍氏。"籍"是"簿书",字从竹,可见当时已用竹了。如以九世折合一百七十年计算,则孙伯黡掌管晋国典籍的时间约当公元前800年,即西周的中期。因此,不妨认为,我国古代,早在西周时期便已使用简作为载体了。可惜的是,西周至春秋时期的简策实物直到现在还没有被发现过。

据史书记载,战国时期(公元前481—公元前221年)的竹简曾被发现过。如《汉书·艺文志》说,汉武帝末年①,鲁恭王在曲阜修建宫室,在拆除孔子旧宅的墙壁时,发现《古文尚书》、《礼记》、《论语》和《孝经》的竹简,每支简上有二十或二十五个字,科斗文,篆书。据《晋书·束皙传》载:"太康二年(281年),汲郡(今河南省汲县)人不准盗发魏襄王墓,或言安厘王,得竹书数十车。"又据《南齐书》的《文惠太子传》和《王僧虔传》记载,南齐建元元年(479年),襄阳有盗发古冢(传为楚昭王冢),其中有竹简书,简宽数分,长二尺,科斗书。毫无疑问,这些竹简都是战国或更早一些时候的简书。可惜这些简书只有文献记载,而无实物保存下来。

解放后,从地下发现了大量竹简。较重要的有三次:

---

① 顾实《汉书艺文志讲疏》(上海古籍出版社1957年版)认为"武帝末当为武帝初之讹",因"恭王以孝景前三年徙王鲁,薨于武帝元光六年"。

一是1953年7月,在湖南长沙南门外仰天湖古墓中发现竹简四十二支。最长的22厘米,宽1.2厘米,墨书,篆文,每简一行,由二字至十余字不等。根据同时出土的其他文物鉴定,确系战国时代遗物。

二是1972年山东临沂银雀山发现的《孙子兵法》和《孙膑兵法》竹简。其数达五千枚之多。

三是1975年12月在湖北云梦睡虎地秦墓中发现竹简一千一百多枚。内容包括南郡守腾文书、大事记、为吏之道及律文等。据研究,这批竹简应是秦始皇三十年(公元前217年)埋入的。如"大事记",在五十三支竹简上,记载了自秦昭王元年(公元前306年)至秦始皇三十年的近百年间的大事,按年系事,一年不缺,有些记事甚至可以补正司马迁的《史记》,其价值可想而知。

由于这些竹简实物的发现,使人们亲眼看到了战国时期简策图书的形制。其中一些竹简书无疑是现在所能见到的我国最早的图书。过去,人们总认为简书是用刀刻或用漆书写的,现在看到了简书实物,才知道是用毛笔和黑墨写的。所谓"漆书"的"漆",不是名词的"漆",而是形容其黑如漆,至于刀则是用来刊削错字的。在已发现的这些简书里,一般每支竹简自上而下写二十或四十多个字。云梦发现的一篇《日书》竹简,正反两面都写字,还配上图画。《为吏之道》则分上下五栏书写。竹简是单支的,每支简上不可能写很多的字,于是便把简依次排列。这个动作称"编"。编连起来的简策以末简为轴卷起来,因而"卷"便成为书的单位名称。据报道,马王堆汉墓、睡虎地秦墓、凤凰山汉墓里的竹简木简出土时都呈卷的形式。

至于木牍的出土,曾于四川省青川县的战国墓中发现二件[①],

---

① 四川省博物馆、青川县文化馆:《青川县出土更修田律木牍——青川县战国墓发掘简报》,载《文物》1982年第1期。

由其记载公元前 309 年秦武王命丞相甘茂等更修田律条文推定，当时必已有所应用。

与简策同时并行的还有"帛书"。"帛"是丝织物的总名，故帛书或称"缣书"、"缯书"。春秋战国时期已有关于帛书的文献记载，如《墨子·尚贤下》有"书之竹帛，琢之槃盂，传以遗后世子孙"，《韩非子》有"先王寄理于竹帛"，《晏子春秋》有"著之于帛"，《吕氏春秋》有"故使庄王功迹著乎竹帛，传乎后世"等等。可见帛书的起源当在春秋时代；但帛书之名，历代不见著录，直至 1942 年 9 月，在湖南长沙东郊子弹库的纸源冲（又名王家祖山）的一座战国时朝的木槨里出土一件帛书，墨书古文字小楷九百四十八字。内容大概是一些天灾禁忌，"月令"式的刑德方面的东西和两个神话故事，周围并用朱、绛、青三色颜料绘出各种神怪形象，因此又是一张最古老的彩画。据安志敏、陈公桑在《长沙战国缯书及其有关问题》①中考订，帛书年代当为战国中期或稍早。可惜这件距今已二千三百多年的手写本帛书已被美国掠去。

二、图书机构和职官的设置

据古代文献记载，黄帝时便已有了"史官"，最著名的是相传始造字的仓颉，其他还有沮诵、大挠、隶首、容成等等。但这种"史"，恐怕是后代根据国家的史官之制而比附的。因为，从社会史来看，黄帝时仍属氏族社会。在氏族社会里，掌握文化和知识的人是"巫"。

夏王朝开始建立奴隶制国家。由于农业生产发展的需要，历法已很进步。如以建寅之月为岁首的夏历，直到现在仍为人们所使用。这自然要设职官。据《吕氏春秋·先识》篇记载，夏代已有掌管"图法"的"太史令"之官。"太史令"虽然不可能是夏代的职

① 载《文物》1963 年第 9 期。

官名称，但夏代已设有史官则是可信的。夏代的"图法"虽然还不是正式图书，但可认为属于档案一类，并可能给后代的正式图书提供一定资料，则"图法"与图书的渊源关系也是不言而喻的。

商代是巫师极盛时期，所谓"殷人尚鬼"，见于古代文献记载的名巫很多。如《尚书》、《离骚》、《史记》里的巫咸便很有名。巫当然从事占卜，大概就是甲骨文上的"卜人"、"贞人"。他们是从事龟甲兽骨专业工作的人，与图书的关系比较密切。据《吕氏春秋·先识》篇记载商纣时有太史令向挚，郑玄注《尚书·盘庚》则有"大史"、"迟任"。虽其官名也可能是根据后代的官制比附的，但商殷时代已设有史官应是可信的。

周王朝建立后，一方面继承了夏殷二代，一方面由于经济的发展和政治的需要，官制大为完备，史官之制自然不例外。见于古代文献记载的西周、东周的史官多达三十余处。如《史记·晋世家》称史佚是周武王时的内史，《文选·思玄赋·注》引称史豹是周穆王的左史，《汉书·艺文志》和《说文解字·叙》称史籀是周宣王的太史等；春秋、战国时的各诸侯国也都设有史官，这虽然是由于当时的政治形势变化很大，各诸侯国为了提高政治地位、对外争夺霸权、对内加强统治而采取的措施，但在客观上则起到了突破王朝中央单一的藏书体制的作用。据《周礼·春官宗伯下》记载，周代"大史掌建邦之六典……，小史掌邦国之志……，内史掌书王命……，外史掌书外令，掌三皇五帝之书……御史……掌赞书。"又据《周礼·春官宗伯第三》记载，史官的下属有大夫、士、府、史、胥、徒等。大夫和士的分工职守没有记载，府、史、胥、徒的职掌则见于《周礼·天官冢宰》。清章学诚在《文史通义·史释》里认为府、史、胥、徒等即"庶人在官供书役者，今之所谓书吏是也"。《周礼》记载的虽然不是周王朝所实行的官制，但说明周王朝设有史官掌管国家典籍资料则是可信的。司马迁在《史记·自序》里述其父司马谈的话道："余先世周室之太史也。"《史记·老庄列传》

10

说老子是周王朝的"守藏室之史"。

在诸侯国中,秦建立史官晚于齐、晋等国。《史记·秦本纪》称:秦文公"十三年(公元前 753 年)初有史以纪事。民多化者。"据《史记·张丞相列传》载:"张丞相苍者,阳武人也。好书律历。秦时为御史,主柱下方书。"又说:"而张苍乃自秦时为柱下史,明习天下图书计籍。"唐司马贞《史记索隐》说:"周秦皆有柱下史,谓御史也。所掌及侍立恒在殿柱之下,故老子为周柱下史。今苍在秦代亦居斯职。"可见在掌管图书的官职上,秦是继承了周王朝的。秦王朝对"图书计籍"是很重视的,不但设置了专职的官员,并且在资料上是很完备的。《史记·萧相国世家》记:"沛公至咸阳,诸将皆争走金帛财物之府分之,何独先入收秦丞相、御史律令图书藏之。"结果"汉王所以具知天下阸塞,户口多少,强弱之处,民所疾苦者,以何具得秦图书也。"

由西周至战国时期,虽朝廷和诸侯国都有藏书处所,然尚无统一名称。见于记载者有天府、盟府、策府、周府、公府、府、周室、室等。

《穆天子传》卷二记周穆王"北征,至于群玉之山……先王之所谓策府。"晋郭璞注:"古帝王藏策之府。"可见至迟西周初年即已有"府"的名称。

《周礼·地官司徒》:"群吏献贤能之书于王,王再拜受之,登于天府,内史贰之。"郑玄注:"天府掌祖庙之宝藏者,内史副写其书者。"又《周礼·秋官大司寇》:"凡邦之大盟约,涖其盟书而登之于天府,大史内史……皆受其贰而藏之。"郑玄注:"天府,祖庙之藏。"可见天府即宗庙,是朝廷收藏典籍之所。

《史记·六国年表》有"史记独藏周室",《十二诸侯年表》有"西观周室,论史记旧闻"的记载。这里的"室"可能就是老子所曾任职的"藏室"的简称。

《逸周书·尝麦解》记周武王四年"大史筴刑书九篇……乃藏

于盟府,以为岁典。"《左传·襄公十一年》:"国之典也,藏在盟府。"可见朝廷与诸侯国都有盟府。《左传·定公四年》:"其载书……藏在周府,可覆视也。"载书即盟书,周府可能是"周盟府"的简称。

《史记·封禅书》记秦穆公立,"史书而记,藏之府"。这个"府"当然是秦国的"府"。汉扬雄在《答刘歆求方言书》里说:"常见先代辒轩之使,奏籍之书,皆藏于周、秦之室。"又,汉应劭《风俗通义·序》说:"秦常以岁八月,遣辒轩之使,求异代方言,还奏籍之,藏于秘室。"秘与藏义近,可能是秦对周的藏室的改称。

由此可见,周秦时期已有国家图书机构和职官的设置,在文献记载中已比比可见。虽然其名称和职能并不如后世准确和完备,但无疑这是创始时期的形态。

三、孔子的整理图书与私人藏书

根据文献记载,孔子是有确实姓名记载的最早编写和整理图书的人。而经孔子亲手编定的图书当为我国正式图书的开始。其时间则为公元前五世纪的春秋末期。

正式图书出现于春秋时期的原因,一是物质生产已大大发展,黄河流域的农业生产,在千百年来实践和丰富经验总结的基础上,产量大为提高,其他手工业如盐、铁等生产技术也有很大进步。生产力的发展给社会提供了各种有利条件,因而图书事业的发展得到了必要的物质保证。二是自夏代以来,经过一千多年的渐变发展,文字大量产生,书写工具逐渐改善,大量、丰富的前期图书给正式图书的产生提供了坚实可靠的基础,因而使正式图书的产生具备了成熟的条件。

孔子之所以成为最先编写正式图书的人,首先是因为孔子出身贵族。春秋以前,学在王官,一切图书均由史官掌管,只有贵族子弟才能以官为师,由识字而进学,一般人根本接触不到图书,也没有求学的可能。孔子出身贵族，所以具有这个条件，不仅能"十有五而志于学"，并且能"学而时习之"。孔子不但学识渊博，而且建立了自己的学术体系。其次是因为孔子在从政上没有能实现自己的理想，因而走从事学术研究和教育这一条路。孔子不会是第一个设立私学的人，但却是第一个办私学而取得巨大成就的人。相传他弟子多达三千人，成绩不能说不大。搞教育必须有教材，孔子采取"述而不作"的办法，亲自动手，将历代留传下来的档案、文献等资料，整理、编订为"六艺"，即诗、书、易、礼、乐、春秋六种教材。

《史记·孔子世家》说："古者，诗三千余篇。"孔子按"去其重"和"可施于礼义"两个标准，删定为三百零五篇。并按性质分为风、雅、颂三大类。"风"下又按地域分为十五小类，"雅"下又按性质分为二小类，其下又按性质各分为七个和三个类目。"颂"下则按时代分为周颂、鲁颂、商颂三个小类，而周颂下又分三个类目。这样的分类、排列、整理，无疑是很科学的。《春秋》则按时代分为十二个小类。孔子的这种分类法应是最早的分类法。由孔子的大规模整理、编定图书可以推想孔子的藏书一定很丰富。

从孔子开始，打破了学在王官的局面，图书开始由官方传入民间。初时可能以法律书为主。《墨子·非命上》说："先王之书，所以出国家，布施百姓者，宪也。"《韩非子·难三》说："法者，编著之图籍，设之于官府而布之于百姓者也。"《五蠹》说："今境内之民皆言治，藏商、管之法者家有之……境内皆言兵，藏孙、吴之书者家有之。"图书在民间流传，其意义与作用极大。《商君书·君臣》说："诗书与则民学问。"因为只有图书才能促进生产与文化的发展进步。尤其战国时期，藏书家逐渐增多。《庄子·天下》说："惠施多方，其书五车。"《战国策·秦一》记苏秦："乃夜发书，陈箧数十。"——可见民间藏书是使用"箧"的。《韩非子·喻老》说："王寿负书而行，见徐冯于周涂。冯曰：'智者不藏书，今子何独负之而行？于是王寿因焚其书而舞之。"——这里开始使用了"藏书"这一词汇。

正是由于民间有了藏书，甚至私人藏书的数量较大，才没有被秦始皇完全烧光。《史记·六国年表》说："秦既得意，烧天下诗书……诗书所以复见者，多藏人家。"私人藏书的增加，无疑反映了学术思想的活跃，而学术思想的活跃又给著书提供基础。战国时期，百家争鸣局面的出现，无疑与图书事业的发展有着千丝万缕的关系。

四、图书的流通与毁损

在春秋时代的正式图书产生以前，由于简册已被大量使用，因而文献资料日益增多。从形态上看，它已是书，但从性质上看，它仍是档案。如《尚书·金縢》："王与大夫尽弁，以启金縢之书。"①这个"书"指的是周公的祷词，当然是文件、档案材料。

到了春秋时代，朝廷和各诸侯国的藏书开始对别的国家的贵族和有阅读能力的人开放。如《史记·十二诸侯年表》记孔子"西观周室，论史记旧闻。"《左传·昭公二年》记晋国的韩宣子到鲁国观书于大史氏，见《易象》与《鲁春秋》。进入战国时期，书籍更完全突破了官方的垄断而流传于民间。这是古代藏书史上一大进步，对百家争鸣的局面的出现有着极大意义。不但创立私学的大思想家、大教育家孔子有着大量的私人藏书，《墨子》上更有"今天下之士君子之书不可胜载"的话。《史记·老子韩非列传》说韩非著书"十余万言"，在简策书时代，其量当然不小，而"人或传其书至秦"，则可见当时书的流通已较快。

正是由于图书的流通与传播，活跃了当时的学术思想，从而形成了各种学术流派。孟子把当时的学术分为儒、墨、杨三派，庄子

---

① 这两句话的意思是：王和大夫们都穿上朝服，打开用金属绳子所捆的"书"。

在《天下篇》里则分为七派。荀子则在《正名》篇里提出了"同则同之，异则异之"、"以类行杂，以一行万"的分类原则，从而阐明了分类的意义和重大作用。荀子的学生韩非在论述学术派别时，曾提到"儒分为八，墨离为三"，反映到图书分类上即大类下的小类。由孔子整理图书的分类实际和这种分类思想的形成逆推，这种分类当已经历了相当长久的发展过程。由史官典守的国家藏书也进行了分类管理，如《左传·昭公十二年》记载楚灵王赞赏他的左史倚相能读"三坟、五典、八索、九丘"，这可以解释为楚国藏书中的分类名称。鲁哀公三年，鲁国宫中着火，抢救藏书时，曾按御书、礼书等分类抢出，可见鲁国的公府藏书也已有分类。

由于各学派之间的斗争，掌权的法家人物，竟至动用政治力量，制造焚毁图书的严重事件。《韩非子·和氏》记载："商君教孝公以连什伍，设告坐之过，焚诗、书而明法令……孝公行之。"这一事件发生在秦孝公三年（公元前359年）；但《史记》的《商君列传》中却没有记载这件事，近人陈奇猷在《韩非子集释》中解释道："所燔之书不多，故史阙而不载耳。"公元前213年，秦始皇统一天下后的第六年，采纳丞相李斯的建议："请史官非秦记皆烧之，非博士官所职，天下敢有藏诗、书、百家语者，悉诣守、尉杂烧之。……令下三十日不烧，黥为城旦。所不去者，医药卜筮种树之书"。①秦始皇采纳了这一建议，其执行的结果是大量图书被毁，成为我国图书史上的一次大灾难。司马迁在《史记·六国年表序》里对此慨叹道："史记独藏周室，以故灭。惜哉！惜哉！"又在《太史公自序》里说道："秦拨去古文，焚灭诗书，故明堂石室金匮玉版，图籍散乱。"可见秦对图书的毁损多么严重！

---

① 《史记·秦始皇本纪》。

第二章　图书事业的兴起阶段——两汉魏晋南北朝时期（公元前206—公元581年）

第一节　西汉的图书事业

一、图书的搜集与典藏

（一）三次搜集图书

公元前209年，陈胜、吴广起义。公元前206年刘邦率军进入咸阳，萧何抢救了一批重要的图书档案，使刘邦"具知天下阨塞，户口多少，强弱之处，民所疾苦者"①。随后，项羽进入咸阳，烧秦宫室，于是秦宫廷藏书尽被焚毁，上距始皇焚书仅七年，宝贵的文化典籍连续遭到两次破坏。故西汉初年，"天下唯有《易》卜，未有它书"②。公元前202年，西汉王朝正式建立，"改秦之败，大收篇籍，广开献书之路"③。号召民间向政府献书，并开禁私学。不久，便出现了"文学彬彬稍进，《诗》、《书》往往间出"④的局面。尽管

---

① 《史记·萧相国世家》。
② 《汉书·刘歆传》。
③ 《汉书·艺文志》。
④ 《史记·太史公自序》。

如此,国家藏书仍然恢复很慢。为此,惠帝进一步放宽文化政策,于四年(公元前191年)"除挟书之律",《世本》随之而出①。接着,文帝又使晁错从伏生受《尚书》,音乐家窦公也献出《周礼·大司乐》章②。景帝遵循文帝这一政策,于是"天下众书往往颇出,皆诸子传说,犹广立于学官,为置博士"③。因而文化教育事业逐渐兴旺,国家藏书大有增加。这是西汉第一次搜集图书的情况。

武帝为了巩固汉帝国,除在政治上、经济上采取相应的措施外,在思想文化方面接受董仲舒的建议,罢黜百家,独尊儒术。当他从图书入手,统一思想时,发现国家藏书已损坏到"书缺简脱,礼坏乐崩"的严重程度。于是,决定开展大规模征集图书活动和改进典藏工作。元朔五年(公元前124年)命丞相公孙弘广开献书之路,大合天下之书。这一求书措施,首先得到河间献王刘德的响应,呈献所集《乐记》、《古礼》五十六篇,《毛诗训诂》及《礼》一百三十一篇。《汉书·艺文志》说武帝时"建藏书之策,置写书之官,下及诸子传说皆充秘府"。从而使西汉的图书事业进入了一个新的历史时期:六艺之学蓬勃发展,图书档案迅速集中,藏书处所随之增加,即所谓"外有太常、太史、博士之藏,内有延阁、广内、秘书之府"④。武帝末⑤,鲁恭王扩建宫室,坏孔子宅,获得《古文尚书》及用古文字写的《礼记》、《论语》、《孝经》凡数十篇。宣帝时也发现了《逸礼》、《尚书》各一篇。这些古书的发现,不仅丰富了国家的藏书,而且推动了西汉经学的发展。这是西汉第二次搜集图书的情况。

从武帝命公孙弘广开献书之路到成帝河平三年(公元前26

---

① 《隋书·经籍志》。
② 《汉书·艺文志·乐序》。
③ 《汉书·刘歆传》。
④ 《太平御览》六一九卷引《七略》佚文。
⑤ 顾实《汉书艺文志讲疏》考订作"武帝初"。

年)的一百年间,国家藏书大增,但由于典藏制度不够完善,因而"经或脱简,传或间编"①。于是,成帝一面命谒者陈农"求遗书于天下"②,一面命人整理国家藏书,图书很快便"积如丘山"。这是西汉第三次大规模搜集图书的情况。

如果把《七略》和姚振宗《汉书艺文志拾补》所著录的图书相加,则西汉共有图书七十二种,九百一十九家,数万卷之多。

(二)典藏制度的建立

经过这三次征集活动,使国家藏书量大类繁,于是西汉政府建立了典藏制度。当时,国家图书分别藏于石渠阁、天禄阁、麒麟阁、兰台、石室、延阁、广内等处。太常、太史、博士、太卜、理官等处也有藏书。兹略述其机构如次:

石渠阁 《三辅故事》载,石渠阁在未央宫大殿北,藏秘书之所。《三辅黄图》卷六说:"石渠阁,萧何造……所藏入关所得秦之图籍;至于成帝,又于此藏秘书焉。"扬雄《答刘歆书》说:"得观书于石渠"③。班固《两都赋》也说:"天禄、石渠,典籍之府。"石渠阁是宫中藏书处所之一。

天禄阁 《三辅黄图》卷六说:"天禄阁,藏典籍之所。"并引《汉宫阙疏》说:"未央宫有天禄阁。"《文选·西都赋》李善注引《三辅故事》说:"天禄阁在大殿北。"又《汉宫殿疏》说:"天禄阁,萧何造,以藏秘书、处贤才也。"成帝末,刘向于此领导校书。王莽时,扬雄继续校书于天禄阁。天禄阁既是藏书之府,又是整理图书的工作场所。

麒麟阁 《三辅黄图》引《汉宫殿疏》说:"麒麟阁,萧何造,以藏秘书、处贤才也。"又引《汉宫阙疏》说:"未央宫有麒麟阁。"可知

---

① 《汉书·刘歆传》。
② 《汉书·成帝纪》。
③ 《全上古三代秦汉三国晋六朝文》。

麒麟阁也是宫内藏书处所之一。

兰台 《汉书·百官公卿表》载:"御史大夫,有两丞,一曰中丞,在殿中兰台,掌图籍秘书,外督部刺史。"兰台为皇宫中的衙署,由御史中丞掌管。御史中丞本为监察官员,主要监察刺史事务,掌管图籍为其兼职。兰台也是宫中藏书处所之一。

石室 《史记太史公自序》说:由于秦"焚灭《诗》《书》,故明堂石室金匮玉版图籍散乱"。《汉书·高帝纪》也说:"与功臣剖符作誓,丹书铁契,金匮石室,藏之宗庙。"颜师古注称:"以金为匮,以石为室,重缄封之,保慎之义。"又《史记·太史公自序》说:"迁为太史令,绌史记石室金匮之书。"司马贞《索隐》案:"石室、金匮,皆国家藏书之处"。可知石室是以石砌成的藏书室,所藏多为国家档案文件,石室建于宗庙,由太常主管。

延阁、广内也是藏书处所,但文献记载阙如,无从考索。

上述国家藏书均称"秘书",或称"中书"、"内书"。此外,还有"外书",即指太常、太史、博士、太卜、理官所藏之书。

太常 秦时称为奉常,掌宗庙礼仪。景帝中元六年(公元前144年)更名太常。刘向校《列子》,曾参考太常的藏书。

太史 西周、春秋均有此官,掌管起草文书,策命诸侯卿大夫,记载史事,编写史书,兼管国家典籍、天文历法、祭祀等。汉武帝设太史令,掌文史星历,司马迁父子曾任此职。刘向校《晏子》、《管子》,参考了太史的藏书。

博士 秦已有之,为太常属官,掌通古今。文帝设有诸子博士,武帝建元五年(公元前136年)初置五经博士,宣帝黄龙元年(公元前49年)增员十二人。

太卜 太常属官,武帝太初元年(公元前104年)初置太卜,掌祭祀。据汉桓谭《新论》说:"《连山》藏于兰台,《归藏》藏于太卜。"是知太卜也有藏书。

理官 《汉书·礼乐志》说"今叔孙通所撰礼仪,与律令同录,藏于理官。"颜师古注:"理官,即法官也。"即执法之官,如"廷尉"一类职官。廷尉所藏多为典章制度之书。

西汉藏书处所虽有多处,但掌书之官多以他官充任。

（三）保护图书的措施

武帝以后,国家藏书已渐繁富,至成帝时已"积如丘山"。当时,保护图书的措施是用竹制小箱子,将图书依类放入贮存。《汉书·贾谊传》载,贾谊上文帝疏说:"俗吏之所务,在于刀笔筐箧。"颜师古注:"刀所以削书札。筐箧所以盛书。"又,《汉书·张安世传》载:"上(指武帝)行幸河东,尝亡书三箧,诏问莫能知。"这种盛书工具,既牢固便于迁移,又可通风防腐,使这些书既不脱简蛀坏,还便于检索使用。

二、图书的整理

（一）汉初对图书的整理

西汉建国不久,为了巩固政权,迅速恢复和完善国家的各项制度,即命"萧何次律令,韩信申军法"①。这实际上是在大臣主持下,分工整理纂辑图书的活动。"次律令"是把搜集到的秦朝法典,根据汉初的社会状况,重新进行审定和编次。"申军法"是将百八十二家兵法"删取要用,定著三十五家"②。可见"序次"是比勘异同、删定篇次的图书整理工作。这次整理国家藏书,规模虽小,也未编目,但影响着西汉一代的图书事业。

（二）武帝时期对图书的整理

武帝时期,随着国家藏书量的增加和积极对外用兵,急需参考军事图书,于是命军政杨仆整理兵书,其具体做法,虽已不可考,但据史料记载,这次整理的成果是编制了一部专科目录——《兵

---

① 《汉书·高帝纪》。

② 《汉书·艺文志·兵家》小序。

录》。

（三）成帝时期对图书的整理

成帝时期收书最多，校书、编目成果也最著。成帝在求书的同时，命著名学者刘向、刘歆父子先后负责整理国家藏书，采取由各种专门人才分工负责的方法，校理各类专业图书。如"诏光禄大夫刘向校经传、诸子、诗赋，步兵校尉任宏校兵书，太史令尹咸校术数，侍医李柱国校方技。每一书已，向辄条其篇目，撮其旨意，录而奏之"[1]。刘向卒后，子刘歆继承父业，完成《七略》，即：《辑略》、《六艺略》、《诸子略》、《诗赋略》、《兵书略》、《术数略》和《方技略》。他们的工作是按图书的内容和性质（学科）分成六个组，分别由专门人才主持，最后由刘向总其成。其校勘图书的全部工作可以概括为：备众本，删重复，订脱误，谨编次，撰书录五项。从今存《别录》的八篇书录中，可以了解到他们校书的过程：

首先，集中一书的各种本子，互相校勘。当时图书多有复本，如"古文旧书，多者二十余通，藏于秘府，伏而未发"[2]。这就非有定本不可。而从众多的本子中校出定本，当然是非常细致的工作，刘向把这项工作称为"校雠"。他说："雠校：一人读书，校其上下，得谬误为校；一人持本，一人读书，若怨家相对，故曰雠也。"[3]如《晏子书录》称："臣向言：所校中书《晏子》十一篇，臣向谨与长社尉臣参校雠，太史书五篇，臣向书一篇，臣参书十三篇，凡中外书三十篇，为八百三十八章。"又《管子书录》称："臣向言：所校雠中《管子》书三百八十九篇，太中大夫卜圭书二十七篇，臣富参书四十一篇，射声校尉立书十一篇，太史书九十六篇，凡中外书五百六十四篇以校。"又，《列子书录》称："臣向言：所校中书《列子》五篇，臣

---

① 《汉书·艺文志》。

② 《汉书·刘歆传》。

③ 《文选·魏都赋》注引《别录》文。

向谨与长社尉臣参校雠,太常书三篇,太史书四篇,臣向书六篇,臣参书二篇,内外书凡二十篇以校。"

有的书籍,中外本的篇章各有残缺,或彼此重复,则互相补充,除去重复。如《战国策书录》称:"臣向言:所校中《战国策》书,中书余卷,错乱相糅莒。又有国别者八篇,少不足。臣向因国别者,略以时次之,分别不以序者以相补,除复重,得三十三篇。"又,《晏子书录》称:"凡中外书三十篇,为八百三十八章,除复重二十二篇六百三十八章,定著八篇二百一十五章,外书无有三十六章,中书无有七十一章,中外皆有以相定。"这是除重补缺的工作。

对篇章杂乱无序的书则重新整理编次。如《说苑书录》称:"臣向言:所校中书《说苑杂事》及臣向书,民间书误。校雠其事类众多,章句相溷,或上下谬乱,难分别次序。除去与《新序》复重者。其余者,浅薄不中义理,别集以为《百家》。后(复)令以类相从①,一一条别篇目,更以造新事十万言。以上凡二十篇,七百八十四章,号曰《新(说)苑》,皆可观。"其他如《晏子》八篇,定著内篇《谏上》第一,至外篇《不合经术者》第八;《孙卿》三十二篇,定著《劝学篇》第一,至《赋篇》第三十二,皆为刘向编次。

对性质相同而名称杂出的书,则定出新的书名。如《战国策书录》称:"中书本号曰《国策》,或曰《国事》,或曰《短长》,或曰《事语》,或曰《长书》,或曰《修书》。臣向以为战国时游士辅所用之国,为之策谋,宜为《战国策》。"

一书经过校雠之后,便缮写清本,即把校定的底本用杀青后的竹简写成定本,以便阅读和保存。校雠工作至此结束。

刘向从成帝河平三年(公元前26年)开始典校秘书,辛勤工作了近二十年,在即将完成全部宏伟事业时卒于工作岗位。他的

---

① 姚振宗:《快阁师石山房丛书》于"……别集以为《百家》,後"下注"按当为复"。

22

儿子和主要助手刘歆在已有成果的基础上，用了一年多时间，完成了国家全部藏书的整理工作。这次校书，编成了我国最早的两部综合性群书目录——《别录》和《七略》。

前后参加这次校书工作而姓名可考者，还有任宏、尹咸、李柱国、杜参、班斿（游）、望（失其姓）、王龚等人。从史载的片段资料可以约略见到他们的校书活动①。

在刘向的校书工作中，应注意的是采取了专才校书、分工（类）进行的办法，既发挥了专门人才之长，又自然形成了图书分类，收到了事半功倍之效。同时，还能不拘一格地奖拔和培养青年，如刘歆、杜参、班斿等人，通过学术工作的实践，作出了成绩。

这是我国历史上第一次大规模全面系统地进行图书整理和编目活动，在我国文化史上是一件惊人的创举，对以后各代整理国家藏书产生了极为深远的影响。东汉历朝整理藏书一准刘向遗规，而班固更"依《七略》而为书部"②，完成了史志目录《汉书·艺文志》的创作。

三、古典目录书的创立

我国的图书事业开始于先秦，而目录事业则发端于西汉成哀时期，自刘向父子编成我国最早的综合性群书分类目录《别录》和《七略》，古典目录学也随之而兴起。但在此之前，已产生了一书目录和专科性的群书目录，即武帝时期司马迁的《史记·太史公自序·小序》和杨仆的《兵录》。它们为建立系统的古典目录学起过重要的作用。

（一）《太史公自序》和杨仆的《兵录》

在我国古典目录学中，"目"是指篇名或书名，"录"是对目的

---

① 参见《汉书·艺文志》、《汉书·叙传》和《山海经叙录》等篇。

② 《隋书·经籍志》。

说明和编次,也称"序录"或"书录"。把一批篇名(或书名)与说明编次在一起则为"目录"。

目录有一书的目录和群书的目录。一书目录是编排、汇集一书的篇名和说明。群书目录则是把诸书书名和叙录总聚在一起。《史记·太史公自序》的小序是一篇体制完备的《史记》目录,它依次写了每一篇的篇名、编次和要旨。如:"秦失其道,豪杰并扰,项梁业之,子羽接之,杀庆救赵,诸侯立之,诛婴背怀,天下非之。作《项羽本纪》第七。"这篇目录的前八句是"录",概述全篇文章要旨:叙述项羽出世的背景,主要业绩和项羽的功过是非,同时表达了作者撰写的意图;最后一句则是"目",确定篇名和编次。《史记》在东汉初期已亡失十篇。但通过《太史公自序》还能了解到这十篇的主要内容。这就是目录的作用之一。

我国最早的群书目录,是汉武帝时军政杨仆所编的《兵录》,它的产生,是在我国图书事业的兴起、发展和图书数量增加的前提下,由于政治上的需要而促成的。杨仆,宜阳(今河南宜阳)人。早年为千夫,后迁御史,曾以参与关东、南越战事有功,官至楼船将军,封将梁侯。后与左将军荀彘击朝鲜,兵败当诛,赎为庶人,不久病卒。他任军政官大约是在武帝元朔元年——元狩四年间(公元前128年至前119年)[①]。《兵录》久佚,已无法知道其具体内容,仅《汉书·艺文志》有"捃摭遗逸"、"犹未能备"的话。可见它还是一部不完备的专科目录[②],但它终究是我国最早出现的群书目录,对《别录》、《七略》的编纂无疑有一定影响。

(二)《别录》和《七略》

《别录》是我国最早的综合性群书目录,《七略》是我国第一部较系统的综合性群书分类目录。《别录》和《七略》是奠定我国古

---

① 《史记·杨仆列传》。

② 一说兵录是一部军事资料汇编。

典学基础的开创性著作,它把我国古代的分类思想应用于图书整理,提出了图书的正式分类法,对二千年来我国的图书事业产生了深远的影响,在中国文化史和世界文化史上都有重要的地位。刘向父子之所以取得这样的成就,是因为前人已开始作了一些分类和编目的工作。如:

(1)从儒家学派校定《六经》到司马迁写《儒林列传》,已形成了儒家典籍系统;

(2)从《庄子·天下》、《荀子·非十二子》到司马谈《论六家要旨》,已形成了诸子百家系统;

(3)从汉初张良、韩信序次兵法到武帝时杨仆编撰《兵录》,产生了兵书的专门目录;

(4)从孔子以来诸子百家所著各书的序意(或序传)到《史记》的人物列传,条别流派、提要著述大旨和《太史公自序》的小序,逐渐形成了撰写书录的方法。

所有这些,都为刘向条贯学术、考镜源流,综合群籍、类居部次提供了足资参考的材料。

刘向(公元前77年—前6年)字子政,本名更生,为汉宗室,楚元王刘交之后,自幼聪颖,得到很好的家庭教育,年十二为辇郎,二十为谏大夫,以通达能属文召置宣帝左右。曾奉召到石渠阁讲论《五经》,拜郎中,又迁散骑谏大夫。元帝初即位,刘向等人反对外戚、宦官专权,几经罢官入狱,后居家十余载。建始元年(公元前32年)成帝即位,宦官伏罪,重获进用,更名向。初为中郎,旋迁光禄大夫。是时,成帝方精于《诗》、《书》,观古文,发现国家藏书散亡严重,于是,在河平三年(公元前26年)诏刘向领校秘书。刘向将主要精力放在校书编目上,这期间,他还写了《洪范五行传论》十一篇,《列女传》八篇,《新序》、《说苑》五十篇,年七十二,卒。

刘歆(公元前53年—公元23年)字子骏,刘向季子,后改名秀,字颖叔。少以通《诗》、《书》,能属文被成帝召见,为黄门郎,"河平中,受诏与父向领校秘书,讲六艺、传记、诸子、诗赋、术数、方技,无所不究。"刘向卒后,刘歆为中垒校尉。哀帝即位,大司马王莽荐刘有材行,为侍中太中大夫,迁骑都尉、奉车光禄大夫,备受宠信,"复领《五经》,卒父前业。歆乃集六艺群书,种别为《七略》。"①

刘向校书,创制了书录,树立了提要目录体例的典型。所写的书录是我国文化史上的一份宝贵遗产,可惜绝大部分已佚,只剩下《战国策》、《孙卿新书》、《晏子》等八篇(其中有刘歆撰《山海经》书录一篇)。

刘向书录的内容,基本上包括四部分:

(1)新定本的篇目。《晏子》、《孙卿新书》书录前所列篇目,是刘向"条其篇目"后的定目。

(2)工作报告。从文字叙述开始,到"皆定,以杀青书,可缮写"止,是刘向校勘该书的总结,是向皇帝所上的工作报告,同时也是确立定本的处理说明。刘向报告校勘该书的过程,包括所依据的各种本子,书本的来源、篇数、文字差谬脱误,书名异称及处理情况等等。

(3)书录正文。在"可缮写"后,写有"叙曰"字样(有的未加"叙曰",可能是后来传抄时佚落),到"谨第录"或"谨第录。臣向昧死上"止,是书录正文。包括介绍作者时代、生平和学术观点,叙述该书的学术源流,记录校勘异本的情况,揭示全书的大旨和学术价值,指出资治意义等等。这是书录中最重要的部分。

(4)全书标签。在"谨第录"后,往往有"护左都水使者、光禄大夫臣向所校《列子》书录。永始三年八月壬寅上。""护左都水使者、光禄大夫臣向言所校雠中《孙卿》书录。"等字样。这些题字可

---

① 《汉书·刘歆传》。

能起两种作用：一是刘向为清缮者所写的工作说明，说明以上是书录，清缮时不要和书的本文相浑连；二是作为这部图书的标签，是在这一捆竹简书录的最外面一简上，标明本捆是什么书的书录，可以看作是这卷简书的笺。也不属书录正文。

根据现存材料，可以推知刘向的书录每一篇都具备这样的形式和内容。

刘向结合当时校书编目的具体情况和读者的需要，创制了目录学上评论图书的书录。它是提要目录的典型。它的创立，说明我国的目录学在当时已达到了很高的水平。刘向在所撰书录随书送皇帝审阅的同时，又另写存副本，最后汇集起来，称为"别录"，即后世所称的《别录》，因此《别录》是全部书录副本的汇编本。

刘歆《七略》则是以《别录》为基础，编纂而成的。《七略》比《别录》简单，是摘取《别录》内容以为书的①，故称为"略"。《别录》二十卷，《七略》仅七卷，主要省略《别录》的书录。如《易传淮南道训》，《别录》说："臣向所校雠中《易传淮南九师道训》，除复重，定著十二篇，淮南王聘善为《易》者九人从之采获，故中书署曰《淮南九师书》。"《七略》则介绍说："《易传淮南九师道训》者，淮南王安所造也"。书录内容简化了，而且《七略》著录此书二篇，省去《别录》中十篇的内容。

尽管《七略》省略了《别录》的内容，但它的体系是很严密的，《七略》包括辑略、六艺略、诸子略、诗赋略、兵书略、术数略、方技略。"辑略"是全书的总录，包括总序、各略总序和各种小序，对先秦以来各个学术流派的形成、主张、得失，各类图书的内容作了扼要的叙述，可称为一篇学术简史。其余六略即六大类，六类之下有种，种下按家列书，每书之下都有简短说明，或释人，或释书名，或

---

① 关于《七略》摘《别录》内容以为书，《七录序》讲得很清楚："子歆撮其（指《别录》）指要，著为《七略》。"

揭示该书主旨,或指出该书缺损、真伪等等。全目除"辑略"外,共分六略(大类)、三十八种(小类)、六百三十四家,著录图书一万三千三百九十七卷,图四十五卷①。

《七略》中,"六艺略"以儒家的六经为首,"诸子略"又以儒家居先,这一分类体系反映了当时的政治思想面貌。《七略》著录的其他图书,是西汉政治、经济、军事、科学、文化教育事业蓬勃发展在图书目录上的反映。

总之,在二千多年以前,就创立了这样组织严密、有提要的系统目录,比较全面地著录了当时的图书,它不仅推动了当时学术文化的发展,而且对后世的编目事业影响也很大。

(三)关于《别录》、《七略》的几个问题

据前人考证:《别录》、《七略》亡佚于唐末五代之时,但其中尚有若干值得商讨的问题:

1. 关于《别录》是否为刘向纂集问题

一般认为,《别录》是刘向纂集的,理由是根据《汉书》记述刘向校书经过及《七录序》所说"别集众录"和《隋书·经籍志》著录《七略别录》②二十卷,刘向撰,并于《簿录类》叙述"刘向《别录》,刘歆《七略》",据此认为《别录》为刘向所纂。至于认为不是刘向纂集,理由是据《汉书·艺文志》说:"会向卒,哀帝复使向子侍中奉车都尉歆卒父业。"又,《汉书·刘歆传》说:"向死后,歆复为中垒校尉,……复领《五经》,卒父前业。"显然刘向校书并未竣事,"则《别录》亦无由成书,相传二十卷,殆子骏奏进《七略》之时勒成之"③。

———————

① 据姚振宗《七略佚文》统计。另《七录序》作六百三家,一万三千二百一十九卷。

② 关于《隋志》将《别录》著录为《七略别录》,吕绍虞《中国目录学史稿》认为是误题。

③ 姚振宗:《别录佚文序》。

我们认为,《别录》当为刘向纂集,理由是:(1)刘向典校秘书虽未竣事,不等于说《别录》就不可以纂集,当时校书工作已近尾声,大部分书录已经写出,刘向很可能把它们汇集成书。(2)从《七录序》"子歆撮其指要,著为《七略》"一语来看,《别录》也已在《七略》前完成。(3)魏晋以来,许多学者属文时,多称"刘向《别录》"①,《隋书·经籍志》著录:"《七略别录》二十卷",并称刘向撰,当时《别录》未亡,其言必有所本。

2. 关于《别录》是否有分类的问题

《别录》是否有分类,学术界也有不同的看法。姚名达于《中国目录学史·溯源篇》中说:"刘向校书之功,终身未毕;虽有分工合作之界域,而分类编目之书,殆未及为。"又说:"所谓《别录》者,不过将各书之叙录另写一份,集为一书,谓之《别录》而已。"又说:"《别录》既无分类,且非有组织之书。"但是,章炳麟的《检论》和汪辟疆的《目录学研究》均认为从成帝诏令刘向等分职校书,推知《别录》的编次,当分为六部。

我们认为,《别录》是一部有分类的目录书。理由是:(1)刘向校书之前,已经有了条辨流别的体系,这从成帝诏令刘向等分职校书即可证明。(2)《七略》就是按照分职校书情况分类的,而《七略》又是在《别录》基础上编成的。《汉书·序传》也明确说:"刘向司籍,九流以别。"证明刘向校书时,对图书已进行了分类,所以,《别录》当然是有分类的。(3)阮孝绪《七录序》说:"(王)俭又依《别录》之体,撰为《七志》。"《隋书·经籍志》也说:"刘向《别录》,刘歆《七略》,剖析条流,各有其部"。阮孝绪、魏征都是见过《别录》的,其言当有根据。

3.《别录》、《七略》的影响

---

① 《晋书·荀勖传》:"依刘向《别录》,整理记籍。"《隋书·牛弘传》:"案刘向《别录》及马宫、蔡邕等所见。"

《别录》、《七略》这两部著作,在中国图书事业史上取得了光辉的成就,对后世的学术事业也产生了巨大的影响。

班固曾直接删《七略》为《汉书·艺文志》,开创了史志目录的先河。刘宋王俭曾依《别录》之体,撰为《七志》,梁阮孝绪又编成《七录》,都直接受了《别录》、《七略》的启发。此后的官私目录,无论怎样部次别居,都以儒家经书居首,也是受《别录》、《七略》的影响。

在学术研究方面,东汉王充曾认为,如能借助《别录》、《七略》,那么,即使对典籍"虽不尽见",也可以达到"指趣可知"的通人地步[①]。班固写董仲舒、贾谊和司马迁各传的论赞,多引《别录》的意见。唐颜师古、司马贞、徐坚等人注解古书时,也多引《别录》、《七略》的内容。

四、图书的形态与纸的发明

(一)西汉的图书形态

周秦以来用竹木简牍和缣帛作为书写材料,西汉继续使用。所以,西汉的图书形态仍然是简牍书和帛书两种。汉代文献中有许多地方提到用简牍写书,如《汉书·武帝本纪》载:"元光元年(公元前134年)五月,诏贤良曰:'……贤良明于古今王事之体,受策察问,咸以书对,著之于篇,朕亲览焉。'"颜师古注:"篇,谓竹简也。"《汉书·司马相如传》载:武帝召相如入宫为赋,"令尚书给笔札"。颜师古注:"札,木简之薄小者也。时未多用纸,故给札以书。"后司马相如病重,武帝派人取其著书,使者至而相如已死,"问其妻,对曰:'长卿未尝有书也。时时著书,人又取去。长卿未死时,为一卷书,曰有使来求书,奏之。'其遗札书言封禅事。"颜师古注:"书于札而留之,故云遗札。"这段记载,不仅说明这部书为

---

① 《论衡·案书篇》。

木简书,而且还证明图书论卷,非始于帛书。成帝时刘向校书时曾说:"杀青者,直治竹作简书之耳。新竹有汗,善朽蠹,凡作简者皆于火上炙干之。"说明当时的图书是用竹简写成的。

解放前后,又多次发现过汉代写有字迹的简牍。其中解放前较重要的有:1901年在新疆尼雅河流域古楼兰遗址,出土汉木简十九枚;1907年在长城故垒附近,发现汉宣帝时木简数百枚;1930年在甘肃居延地区,出土汉木简万余枚,其中汉和帝永元兵物簿七十七枚,编连完好。解放后出土计有二十余次,其中较重要的有:1959年在甘肃武威磨咀子6号西汉墓中,出土竹木简四百九十枚;1972年在山东临沂银雀山2号墓中出土了三十二枚竹简,系《汉元光元年历谱》,这是目前发现最早、最完整的历谱;1973年在湖北江陵凤凰山西汉墓中,出土竹简四百余枚,木牍九枚。同年在湖南长沙马王堆3号西汉墓中,出土竹简木牍六百余枚;1972年至1974年在甘肃居延地区,出土汉简近二万枚,这是我国发现汉简数量最多的一次;1975年在湖北江陵凤凰山168号西汉墓中,出土简牍六十余枚,167号汉墓出土木简七十四枚。

和简牍书同时的还有帛书。西汉时期,人们也在丝帛上属文。1974年湖南长沙马王堆3号西汉墓中,出土了一大批帛书,计有:1.两种《老子》写本(整理者把它们定为甲、乙本),甲本《老子》后有佚文四篇,乙本《老子》前有佚文四篇;2.《周易》一部及卷后佚书三篇;3.与《战国策》有关的书一种;4.与《左传》类似的佚书一种;5.关于天文星占的、相马的、医经方的佚书各一种;6.关于刑德的佚书三种;7.关于阴阳五行的佚书二种;8.导引图、驻军图、地图、街坊图各一幅,杂占书一种。这些帛书共十二万多字,大部分用朱丝栏墨书,字体为篆、隶两种。这批帛书的出土,为我们了解西汉的图书形态,提供了实物根据。

(二)纸的发明及实物

纸是我国古代的四大发明之一,也是对世界文明的卓越贡献之一。纸的发明是我国图书事业史，也是世界图书事业史上的一件大事。

根据出土的西汉时期的纸状物或原始形态的纸，说明西汉已经有纸；同时，根据《后汉书·蔡伦传》的记载，东汉已采用麻头、敝布等废旧廉价的东西作原料来生产纸。据此，可说明我国汉代已发明了纸和造纸方法。

本世纪三十年代以来，西汉麻纸出土过四次：1933年中国西北科学考察团在新疆罗布淖尔发现一片残纸，长十厘米，宽四厘米，白色，纸质粗糙，经化验为麻类纤维所造，纸面尚存有麻筋。同墓出土的有西汉宣帝黄龙元年（公元前49年）的木简若干，因此被测定为宣帝时期的遗物。1973年至1974年在甘肃额济纳旗地区发掘出一张不晚于宣帝时期的麻纸。1978年在陕西扶风县，再次发现了宣帝时期的古纸，质地粗糙，也为麻类纤维所造。这四次发掘出来的西汉纸，表面上都没有文字。可能西汉时期人们还没有用纸作书写材料。

五、图书的流通与利用

（一）国家藏书的控制利用

西汉政府对其所藏之书控制很严，凡未经皇帝许可，不得私借，不得录制副本，否则予以严厉制裁。《汉书·霍光传》记宣帝地节四年（公元前66年），太常苏昌把国家藏书私借给大司马霍山抄写。结果，苏昌被免官，霍家欲"献城西第、入马千匹，以赎山罪"。又，《汉书·宣元六王传》记成帝时，东平王来朝，"上疏求诸子及《太史公书》，上以问大将军王凤，对曰：'臣闻诸侯朝聘，考文章，正法度，非礼不言。今东平王幸得来朝，不思制节谨度，以防危失，而求诸书，非朝聘之义也。诸子书或反经术，非圣人，或明鬼神，信物怪；《太史公书》有战国纵横权谲之谋，汉兴之初谋臣奇策，天官灾异，地形厄塞：皆不宜在诸侯王。不可予。……'遂不与。"东平王是成帝叔父,求赐书也遭到了拒绝,可见当时国家藏书控制之严。

西汉国家藏书除皇帝外,允许阅读者有太常、太史、博士这些掌书官员,还有因工作和研究需要,经过皇帝特许的人员,如刘向等人。

（二）私藏的流通与利用

秦始皇焚书使私人藏书受到严重毁损。汉兴,改秦之败,私藏开始恢复,到西汉后期,私人藏书便有了很大的发展,如汉初有仓公,武帝时有刘德、刘安及孔安国,成帝时有刘向、班斿、杜邺、富参、卜圭等人①。可以看出,随着文化教育事业的发展,私人藏书也逐渐增多。

这些私藏家图书的来源,有从师友处得到,有自己采购所获,有受赐于皇帝,有承袭祖上遗书。尽管他们的藏书来源不同,但无疑应算是我国早期的私人藏书家。

私藏的流通与利用比国家要好些,正因如此,才使许多图书和知识能传播下来。在《汉书》的《贾谊传》、《司马相如传》、《朱买臣传》、《疏广传》、《陈汤传》、《息夫躬传》和《扬雄传》中,记载了他们少时好读书、博览无所不见的情况,他们所读之书,如非自家所有,即向他人借读,这说明私藏的流通率较高。至于私藏的利用率也是较高的,《汉书》中记载的那些经学大师,多利用自己的藏书传授经学,培养了许多经学家。

---

① 参见《史记》和《汉书》本传。

第二节　东汉的图书事业

一、图书的搜集与典藏

（一）东汉前期的搜集图书

两汉之际，社会动乱不已，宫内所藏图书化为灰烬。我国文化典籍又一次遭到厄运。刘秀重建东汉王朝时，在争取鸿生巨儒支持的同时，进行了"采求阙文，补缀漏逸"的搜集图书工作。由于实行这些政策，许多学者"抱负坟策，云会京师"，纷纷向政府献书。① 于是，国家藏书开始得到恢复。当刘秀把政权由河北迁往洛阳时，所收图书载车二千余辆。后又经明、章二帝大力提倡经学，同时"诏求亡失，购募以金"②，于是所聚图书三倍于前，进一步增加了国家的藏书。章帝之后的和帝，也很关心国家的图书事业，常到宫中藏书处察看图书③。经过东汉前期这四代皇帝的努力，使国家藏书基本上恢复起来。

东汉王朝，历时近二百年，共藏有多少图书，这些图书又有什么特点，由于《后汉书》中没有艺文志，所以很难了解。只能从清姚振宗的《后汉艺文志》和曾朴的《补后汉书艺文志并考》中大致了解到以下情况：

《后汉艺文志》分经、史、子、集四部，后附佛、道二录，实为六大部类，大类下又分小类，类下分家，家下有部，但没有著录篇卷数。《补后汉艺文志并考》分内外篇：内篇为"六艺志"、"记传

① 《后汉书·儒林传》。
② 《论衡·佚文篇》。
③ 《隋书·经籍志》、《后汉书·儒林传》。

志"、"子兵志"、"文翰志"、"数术志"、"方伎志";外篇为"道佛志",章篇卷数可考者八十章,一千七百九十篇,二千三百二十一卷,章篇卷数不可考者二百零八部。尽管这是一个大约数,但也可以粗略反映出东汉的图书状况。

从《后汉艺文志》著录中可以看出,东汉一代的图书,在数量上、内容上都比西汉丰富,并且还有以下特点:(1)经书急遽增加,这是东汉经学大盛在图书目录上的反映;(2)史书大量出现,且种类多;(3)佛学书籍产生。这是前所未有的一类图书,是新学科产生的结果。

(二)藏书机构和职官

经过长期的搜集图书活动,东汉的藏书得到了恢复和发展,同时,政府的藏书机构和职官也逐渐建立起来,并不断地扩充和完善。据《后汉书·儒林传》和《隋书·经籍志》记载,东汉政府前后设置有七所藏书处,管理图书的官员也屡有增加。兹分述如次:

辟雍　最早建于西周,本为周天子所设立的大学,后废。西汉武帝于长安西北重又设立,仍作为政府的教育处所。东汉时期,刘秀于中元元年(公元56年)在洛阳城北再建辟雍,不再作为教育部门,而是皇帝行礼的所在。辟雍所藏可能多为礼仪书。①

宣明殿　位于北宫。明帝曾令桓郁校定所制《五家要说章句》于宣明殿。可见宣明殿为宫内藏书处之一。②

兰台　东汉兰台在洛阳城内,掌管图书的官员是兰台令史。先后担任这一职务的人员,都是当时著名的学者,如班固、傅毅等人,他们不仅掌管藏书,而且还从事校书、著述工作。

石室　东汉也以石室为储藏图书档案之所,地点在洛阳汉高祖刘邦庙内。石室所藏图书档案,皆属机密,不得随便查阅。石室

---

① 《后汉书》明帝、和帝、顺帝诸纪均有记述。

② 《后汉书·桓郁传》。

还藏有谶纬书籍和一些自然界出现异常现象的记录。

鸿都　宫掖门名，因在此设立学校，故称鸿都学；又因这里的学生最初皆工文赋，故又称鸿都文学。同时还设立书库，藏文学、艺术之书。由光禄勋掌管。

东观　东汉最主要的藏书处所，建于明帝朝，所藏图书是东汉政权建立后搜集到的。同时还是校勘图书、编纂著作的主要场所。明、章二朝，班固、贾逵、傅毅于此共典校书；安帝时，刘珍于此先后两次负责整理国家藏书。后来，伏无忌、蔡邕等人也于此校书，并且产生了著名的《熹平石经》。东观还是著述中心。章帝曾召名儒曹褒"于南宫东观尽心集作"。学者崔寔即曾与边韶、延笃等著作东观。著作之名即自此始。东观设官有东观郎和校书郎。如李胜曾为东观郎。窦章曾被太傅邓康推荐入东观为校书郎。而蔡邕和孔僖也都校书东观。[①]

仁寿阁　东汉政府于宫中新开辟的藏书处所，建于明帝时期，其所藏图书为东汉政权建立后搜集到的。同时也是著作之地。马严曾奉诏留仁寿阁，与校书郎杜抚、班固等杂定《建武注记》[②]。

丰富的藏书，众多的藏书处所，使东汉政府于桓帝延熹二年（159 年），创置了我国封建中央政府中第一个主持图书事业的机构——秘书监。它的创立意义重大，所以范晔在《后汉书·桓帝纪》中特书了一笔。据应劭《汉官仪》："秘书监一人，秩六百石。"它既是机构名称，又是该机构最高长官的名称，为太常属官。

（三）保护图书的措施

东汉后期，随着造纸技术的提高，纸书开始产生，这些纸书是如何保护的，史书上没有记载。但在东汉末年刘熙的《释名》中，提到了"潢纸"。所谓"潢纸"，就是把纸用蘖染过，这样可以辟蠹。

---

① 《后汉书·李尤传》、《孔僖传》、《蔡邕传》。
② 《后汉书·马严传》。

《释名》对"潢"的解释为"染纸",也就是"潢纸",说明东汉末年,人们已知道这种方法可以使纸防蠹。"潢"字作为染纸意义的出现,一方面说明当时人们知道了保护纸书的方法,另一方面也说明此时纸书越来越多,人们注意了对它的保护。

二、图书的整理

东汉除殇帝、冲帝、质帝、少帝四个短命的王朝以外,还有九代,《后汉书》记载中有七代整理过国家藏书,仅和帝、桓帝二朝未见记载,但是,和、桓二帝也很重视图书事业。可以说,整个东汉时期,整理图书的工作始终没有停止。

此外,经学家郑玄,以个人之力整理群经,为我国的图书事业作出了很大贡献。

（一）光武、明、章三朝对图书的整理

东汉统治者崇尚谶纬神学,刘秀在建立政权的过程中,曾利用它为自己做皇帝大造舆论。称帝后,对谶纬图书仍非常重视。东汉政权建立不久,刘秀就命令"博通经记"的学者尹敏和"善说灾异谶纬"的薛汉整理图谶书籍。尹敏字幼季,南阳堵阳人,他不相信谶纬之说;薛汉字公子,淮阳人,对谶纬之学很有研究。由于二人观点不同,进度甚慢,前后用了近三十年时间,于中元元年(56年),把整理过的图谶书籍向天下公布。

明、章时期,国家藏书日益增多。对图书的整理,从明帝永平五年(62年)开始,到章帝建初年间(76—84年)才结束。由班固、贾逵、傅毅三人总司其事,前后十几年,参加校书姓名可考者有孔僖、杨终、丁鸿、杜抚。《后汉书》的班固和傅毅传中,都记及此次校书活动,但具体如何进行,则缺乏详细的记载。后来,梁朝的阮孝绪在《七录序》中说:"及后汉,兰台犹为书部,又于东观及仁寿阁撰集新记。校书郎班固、傅毅,并典秘籍。固乃因《七略》之辞,为《汉书艺文志》。"《隋书·经籍志》也说:"石室、兰台,弥以充积。又于东观及仁寿阁集新书,校书郎班固、傅毅等典掌焉。并依《七略》而为书部,固又编之以为《汉书艺文志》。"可见除校勘图书外,还按照《七略》的类目对图书进行了分类,并在《七略》的基础上编制了《汉书·艺文志》。

（二）安、顺二朝对图书的整理

安帝时期,曾两次整理国家藏书,一次在永初四年（110 年）,由邓皇后发起进行。邓皇后名绥,南阳新野人,少时好学,十二岁通晓《诗经》《论语》等书,和帝永元七年（95 年）入宫,永元十四年立为皇后,在位二十年。入宫后,一面从政,一面向班固胞妹班昭学习经书、天文和算术。邓太后曾诏令学者刘珍、刘騊骏、马融及五经博士等五十余人"校定东观五经、诸子、传记、百家艺术,整齐脱误,是正文字"①。可见这次整理国家藏书的规模。

另一次在元初四年（117 年）。当时安帝认为"经传之文多不正定,乃选通儒谒者刘珍及博士良史诣东观,各雠校家法",并令蔡伦监典其事②。

这两次校书,都是在著名学者刘珍领导下进行的。刘珍字秋孙,南阳蔡阳（今湖北）人,安帝永初年间任谒者仆射官,曾受诏与谏议大夫李尤撰著《汉纪》,后又与刘騊骏著《建武以来名臣传》,官至卫尉。后卒于官。两次参加校书的人,其姓名可考者还有许慎、窦章、王逸和良史等。

顺帝永和元年（136 年）,又"诏（伏）无忌与议郎黄景校定中书五经、诸子百家、艺术"。《后汉书》的注者李贤注称:"中书,内中之书也。""艺谓书、数、射、御,术谓医、方、卜、筮。"可见,这次所校之书,种类也相当多。参加者还有科学家张衡。伏无忌是西汉初年经学家伏生的后人,琅玡东武（今山东）人,博物多识,顺帝时

---

① 《后汉书·刘珍传》。
② 《后汉书·蔡伦传》。

任侍中屯骑校尉，桓帝元嘉年间，与黄景、崔寔等共撰《汉纪》①。

安、顺二朝，先后三次整理了国家藏书，但均未见有编目的记载。

（三）灵帝朝对图书的整理及董卓之乱对书籍的摧残

灵帝建宁年间（168—1721年）召蔡邕整理国家藏书。熹平四年（175年），邕与五官中郎将堂溪典、光禄大夫杨赐、谏议大夫马日磾、议郎张驯、韩说、太史令单飏等，奏求正定《六经》文字。这时，正值由于有些所谓学者采用不正当手段改写兰台漆书经书文字以合私文的事件发生②，于是，蔡邕把校定过的七部儒家经书，即《周易》、《鲁诗》、《尚书》、《仪礼》、《春秋》、《公羊传》和《论语》，用朱笔写于石上后雕刻，历时八年，刻成石经四十六块，约二十万字，立于太学门外。字体用当时通行的隶书，称为"熹平石经"。又因只有一种字体，故也称"一字石经"。它是第一次由政府颁布的经书标准本，受到当时读书人的热烈欢迎，史称"后儒晚学咸取正焉。及碑始立，其观视及摹写者，车乘日千余辆，填塞街陌"③。

参加这次校书的有卢植、马日磾、杨彪、韩说、张驯、高彪、单飏、堂溪典等。这次校书的最大成就是确立了儒家经典的标准本，但未见有编目的记载。

灵帝时，外戚大将军何进，征召河东军阀董卓率师入京诛宦官。昭宁元年（189年）卓进入洛阳后，大肆劫杀，废灵帝，立献帝，自任相国，把持大权。因此，引起了其他官僚的不满。献帝初平元年（190年）纷纷起兵讨卓。董卓便胁迫献帝西迁长安。离洛阳时，"吏民扰乱，自辟雍、东观、兰台、石室、宣明、鸿都诸藏典策文

---

① 《后汉书·伏湛传》。
② 参见《后汉书·儒林传序》。
③ 《后汉书·蔡邕传》。

章,競共剖散。其縑帛图书,大则连为帷盖,小乃制为滕囊。及王允所收而西者,裁七十余乘,道路艰远,复弃其半矣。"国家藏书遭到了破坏。董卓死后,李催、郭汜在长安大动干戈,致使藏书"一时焚荡,莫不泯尽"。[①] 东汉的国家藏书,至此损失殆尽。

(四)郑玄整理经书的成就

东汉一朝,官方组织人力大规模地整理国家藏书,取得了很大成就,而经学家郑玄,以个人之力,校勘图书,遍注群经,更获得了辉煌的成果。

郑玄(127—200 年)字康成,东汉末年北海高密(今属山东)人。出身贫寒,年轻时担任过乡官——啬夫。但是不愿为吏,想努力读书。在家人的支持下,他负笈出游,先到太学学习,以学者第五元先为师,通京氏《易》、《公羊春秋》、《三统历》、《九章算术》。又从张恭祖受《周官》、《礼记》、《左氏春秋》、《韩诗》、《古文尚书》。后入关西(今陕西境内),拜马融为师。"日夜寻诵,未尝怠倦"。游学十余年,乃归乡里。"党锢事件"发生后,郑玄与同郡四十余人俱被禁锢。灵帝末年,党锢解除,大将军何进,后将军袁隗让他出来做官,他不肯。董卓迁都长安,他避居徐州。此时,他已是七十高龄的老人了,患病日重。当袁绍与曹操相持官渡时,强逼随军,卒于路上。郑玄著作数十种,儒家的经典著作,他几乎都进行过注释,共写了一百多万字。他注释的古书,今天还保存完好的,有《周礼注》、《仪礼注》、《礼记注》、《毛诗笺》四种。郑玄在注释群经之前,作了精密的工作,对错简讹文认真审辨,取古今文异本仔细校勘,并且将古书篇目次第编排不同的彼此互校,选择比较合理的肯定下来。因而直到今天,人们还要依靠他的注释,作为阅读古代典籍的桥梁。

综观郑玄在整理图书过程中,曾采用如下的方法:

---

① 《后汉书·儒林传序》。

（1）备致多本，择善而从

郑玄注释诸经，也以校对文字异同为先务，他所采用的本子，校《仪礼》有今文古文的不同；校《周礼》有故书今书的区别；校《论语》有从鲁从古之异。他注释某部经书时，先要广搜异本，然后比勘异同。他注《仪礼》时，有的地方经文采用今文本，便在《注》中说明"古文某作某"；有的地方经文采用古文本，便在《注》中说明"今文某作某"。注《周礼》时，在注中说明故书、今书不同之处，择善而从。

（2）注明错简，指出误字

郑玄注经，发现经文有错简时，便在《注》中说明，如《仪礼·丧服》、《礼记》中的《乐记》、《玉藻》等篇，均有错简，便只在注中谈到，而不擅自移改，在经文显有误字时，《注》中但云："某当为某，声之误也"。并不改字。这反映他校书的严密谨慎。

（3）考辨遗编，审证真伪

郑玄在注经过程中，发现经文可疑，便考定真伪及其年代。如他从时令、官制等方面，证明《礼记·月令》是秦代作品，为后人提供了辨伪的方法。

（4）叙次篇目，重新写定

郑玄整理礼书，篇目次第，一依刘向为准，所以遍注群经，独三礼有目录。《周礼》六篇，依天、地、春、夏、秋、冬六官编次，《仪礼》十七篇，依照《别录》的篇目次第。至于《礼记》四十九篇，既条其篇目，又依《别录》，明其所属门类。《礼记正义》在每篇标题下引郑氏《目录》云："此于《别录》属某门"。如《典礼》属制度，《檀弓》属通论，《曾子问》属丧服等，均一一指出。

（5）条理礼书，普加注说

郑玄从事校勘，以整理礼书的功绩为最大。"三礼"一词，虽始于马融、卢植，但通贯三书成为"三礼之学"，则是从郑玄开始的。三《礼》中保存着我国古代的制度、礼文，是古史资料的渊薮，今天仍以郑注为依据。

（6）辨章六艺，阐明体用

汉人经常称六经为六艺。郑玄除注释经传外，又作《易赞》、《书赞》、《诗谱》、《三礼目录》诸书，介绍古代文献的源流得失，最后写成《六艺论》加以总结。这书虽已早佚，但就后人辑本来看，还可考见它的内容，主要是谈六经体用。如他以变易解《易》，很明确地提出用发展、变化的观点理解《易》的体用，他又强调循政事得失之迹以求《诗》，把《诗经》看成古史资料，都是有价值的见解。

综上所述，可知郑玄在整理古代图书的工作上所取得的成绩是多方面的，他在学术领域内作出的贡献，大体和刘向相近。但他是凭个人力量进行的，当然艰难得多①。

三、班固和《汉书·艺文志》

东汉一代，图书事业的主要成就之一是班固的《汉书·艺文志》。它不仅开创我国史志目录的先河，而且是我国现存古代第一部完整的目录书，是研究我国古代图书状况和学术思想的重要著作。

（一）班固家世及《汉书·艺文志》成书原因

班固字孟坚，扶风安陵（今陕西省咸阳市东）人。曾任兰台令史，后迁为郎，曾主持明、章二朝校理图书的工作。父班彪是史学家，伯祖班斿曾"与刘向校秘书"，班固很有可能亲聆班斿讲述有关刘向的事迹。班固对刘向是很推崇的。他在《汉书·刘向传赞》中，列举孔子以后能符合"博物洽闻，通达古今，其言有补于世"标准的几位人物，其中就有刘向。其他如贾谊、董仲舒、司马迁等传的论赞，班固都以向、歆父子的言论作为自己的观点。《汉

---

① 参阅张舜徽：《中国文献学》。

书·艺文志》的《易序》、《书序》和《乐序》中多次提到刘向校书。班固处处表明自己与向、歆父子的师承关系。他对《汉书·艺文志》的取材,更是直言不讳地说:"今删其(指刘歆《七略》)要,以备篇籍"。所以说,班固是在向、歆父子的影响下,继承《别录》和《七略》的已有成果,进行剪裁、编次,而撰成《汉书·艺文志》的。

班固之所以能创立新的目录体裁——史志目录,与他个人的经历、所处的时代有密切的关系。班固家富藏书,博贯载籍,并多次参与复杂的编史工作和校书工作。这使他深深体会到,编纂图书目录的重要。另外,班固著《汉书》时,东汉政权已存在了四、五十年,在安定的局面下,社会的政治、经济、文化诸方面均有所发展,为了全面反映西汉一代的社会状况,文化事业当然是其中的主要内容之一,而最能反映文化事业的成就,自然要依靠图书。加上向、歆父子已有编制国家目录的先例,班固正是在这样的条件下在《汉书》中增添了反映一代藏书状况的《艺文志》。

(二)《汉书·艺文志》概述

《汉书·艺文志》的体例是:前有总序——概述东汉以前的学术状况,汉初至成帝时期的图书事业,刘向的校书程序,刘歆完成《七略》和自己编成《汉书·艺文志》的内容。这篇总序既是东汉以前的学术史和目录学史的大纲,又表明了《汉书·艺文志》的学术渊源。《汉书·艺文志》共六略(即大类),略下分成三十八种(即小类),五百九十六家,一万三千二百六十九卷。各略均有序。种则除《诗赋略》各种无序外,其他都有序,叙述这一种的图书源流。这三十八种图书,包括自然科学和社会科学,可惜大部分没有流传下来。

关于书名的著录方法,有人曾归纳为六种:

(1)先著录书名、篇数而后系撰人,如《易经》十二篇,施、孟、梁丘三家。

(2)先著录撰人而后系书名、卷数,如刘向《五行传记》十卷。

（3）仅著录书名、篇数而不录撰人，如《荆轲论》五篇。

（4）以撰人为书名迳系篇数，如《陆贾》二十三篇。

（5）以撰人的官爵为书名迳系篇数，如《太史公》百三十篇，《平原君》七篇。

（6）加文体于撰人后，即以为书名而系以篇数，如《屈原赋》二十五篇。

目录之后，记录种、家、卷的数目。各书书名下，有的有注，有的无注，而有注的大致又有五种不同的注体：

（1）注撰人：如《急就》一篇，注称："元帝时黄门令史游作。"

（2）注内容：如《周政》六篇，注称："周时法度政教。"

（3）注篇章：如《太史公》百三十篇，注称："十篇有录无书。"

（4）注真伪：如《伊尹说》二十七篇，注称："其意浅薄，似依托也。"

（5）注附录：《鲍子兵法》十篇，注称："图一卷。"

（三）《汉志》与《七略》的关系问题

《汉书·艺文志》虽是依据《七略》撰成的，但不能认为它是简单的因袭，而是在《七略》基础上的创新：

例一：《汉书·艺文志》对《七略》著录各书有调整和去取之处。这些变动，《汉志》都用"入"、"出入"、"省"等字样来标明。"入"是《七略》所无而《汉志》新增入的图书。如《六艺略·书》中有"入刘向《稽疑》一篇"。"出入"是调整归属。如《兵书略·技巧》中有"出司马法入礼也"。"省"是去掉，有二种情况：一是省去大门类，如《七略》有《辑略》，《汉志》去掉了《辑略》而把它的内容散入于各略之后，给后人阅读参考提供了方便，说明班固很懂得一部目录书当如何编制才能使读者一目了然，知其源流；二是省家省篇，如《兵书略》的总计中写道："省十家二百七十一篇重。"这是由于这十家和其他略中有重复，经过权衡考虑之后才去掉的，其中如伊尹、太公、管子、鹖冠子四家重道家；孙卿、陆贾二家重儒家；苏子、蒯通二家重纵横家;淮南王一家重杂家;墨子一家重墨家,删去重复是完全必要的。

例二:《汉志》引用《七略》中的文字有所改变。如《初学记》中引有《七略》以下一段文字:"诗以言情。情者,信之符也;书以决断。断者,心之正也。"而《汉志·六艺略序》中则作"诗以正言,义之用也;春秋以断事,心之符也。"显然是据《七略》而作的改变。

例三:《汉志》改变了《七略》的类属。如《史记·管晏列传·正义》引《七略》说:"《管子》十八篇,在法家",而《汉志》法家中无《管子》,在道家中则著录《管子》八十六篇。

例四:《汉志》删掉了《七略》中的一些题解。如《文选》中引有《七略》《邹子终始》的题解,而《汉志》的《邹子终始》则无此题解。

例五:《汉志》与《七略》著录书名有不同。如《史记正义》引《七略》说:"《晏子春秋》七篇在儒家。"而《汉志》儒家只著《晏子八篇》,既无"春秋"二字,又增加了一篇。

由此可见《汉志》是自有主张的。

总之,班固在《汉志》中对所著录的图书,进行辨析、标注、简介、征引、存疑等方面,有选择的注释,形成了史志目录的特点。

(四)后人对《汉志》的评论及研究

自《汉书·艺文志》产生之后,后世学者对它毁誉不一。唐代史学评论家刘知几在《史通·书志篇》中对正史志艺文采取完全排斥的态度。他说:"班汉定其流别,编为艺文,续汉以还,祖述不暇。夫前志已录,而后志仍书,篇目如旧,频烦互出,何异以水济水,谁能饮之者乎?"因此,他认为"艺文一体,古今是同,详求厥义,未见其可。愚谓凡撰志者宜除此篇。"这是一种极端化的偏激之见。清初学者朱彝尊在《经义考·著录篇》中加以驳论说:"班固《汉书》依《七略》作《艺文志》,诚良史之用心,而史家体例之不少者也。而刘知几《史通》反讪之,谓骋其繁富,凡撰志者,宜除此篇,抑何见之褊乎?"

宋代史学家郑樵也曾对《汉志》大加抨击,他在《校雠略·编书不明分类论》中说:"孟坚初无独断之学,惟依缘他人以成门户。"认为班固胸无类例,根本不懂编制目录的方法。姚振宗在《汉书艺文志条理·叙例》中驳斥道:"班氏之志艺文也,在当日不过节《七略》之要,为史家立其门户,初不自以为详且尽也。今欲求周秦学术之渊源,古昔典籍之纲纪,舍是志无由津逮焉。"这个评论是比较公允的。

《汉书·艺文志》为后世学术研究保存了重要的资料,研究文、史、哲的学者在"辨章学术、考镜源流"时,无不从《汉志》入手,了解东汉以前的学术状况。即使《汉志》所著录的内容极其简略,也是有很大参考价值的,如《六艺略·春秋家》有一条著录:"《太史公》百三十篇。(注)十篇有录无书。"从这条简略著录中,可以了解到三点:1.《汉志》撰成时尚无《史记》之名;2. 全书实有一百三十篇;3. 班固所见之书已缺十篇。有些人物由于《汉志》的著录而流传下来,如:"冯商所续《太史公》七篇"一条。清代学者杭世骏在《两浙经籍志序》中说:"经籍之用,所以补列传阙漏。固不为冯商立传,而续史记则志于艺文。"

由于《七略》自唐以后亡佚而《汉志》独存,所以还可从《汉志》著录中知道当时的存书和后来的亡佚,可供了解图书状况的参考。

《汉志》的论述很细密,清代学者刘毓崧曾引《汉书·艺文志》和《隋书·经籍志》对法家的解释加以论断。《汉志》谓:"法家者流,盖出于理官。信赏必罚,以辅礼制。"《隋志》谓:"法者,人君所以禁淫慝,齐不轨而辅于治者也。"刘毓崧据此论断说:"《汉志》兼言赏,《隋志》专言刑。此则《隋志》之疏不若《汉志》之密。"①

---

① 《通义堂全集》卷一〇。

为《汉志》作注的是唐人颜师古。他注《汉书》，当然包括了《艺文志》，主要解释了书名、撰人和内容，如"《汉著记》百九十卷"一条，颜注说："若今之起居注。"虽寥寥数字，但我们足以了解《汉著记》的主要内容。颜注多引《别录》和《七略》来注释撰人、师承、内容、版本和书名等等，保存了二书的部分资料。

《汉书·艺文志》的影响是深远的，现以《隋书·经籍志》的编撰为例说明：

《隋志》的编写显然是受了《汉志》的启发的。《隋书经籍志总序》曾称："远览马史班书。"这种承受关系，从《隋志》的本身可以清楚地看到：《隋志》在各部类之末都有序，说明诸家学术源流及其演变。各部小序中都分别说明与《汉志》的继承关系。如经部序称："班固列六艺为九种，或以纬书解经，合为十种。"史部序称："班固以史记附春秋，今开其事，类凡十三种，别为史部。"子部序称："《汉书》有诸子、兵书、数术、方技之略，今合而叙之为十四种，谓之子部。"集部序称："班固有诗赋略，凡五种，今引而申之，合为三种，谓之集部。"由此可见《汉志》对后世目录编纂影响之大。

后世专门研究《汉书·艺文志》的著作，有南宋王应麟的《汉书·艺文志考证》十卷，考证本文二百七十六条、篇叙七十八条、《汉志》不著录者二十七条。《四库简明目录》评价："捃拾旧文，为之补注，持论皆有根据。惟古书不载于《汉志》者增入二十六种，真伪相杂，颇为蛇足。"此后，研究《汉志》的专著多达十几种，讲某一方面的文章，更是无法统计。其中，清人姚振宗和近人陈国庆成就较为突出。

《汉书艺文志拾补》六卷，清姚振宗撰。主要拾补《汉志》所不著录者，如应劭《风俗通义·氏族篇》、诸氏姓书、汲冢竹书、谶纬之书、王莽之书、私家撰述之诗赋、杂文别有所本者及《通志·艺文略》以后诸家簿录所载诸家书中突出于汉人者。是书六略共计三十三种、二百七十四家、三百零六部，附录纬一种、十一家、十一部,总为三十四种、二百八十五家、三百一十七部,附见六十四家、九十部。经是书之拾补,汉以前之典籍在艺文志之外,大抵略具。按语中,对汉籍原始、诸志讹误、古今著录之错误,多有考辨。体例一仍《汉志》旧例,以六略分类而不用四部。收入《二十五史补编》。

《汉书艺文志条理》八卷,清姚振宗撰。姚氏吸收颜氏集注及王先谦考证等研究成果,对《汉书·艺文志》皆作补注,包括撰人始末、本书源流。每书目大抵加按语,说明原书部次条理、征引取裁原委、注释诸家考辨等。卷首《叙录》一卷,引按兼有,叙述学术源流和目录学史,颇得要领。收入《二十五史补编》。

《汉书艺文志注释汇编》为陈国庆遗作,经其子陈公柔据手稿整理后,作为二十四史研究资料丛刊,于1983年6月由中华书局印行。《汇编》吸收了历代学者研究《汉志》的成果。其《序言》说:"博采诸家成说,反复寻绎,注释时,颇为留意这一点。对于现有诸书,解释得稍微详细……,其间亦有见于各家论著而可疑,核于载籍所记而未当,自认似乎稍有一得之见者,则用按语聊著己意于各家注释之后;于其所不知,则付诸盖阙之例。"其体例全载《汉书·艺文志》原文,于每语之后汇注历代各家有关之说,以按语间或补释。后有附录三:(1)有关评论汉志的文章十二篇;(2)引用文献目录及作者姓氏爵里表;(3)引用及参考主要书刊简表。颇有参考价值。

四、图书形态的发展

(一)主要的图书形态

东汉仍然以简牍和帛书作为图书的主要形态。大量文献记载证明,东汉国家藏书,简牍书占主要部分。如《后汉书·儒林传》载:"光武迁还洛阳,其经牒秘书载之二千余两"。"经牒"就是用简策所写的经书。一般也用简书,吴恢"欲杀青简以写经书"①;周盘临终前嘱其二子:"编二尺四寸简,写《尧典》一篇,并刀笔各一,以置棺前,示不忘圣道"②;曹褒受章帝命修改叔孙通《汉仪》百五十篇,"写以二尺四寸简"③,均为明证。从近代考古发掘也可以得到证明。如,1930 年在甘肃居延地区发现一批简牍,其中有一部东汉和帝永元五年至七年(93—95 年)的兵器簿。它是由七十七根木简用二道麻绳编联而成的兵物清册,出土时尚保持编简成策的原状。简上写有"右破胡燧兵物"六字。1959 年在甘肃武威地区发现一座东汉陵墓,出土三百八十多枚木简,其中有《仪礼》九篇,是现在唯一的一部简策形式的儒家经典。长约五十四至五十八厘米,相当汉尺二尺四寸,每简上写有五十、六十、八十个字不等。编简的下端还有数码,以标明顺序,这是现存古简中最长的一种,恰好证明汉代崇尚孔学,以长简抄写儒家经典的制度。1972 年 11 月,在甘肃武威地区的一座东汉墓中出土九十二枚东汉早期的医方简牍,这是我国迄今所知最早的、比较完整的古代医方文献之一。木简长 23—23.4 厘米之间,与汉尺一尺相近。记有一百多种药物。在简的上、中、下编联处的右侧有三角小缺口,这是为了放编绳时,使之稳定不致脱失而用刀削制的。在尾简上写着"右治百病方"五字。

　　简策究竟有几道编纶,许慎《说文解字》在"册"字下谓:"中有二编之形。"1930 年发现的《永元兵器簿》,确为二编。但武威出土的简本《仪礼》、王杖十简和日忌杂简及后来大量出土的汉简,显示出简册可以有两至五道编纶。甘肃居延出土的简册,编纶有二道,也有三道,其它如银雀山出土的《汉元光元年历谱》有四道编。

---

① 《后汉书·吴祐传》。

② 《后汉书·周盘传》。

③ 《后汉书·曹褒传》。

可见《说文解字》指的二编之形，仅指其通常情况而言，而编纶的多少是依简的长度而定的。

简册是先编后写还是先写后编，根据实物的分析判断，这两种情况都存在，但经常是先编后写。武威出土的医简上，在三道编痕处都留有空白部位，说明是先编后写的，而《永元兵器簿》简上的麻绳，有时盖札在简的文字之上，又像是先写后编。

和简牍并行的是帛书。《后汉书·襄楷传》载："顺帝时，琅琊宫崇诣阙，上其师干吉于曲阳泉水上所得神书百七十卷，皆缥白素朱介青首朱目，号《太平清领书》。其言以阴阳五行为家，而多巫觋杂语。"白素是白色的丝绢；朱介是红色打的格子；青首是用青绸子作护首；朱目是把书卷好后，前面用红颜色写题目。这本书当是帛书。

从整个东汉国家藏书来看，帛书占一定比例，《后汉艺文志》中著录许多图、画，基本上是丝制品。另外，东汉末献帝时，董卓强逼汉献帝迁都长安，当时东观等处的藏书，简书被烧，帛书"大则连为帷盖，小乃制为縢囊"，使许多帛书被毁。

帛书与简册相比，质地轻软，书写起来可以自由剪裁、舒卷，还能绘制地图，编写谱牒，而且携带方便，是其优点。但它为什么未能取代简书成为主要的书写材料呢？主要原因恐怕是它的造价昂贵，一般购置不起。取代简牍成为主要书写材料，历史地落到了纸的使用上。

（二）造纸原料的扩大和造纸技术的改进与推广

东汉时期，由于造纸原料的扩大和造纸技术的改进与推广，纸开始成为书写材料。《后汉书·贾逵传》记载，汉章帝命贾逵写出《左氏传》优于《公羊传》和《谷梁传》的地方，"逵于是具条奏之……书奏，帝嘉之，赐布五百匹，衣一袭，令逵自选公羊严、颜诸生高才者二十人，教以《左氏》，与简纸经传各一通"。这是文献中第一次记载简纸并用写书。当时著名学者贾逵的学生崔瑗写给友人葛元甫信中,对用纸写《许子》十卷送他,表示歉意,就说明已用纸写书,但纸不如缣帛高贵[1]。不过纸的产量还不甚多,如有人以废笺给人写书,大约是利用反面。少府属官尚设有专管用纸的人,如守宫令主管皇帝用纸,尚书右丞主管宫廷用纸。

考古发现的东汉纸张,上面也有字迹。如,1942年在内蒙古额济纳河附近发现了带有字的纸团,化验为植物纤维所造,根据同时出土的东汉和帝永元年间的若干木简判断,当为公元93—98年左右的纸。1973年在甘肃武威旱滩坡工地,发现了东汉时代的古纸,纸上写有隶书,经化验也是麻类纤维所造。它是我国现存最早的写有文字的纸。1974年在甘肃武威县一座东汉墓中,又发掘出一批带有字迹的东汉纸。这可反映出东汉时代造纸技术上的发展与改进。

纸的概念的出现,用麻类植物纤维造纸的产生,都为东汉蔡伦改进造纸技术创造了条件。

蔡伦字敬仲,桂阳(今湖南省耒阳县)人,明帝永平末年,开始在洛阳皇室内当差。和帝即位,任中常侍,参预决断国家的机密大事。蔡伦在造纸技术上的贡献和功绩主要有两个方面:1.总结和提供了新的造纸原料。《东观汉纪》中记述:"蔡伦典尚方,用木皮为纸,名谷纸;故鱼网为纸,名网纸。""麻,名麻纸也。"2.改进和推广了新的造纸技术。用麻、树皮等造纸,要比制竹木简的技术复杂得多,要经过剥皮、沤烂、熏煮、春捣、漂白等手续。这种新的制造工艺的方法,由蔡伦进行了总结和推广,使造纸技术向科学化发展。蔡伦试制用木皮纤维造纸的成功改革,从而为我国后来一千多年的造纸工艺开辟了广阔的道路。蔡伦是扩大造纸原料,改进造纸技术的第一个人。

---

① 《北堂书抄》卷一○四。

五、图书的流通与佛经翻译事业

（一）国家藏书的流通与利用

东汉政府沿袭西汉管理图书的制度，严格控制借阅，读者只有皇帝、皇帝特许之人、编书者和校书人员。东汉政府先后召集过许多著名学者，利用国家所藏档案图书，撰写国史，如班固、刘珍、李尤、伏无忌、边韶、崔寔、延笃、马日磾、蔡邕等，先后在东观，利用藏书，撰写《东观汉纪》。班固为兰台令史时，还与学者陈宗、尹敏、孟异利用兰台图书，共撰《世祖本纪》。刘珍与刘騊駼也曾利用国家藏书，作《建武以来名臣传》，说明东汉政府的藏书曾得到了一定的利用。

（二）私人藏书的流通与利用

东汉时期，私人藏书家增多、藏书量增大。据《后汉书》记载，杜林、班固、刘梁、王和平、蔡邕、华佗等人，家皆富有藏书，而蔡邕家藏书几近万卷。

私藏增多的原因，首先是国家允许私人藏书，其次是蔡伦改进造纸技术后，这种廉价的图书载体，为私人抄书、著述提供了物质条件，嗜书的学者自行写书、抄书。私藏图书的另一来源是皇帝赐书。据《后汉书·窦融传》载，光武帝刘秀赐窦融"以外属图及太史公《五宗》、《外戚世家》、《魏其侯列传》"。《王景传》载，明帝赐王景《山海经》、《河渠书》、《禹贡图》。《刘苍传》载，章帝赐东平宪王刘苍"以秘书、列仙图、道术秘方"。第三个来源是从市场上买书。当时，在都城洛阳出现了买卖图书的场所，称作"书肆"①。它的出现，促进了图书的流通与利用。据《后汉书·王充传》记载，王充曾因"家贫无书，常游洛阳书肆，阅所卖书，一见辄能诵

---

① 在书肆正式出现以前，西汉平帝元始年间（一世纪初）已有图书买卖活动。见《三辅黄图·明堂》卷五。

忆,遂博通众流百家之言"。史学家荀悦也是因"家贫无书,每至市间阅篇牍,一见多能忆诵"①。可见书肆所出售的图书是允许自由阅读的。

（三）佛经翻译事业的出现

佛教是世界三大宗教之一。相传公元前六至五世纪中,由古印度迦毗罗卫国(今尼泊尔境内)王子悉达多·乔答摩(即释迦牟尼)所创立。西汉武帝时期,张骞出使西域,才听说佛教。哀帝元寿元年(公元前2年),大月氏使臣伊存把浮屠(佛)经传入中国,博士弟子景卢从使臣那里听到了他对佛经的讲解。这是中国传布佛经的开始②。

东汉初,统治阶级开始信奉佛教。汉明帝夜梦金神在殿庭飞行,第二天,问大臣吉凶,傅毅以佛教之说对之。明帝于是派遣郎中蔡愔和秦景等十八人到天竺寻求佛法。永平十年(67年)蔡愔在大月支国请得迦叶摩腾和竺法兰两僧,用白马驮载佛经四十二章及释迦牟尼立像一尊归。次年,明帝在洛阳建寺,以"白马"命名,其经书藏于兰台、石室。此后,白马寺就成为传教译经的处所。它是佛教传入中国以后,封建官府营造的第一座佛寺。汉章帝时,楚王刘英信奉佛教,"诵黄老之微言,尚浮屠之仁祠"③。此后,上自皇帝,下至一般学者,开始崇尚佛教。从明帝起,至灵帝止,来我国的著名佛教翻译家有迦叶摩腾、竺法兰、安世高、支类迦谶等人。

迦叶摩腾,一名摄摩腾,相传为中天竺僧人。明帝时随蔡愔来朝,在白马寺讲授佛教,并请求从事梵文佛经的翻译。现存的《四十二章经》即于此时译出。这是佛教教义传入中国并译经之始。

竺法兰,相传为中天竺僧人。明帝永平十年(67年)与迦叶摩

---

① 《太平御览》卷六一三。
② 《三国志·魏志·乌丸鲜卑东夷传》卷三〇注。
③ 《后汉书·光武十王列传》。

腾同到洛阳,住白马寺,与迦合译《四十二章经》。迦叶摩腾死后,他又自译《十地断结经》、《佛本生经》、《佛本行经》、《法海藏经》等十三卷。

安世高,名清,以字行,安息人。本为安息国太子,父亲死后,让位叔父。出家学习佛教,精通小乘经典,并学习禅经。于东汉桓帝建和二年(148年)来洛阳,到灵帝建宁三年(170年)的二十余年间,译出佛典九十五部,一百一十五卷。他所译的经书,宣扬坐禅方法,所译最为通解。

支类迦谶,略称支谶,本为月氏国沙门,桓帝末年来洛阳。自建和元年至灵帝中平年间(147—189年)先后译出《道行般若经》等二十三部,六十七卷。最初介绍般若学于中国,为后世玄学的先导。

佛经翻译事业,开启了中外图书文化的交往,促进了我国图书事业的发展。

第三节　魏晋南北朝的图书事业

一、图书的搜求与典藏

(一)三国、两晋对图书的搜求与典藏

随着三国鼎立局面的形成,社会稍趋安定,各国开始了对图书的搜求和典藏。

曹魏在这方面最突出。曹操在统一北方的过程中,就十分注意对图书的搜求。公元198年,战败吕布,让众官军收集战利品,"唯袁涣取书数百卷",深得曹操赏识。袁涣还建议曹操收书说:"今天下大难已除,文武并用,长久之道也,以为可大收篇籍,明先圣之教,以易民视听,使海内斐然向风,则远人不服可以文德来之。"①曹操对此表示赞同。公元 200 年,官渡之战中打败袁绍,"尽收其辎重图书珍宝"②。曹氏父子周围聚集了不少文化人士,曹操也向这些人收集书籍。东汉大藏书家蔡邕之女蔡文姬从南匈奴回到中原后,曹操向她了解家藏图书情况并想派人帮助文姬回忆记录图书内容,文姬谢绝而自己动手,"缮书送之,文无遗误"③。曹操建立了"秘书、中外三阁"收藏图书,并设置了主管机构,其长官为秘书令。曹丕于黄初元年(220 年)将秘书令改为秘书监,下设秘书丞、秘书郎、校书郎等官员。担任主管图书的官员多为当时著名学者,有号称"儒宗"的王象、"博学有才"的薛夏等。魏明帝时秘书监是王肃。

地处荆益的蜀汉也对图书进行了搜求,设东观收藏国家图书。主管多为重臣。如以王崇补东观,以郤正为秘书郎,郤正是刘备的重要谋臣,以他任秘书郎,说明对图书事业之重视。

吴国也设置了图书机构,称东观,以华覈为东观令。

咸熙二年(265 年),司马氏建立晋王朝(史称西晋),直接接收了曹魏的藏书。武帝司马炎也比较注意对图书的收集。咸宁六年(280 年)晋灭吴,王浚进入建康,首先"收其图籍"④,并把图书运至洛阳,司马炎很高兴,专门派人慰问王浚。西晋除集中了魏、蜀、吴三国的藏书外,各地也向中央献书。凉州刺史张寔曾"遣督护王该送诸郡贡计,献名马方珍,经史图籍于京师"⑤。经过不断的收集,西晋的国家藏书达到二万九千九百四十五卷。但是,西晋统一时间较短,尤其到西晋后期,社会动荡不安,八王之乱、永嘉之

---

① 《三国志·魏书·武帝纪》。

② 《三国志·魏书·袁涣传》。

③ 《后汉书·蔡文姬传》。

④ 《晋书·王浚传》。

⑤ 《晋书·张寔传》。

乱接踵而至,黄河流域的经济和文化遭到了比东汉末年更为严重的摧残,图书的损失自不例外。史称"惠怀之乱,京华荡覆,渠阁文籍,靡有孑遗"①。东晋建立后,虽有晋元帝"鸠集遗书",但图书增长不快,东晋初国家藏书只有三千零十四卷,仅为西晋藏书量的九分之一。过了五十年,至孝武帝太元十六年(391年)才增加到三万六千卷。

两晋掌管图书的机构,基本上沿袭汉魏旧制,"以兰台为外台,以秘阁为内阁"。藏书处有秘阁、兰台、崇文院。太康二年后建石渠阁,其设官也基本沿袭曹魏。晋武帝曾以秘书并入中书省,其长官称中书秘书丞。元康二年(292年)将中书著作改为秘书著作,晋惠帝时又恢复秘书监,秘书监下设秘书丞、秘书郎、著作郎、佐著作郎等。当时图书分为四部,晋武帝时设秘书郎四人,即经、史、子、集四部各有一人专门负责。晋朝还规定:"著作郎始到职,必撰名臣传一人"②。晋代的图书管理机构较前代更为完备了。许多著名学者都主管过图书,如西晋的荀勖和东晋的李充等。

(二)南朝对图书的搜求和典藏

南朝(420—589年)指建都于建康(江苏南京)的宋、齐、梁、陈四个政权。与北方战乱不已的局面相比,南朝是相对安定的。自西晋末年以来,北方人口大量南迁。一些文化人士也将图书带到江南,使南朝的图书事业建立在较高的基础上,一些统治者也注意搜求图书,数量遂逐渐增多。

宋的开国皇帝刘裕在任东晋大将军时就注意收集图书。义熙二年(417年),刘裕北伐攻打姚秦,进入长安后,"收其图籍,五经子史才四千卷",这些书"皆赤轴青纸,文字古拙"③,刘裕把这些书

---

① 《隋书·经籍志》。

② 《晋书·职官志》。

③ 《隋书·牛弘传》。

全部运到了建康。元熙二年(420年),刘裕取代东晋,全部接管了东晋的图书。元嘉八年(431年),刘宋的藏书为一万四千五百八十二卷,刘宋后期元徽年间,增至一万五千零四卷。刘宋的图书中还有的来自北方政权的贡献。元嘉十四年(437年),北凉王沮渠茂虔向宋奉献文物,其中包括一批图书,计十九种,一百五十四卷。南齐时,图书数量继续增长,达到一万八千多卷。南朝图书事业最兴盛的是梁朝,梁武帝即位不久,秘书丞王泰上表要求校定缮写图书。梁武帝同意,下诏向民间收书。要求"宜选陈农之才,采河间之阙。怀铅握素,汗简杀青,依秘阁旧录,速加缮写"①。由于梁武帝大力征集,国家藏书增加到二万三千多卷。史称"梁武敦悦诗书,下化其上,四境之内,家有文史"②。武帝之子元帝也酷爱书籍,他不停地收书、抄书、买书,秘府藏书达十万多卷,为南朝之冠。

但梁朝的图书遭到两次大破坏,一次是侯景之乱前,在梁武帝犒赏侯景部队时,欢宴失火,致使"东宫图籍数百橱,焚之皆尽"。第二次是承圣三年(554年),西魏攻打江陵,梁军惨败。在城将陷时,梁元帝"入东阁行殿,命舍人高善宝焚古今图书十四万卷"③。

陈朝时,图书数量没有增加,这是因为国力日衰,统治者自顾不暇,无力顾及图书。

南朝四朝都设有秘阁典藏图书。所谓"晋宋以还,皆有秘阁之号"。南齐时将一些善本书放在一起,专门设置了学士馆。梁时,由于图书增多,便把图书分别收藏,文德殿陈列众书,华林园总集佛典,秘阁放经史杂书。梁时开始注意复本,并把复本分别收藏在不同地方和部门。陈朝的藏书除秘阁外,还有寿安殿、德教殿、承香殿。

①　《梁书·王泰传》。
②　《隋书·经籍志》。
③　《太平御览》卷六一九引。

南朝管理图书的机构,基本上沿袭东晋,由秘书省主管。设秘书监,下设秘书丞、秘书郎等职。当时门阀制度盛行,士族地主享有做官优先权,并把持了高官清职。秘书郎、著作郎等职被视为清要官,成为士族子弟的起家之选。故有"上车不落则著作,体中如何则秘书"的话。至于秘书监则多为有文化素养的高级士族担任,如谢灵运、任昉都任过此职。此时,由于图书增多,官府中有些人专门从事抄书,于是在秘书省之外又设立了弟子和正字。弟子是写书人员,弟子写完之后交由正字校对。

(三)十六国北朝对图书的搜求和典藏

十六国北朝时期,尤其在十六国这一百多年中,北方经常处于动乱之中,人民流离失所。在这种社会条件下,图书事业不可能有发展。不过,一些少数民族统治者也做了一些恢复文化、收集典籍的工作。如后赵统治者石虎曾派国子博士到洛阳抄写石经,"校中经于秘书"[1],还将国子祭酒聂熊注的《谷梁春秋》列于学官。前秦苻坚统一北方后,广修学官,招纳学生,在宫中置博士授经。苻坚曾到太学问博士经典,博士卢壶告诉他:"废学既久,书传零落。"苻坚便派人编抄了一些书籍,使"正经粗集"[2]。可是博士王实仍然说:"自刘石扰覆华畿,二都鞠为茂草,儒生罕有或存,坟典灭而莫纪,经沦学废,奄若秦皇。"[3]后来,刘裕进攻后秦,打下长安,仅收集到四千卷图书,可见十六国以来北方图书损失的严重。

后凉统治者沮渠蒙逊也收集过图书。元嘉三年(426年),他派世子兴国去刘宋索书,宋文帝给了《周易》及子集诸书四百七十五卷。蒙逊还向宋司徒王弘求《搜神记》,王弘抄了一部给他。

进入北朝后,北魏统一北方近百年。北魏的文化程度较高,受

---

① 《晋书·石季龙载记》。

② 《晋书·列女传·韦逞母宋氏》。

③ 《晋书·苻坚载记》。

汉文化的影响也较深。在他们向中原发展势力的过程中，就注意吸收汉文化。北魏曾三次搜求图书。第一次是道武帝时，北魏迁都平城后，"初收经史，未能全具"。道武帝拓跋珪问博士李先："天下何书最善，可以益人神智？"李先说："唯有经书，三皇五帝治化之典，可以补王者神智。"①于是，道武帝便下令各郡县大索书籍，送至平城。第二次是献文帝天安年间（466—467年），秘书郎高谧认为"坟典残缺"，建议"广访群书，大加缮写"。献文帝采纳之，"由是代京图籍，莫不审正"②。第三次是孝文帝在迁都洛阳后，开始大规模收集图书。太和十九年（495年），下诏"求天下遗书，秘阁所无，有裨益时用者，加以优偿"③。为了准确地收求遗书，他派人检查北魏缺书的情况，编制了一部《魏阙书目录》，并到南朝借书。此外，魏宣武帝也征集过天下遗书，孝明帝时，还派人修补洛阳的正始石经，经过北魏统治者的不断收集，国家的藏书量有所增加。

北魏末年，统治腐朽，爆发了各族人民大起义，北魏王朝分裂为西魏和东魏，后来北齐和北周分别取代了东西魏，在这几十年里，图书损失较大。北齐建立后，在东魏国家藏书的基础上有所增添扩充。"后齐迁邺，颇更搜集"，北齐藏书大约三万卷，剔其重杂，有价值的大约五千卷。公元577年，北周灭北齐，北方再次统一，但北周的国家藏书也非常少，到保定初年（561年）国家藏书才八千余卷。后虽有增加，也不过万卷。灭北齐后，收书五千，总共一万五千余卷，比南方藏书少得多。

北朝的藏书处，北魏有秘阁、东观，北齐有仁寿殿、文林殿、麟趾殿，北周有虎门殿、麟趾殿等。其机构设置与南朝相仿，北魏由

---

① 《魏书·李先传》。

② 《魏书·高谧传》。

③ 《魏书·孝文帝纪》。

秘书省管理,秘书省下设丞、郎及校书郎等职,北齐时将秘书郎改为秘书郎中,并增设了秘书校书郎、秘书正字等职,北周由秘书监兼领著作监,监下设秘书校书郎。

（四）不断发展的私人藏书

魏晋南北朝时期的私人藏书较东汉有所发展,主要原因是纸写书流行,书籍便于抄录、携带和保存。

三国时期,藏书名家有建安七子之一的王粲,他曾得到蔡邕赠书数千卷。王粲死后,其子收藏,后来又传到孙子王业手中[①]。有一个名叫曹曾的人,"家多书",还修了一个石窟存放,称为曹氏书仓。王修家里很穷,粮"不满斗斛",却有书数百卷,曹操赞叹地说:"士不妄有名。"[②]曹魏藏书最多的是玄学家王弼,他藏书万卷。蜀国著名藏书家有丞相长史向朗,"积聚篇卷,于时最多"。向朗不仅收藏书籍,还亲自校书,"刊定谬误"[③],也是一位校勘家。

两晋时期,著名的藏书家有西晋的张华,他学识渊博,"雅爱书籍,身死之日,家无余财,惟有文史溢于机箧"。据说他搬家时就"载书三十乘"[④]。在张华的藏书中,有不少世所希有的秘奇之本,以至秘书监挚虞撰定国家藏书时,要依靠张华的本子校正。范蔚也有七千卷藏书,而且允许人们到他家看书,"远近来读者恒有百余人"[⑤]。范蔚待客热情,还为他们办置衣食。还有裴宪、荀绰等人,都有相当数量的书籍。晋末大乱,一些人带着自己的藏书南迁,象刘正舆、傅颖根就把一部分藏书运至南方。

东晋初,虽政府藏书甚少,而私人手中却有不少藏书,所以东晋政府在收集、整理图书的过程中,不时找私人借书。如殷允、张

---

① 《太平御览》卷六一九。
② 《三国志·魏书·王修传》。
③ 《三国志·蜀书·向朗传》。
④ 《晋书·张华传》。
⑤ 《晋书·范蔚传》。

尚文、郗俭之、桓石秀等人都是"多书之家",于是秘书丞王谧便让秘书郎"分局采借",即按每人专管一部来抄写,以增加国家藏书。魏晋时,国家藏书私人也可借看,西晋人皇甫谧"耽玩典籍,忘寝与食",人称"书淫"①,他曾找晋武帝借书看,武帝送给他一车。晋代,书籍相互借阅较前频繁,人们开始注意到对图书的爱护。齐王司马攸"好学不倦,借人书,皆治护,时以还之"。他不仅"治护"书,还"手刊其谬"②。

南朝时,国家藏书虽然很多,但因政局动荡和意外事故,使图书遭到很大损失。但私人藏书波及不大,因而私人藏书无论从藏书家的人数或藏书数量都较前有很大增长。还出现了不少万卷以上的藏书家。最多的达到三万卷,如陆澄、崔慰祖、王僧孺、任昉、张缅、沈约、张缵、萧劲、马枢等。他们的藏书多"异本"。如陆澄"多世人罕见之书"。③ 王僧孺"聚书至万卷,率多异本。与沈约、任昉家书相埒"④。梁秘书监任昉卒后,梁武帝使贺纵和沈约"勘其书目",发现很多书为国家藏书所无。于是,"官所无者,就昉家取之"⑤。任昉的藏书补充了国家的藏书。

南朝的藏书家并非一味秘藏。不少人对好友、邻里都允许借阅,如陆澄有书万卷,张率与其子少玄关系不错,就经常到陆家去,"尽读其书"⑥。南齐的崔慰祖,"聚书至万卷",邻里少年到他家看书,他"亲自取与,未尝为辞"⑦。

在当时,得到书籍的主要途径是抄写和购买,许多藏书家抄书

① 《晋书·皇甫谧传》。
② 《太平御览》卷六一八。
③ 《南史·张率传》。
④ 《南史·王僧孺传》。
⑤ 《梁书·任昉传》。
⑥ 《南史·张率传》。
⑦ 《南史·崔慰祖传》。

不畏艰苦,买书不惜巨资,甚至不置家产,如南齐人刘善明卒后,"家无遗储,唯有书八千卷"①。沈麟士的藏书被烧数千卷,当时他已年过八十,但不灰心,仍然抄书,二三年后,"卷满数十箧"②。袁峻早失父母,但他"笃志好学,家贫无书,每从人假借,必皆抄写,自课日五十纸,纸数不登则不止"③。书来之不易,人们非常爱护,如虞和"居贫屋漏,恐湿坟典,乃舒被覆书,书获全而被大湿"④。有人不仅藏书,还对书进行整理,孔休源"聚书盈七千卷,手自校练,凡奏议弹文,勒成十五卷"⑤。当是从藏书中辑录出的一部新书。梁宗室萧静"笃志好学,……多聚经史,散书满席,手自雠校"⑥。

当时,人们为了珍藏图书,常将心爱之书藏在巾箱中,称巾箱细书⑦,类似今之袖珍本。《南史·衡阳王钧传》载:"(萧)钧常手自细书写《五经》,部为一卷,置于巾箱中,以备遗忘。侍读贺介问曰:'殿下家自有坟素,复何须蝇头细书,别藏巾箱中?'答曰:'巾箱中有《五经》,于检阅既易,且一更手写,则永不忘。'诸王闻而争效为巾箱《五经》。"梁元帝在《金楼子》中说:"有细书《周易》、《尚书》、《周官》、《仪礼》、《毛诗》、《春秋》各一部,又写《前汉》、《史记》、《三国志》、《晋阳秋》、《庄子》、《老子》、《肘后方》、《离骚》等,合六百三十四卷。悉在巾箱中,书极精细。"⑧以巾箱藏细书,不仅使用方便,还使图书得到良好的保存。

---

① 《南史·刘善明传》。

② 《南史·沈麟士传》。

③ 《太平御览》卷六一九。

④ 《南史·虞和传》。

⑤ 《南史·孔休源传》。

⑥ 《梁书·世子静传》。

⑦ 关于巾箱的较早记载,《北堂书钞·王母巾箱》引《武帝内传》:"帝见王母巾箱中有一卷小书,盛之以紫锦之囊。"

⑧ 《太平御览》卷六一九。

十六国时期战乱较多,私人藏书的人数和数量都比南方少。进入北朝以后,战争有所减少,私人藏书开始出现,辛术、司马子端、李兴业、李谧等人都藏书较多。辛术除了在北方收集图书外,还到淮南收集宋、齐、梁的佳本,藏书达万余卷①。北朝图书本少,专门购买范围有限,全凭亲自抄录,如穆子容"录天下书,逢即写录,所得万余卷"②。司马子端"求天下书,逢即抄录,成多书之家"③。裴汉"借人异本,必自躬录",生了病也不肯歇手,甚至直至"弥年,亦未尝释卷"④。邢子才,文章出众,独步当时,"每一文初出,京师为之纸贵"⑤。这说明抄录是当时得到书籍的重要途径。

总之,魏晋南北朝私人藏书家的活跃,以及他们勤奋抄书、聚书,精心护书、校书的精神对后世影响很大,一些珍贵典籍才得以不失,从而推动了文化的传播和图书事业的发展。

二、图书的整理

随着图书数量的增多,各朝政府和私人藏书家对藏书进行了整理,其重要收获,是一批有价值的目录著作问世,对图书的分类产生了重大影响。

(一)三国对图书的整理

三国时,各国都收集了一定数量的图书,为了便于寻检和使用,各国都对图书进行了整理。从史书记载看,曹魏校书的情况比较具体。曹操时,尚书卫觊针对台阁旧事散乱的情况,对典籍进行整理⑥。曹魏整理图书最有名的是郑默。《隋书·经籍志》载:"魏

---

① 《北史·辛术传》。
② 《北史·魏崇传》。
③ 《北史·司马子端传》。
④ 《太平御览》卷六一九。
⑤ 《北史·邢子才传》。
⑥ 《三国志·卫觊传》。

氏代汉，采掇遗亡，藏在秘书、中、外三阁，魏秘书郎郑默始制《中经》。"郑默字思元，开封人。曹魏时任秘书郎，"考核旧文，删省浮秽"，于明帝青龙二年(235 年)撰成《中经》十四卷。这部目录书久佚，根据其它文献，大致可推测出两点：一是编目比较准确，当时的魏中书令虞松的评价是："而今以后，朱紫别矣"①。这是指对图书进行了细致的分类。二是《中经》对后来的图书目录有影响，晋人荀勖编的《中经新簿》便是依据郑默的《中经》。《中经新簿》是按四部分类的，则《中经》也可能是四分法。那么，郑默的《中经》则是第一次打破六分法体例，开创了四分法。

在蜀汉，刘备定蜀后，"承丧乱历纪，学业衰废，乃鸠合典籍，沙汰众学"②，对图书进行了整理工作。命许慈、胡潜为博士，与孟光、来敏掌典旧文，许慈是名儒刘熙的学生，治《易》、《尚书》、《三礼》等很有名；胡潜则对"祖宗制度之仪，丧纪五服之数，皆指掌画地，举手可采"。他们都有不少藏书，但互相保密，"书籍有无，不相通借"③。

吴国也进行过图书的整理工作，景帝孙休"锐意于典籍，欲毕览百家之言"。他自称："孤之涉学，群书略遍，所见不少也。"④他即位不久，便命博士韦曜"依刘向故事，校定众书"⑤。校书后是否编目，史书无载。但韦曜任此职七年，估计吴国有图书目录。华覈任东观令时，末帝孙皓对他说："以东观儒林之府，当讲校文艺，处定疑难，汉时皆名学硕儒乃任其职。"⑥这是说东观令应负责整理图书。

① 《晋书·郑默传》。
② 《三国志·蜀书·许慈传》。
③ 《三国志·蜀书·许慈传》。
④ 《三国志·吴书·三嗣主传》。
⑤ 《三国志·吴书·韦曜传》。
⑥ 《三国志·吴书·华覈传》。

三国时期,私人藏书家也有将所藏图书整理编目的。如魏陈思王曹植的后代曹志,西晋时在武帝司马炎身边任职,一次司马炎读《六代论》,问曹志:"是卿先王所作邪?"曹志说:"先王有手所作目录,请归寻按。"可以看出曹植生前是将自己的著作文章整理编目的①。在《三国志·王粲传》裴注引书中有《嵇康集目录》,可知当时一些私人藏书家或撰著繁富者都可能自编目录。

(二)两晋对图书的整理

两晋时期,图书数量大增,不同体裁的图书纷纷出现,这就使整理图书的工作势在必行,两晋对图书整理的突出成就是编制了几部著名的图书目录,对后来目录学的发展有较大影响。

1.荀勖与《中经新簿》

荀勖字公曾,颍川颍阴人。他学识渊博,晋武帝时任秘书监,后官至尚书令。泰始十年(274年),与中书令张华"依刘向《别录》,整理记籍"②。这次整理图书规模很大,先后复核、检对的书有十万多卷③。荀勖以郑默的《中经》为依据,编制了一部新的国家藏书目录——《中经新簿》,亦称《晋中经簿》。

《中经新簿》正文十四卷,另附佛经二卷。分甲、乙、丙、丁四部,分别代表经、子、史、集。著录图书一千八十五部,二万九千三十五卷④。《隋书·经籍志》总序说:《新簿》"分为四部,总括群书。一曰甲部,纪六艺及小学等书;二曰乙部,有古诸子家、近世子家、兵书、兵家、术数;三曰丙部,有史记、旧事、皇览簿、杂事;四曰丁部,有诗赋、图赞、汲冢书,大凡四部……,但录题及言,盛以缥囊,书用缃素。至于作者之意,无所论辩。"

———————

① 《晋书·曹志传》。
② 《晋书·荀勖传》。
③ 《北堂书钞》卷一〇一。
④ 《广弘明集》卷三《古今书最》。

可见荀勖的《中经新簿》是对西晋图书的一次大总结,它虽依郑默的《中经》而作,但又有创新,它较好地反映了自《七略》成书以来图书事业的发展情况,是最早的图书四部分类法。它将史部独立成为一大部类,改变了过去六分法时史书附于经部春秋家的附庸地位。其原因是魏晋时期史学有了很大发展,史学书体裁多样,不仅有纪传体、编年体,还有起居注、谱牒、地方志、史评等等。有人统计,这时期的史书有七百多种。史学书数量大增,史书自然需要独立出来了。《中经新簿》是西晋整理图书的重要成果,它对后来目录学的发展起了一定的推动作用。

值得指出的是,荀勖还提出一个对图书的设计要求,即"盛以缥囊,书以缃素",意思是图书应该用浅黄色的丝织品来书写,写好以后,放入淡青色的丝织品袋中,这说明当时对保护书籍有了新的方法和标准。

2. 汲冢竹书的出土与整理

晋武帝咸宁五年(279 年),汲郡人不准盗发了战国魏襄王墓。政府发现后,收回了一部分随葬品,其中有大批散乱的竹简是先秦的古书,这些竹简装了数十车运到洛阳。这批竹简约十余万字,均为战国时东方六国古文,俗称科斗文。晋政府先后两次组织专人对这批竹简进行了整理。

第一次是太康二年(281 年),晋武帝下令整理这批竹简,参加的有荀勖、和峤、挚虞、卫恒、束皙等人,荀勖与和峤参加最早(荀勖当时任中书监,和峤任中书令)。据史书记载,他们整理的办法是:用相当于原简长度(约二尺)的黄纸抄写竹简上的文字,这样做,容易发现和改正错简,对残简也可以大致算出缺漏的字数,用□□代替。为了辨认文字,他们把简与正始三体石经核对,用晋代通行的文字隶书写定成书。经荀勖、和峤整理的汲冢竹书为十五部八十七卷。晋政府"以为中经,列在秘书"①。

第二次是晋惠帝时,秘书监挚虞又精心校读汲冢竹书,撰定了一部官书。秘书丞卫恒是当时著名的古文字学家和书法家,从文字学角度研究汲冢竹书②,但当时正值八王之乱,他与父亲同时被害,卫恒的好朋友束皙接着完成了对竹书的整理。束皙博学多闻,对竹书重新编定,"随疑分释,皆有义证"③。经他编定的汲冢竹书计十六种七十五篇。这与荀勖整理的分卷和篇名均有所不同,这是由于他们对一些问题的看法各异。汲冢竹书的发现,是中国古代史学上的一件大事,竹书对一些史事的记载与传世史书的记载不同,对历史研究有很大启发。当时,从汲冢竹书中整理出的有《穆天子传》、《竹书纪年》、《汲冢琐经》等,但除了《穆天子传》流传下来外,其余的到了宋代均散佚,现在只能看到辑本了。

3. 李充与《晋元帝四部目录》

西晋末年,社会动乱,图书损失严重。东晋初年,尽管晋元帝征集各地图书,但至李充整理时,存书仅三千一十四卷,较荀勖编目时少得多。不过,经李充整理编目,使东晋的图书得到了集中,这对恢复和发展东晋的图书事业是有作用的。

李充字弘度,江夏(今湖北安陆)人。大约在晋穆帝(345—356 年)时负责整理图书。据《晋书·李充传》载:"于时典籍混乱,充删除烦重,以类相从,分作四部,甚有条贯。"所编《晋元帝四部目录》虽亦如《中经新簿》分甲、乙、丙、丁四部,但却改变了荀勖乙为子、丙为史的次序,而以经史子集为序,李充的这一四部分类法,一直为后世所沿用,成为我国图书编目的主要分类法。所谓

① 《晋书·荀勖传》。
② 《晋书·卫恒传》。
③ 《晋书·束皙传》。

"自尔因循,无所变革"①,正说明它在目录事业发展上的贡献。

4.徐广整理图书

东晋孝武帝时,徐广曾整理图书。徐广字野民,"百家数术,无不研览"②,曾著《晋纪》。孝武帝时任秘书郎,典校秘书省。宁康元年(373 年)孝武帝命徐广校秘阁四部所见之书,共三万六千卷。《晋书》没有记载徐广校书后是否编目,《古今书最》记有晋义熙四年(408 年)秘阁四部目录,可能是根据徐广所校编的。

综上所述,两晋在整理图书工作中取得了不少成果。郑默、荀勖、李充在整理图书、进行编目工作中做出了各自的贡献,创四部之体始于郑默,立四部之名始于荀勖,定四部之序则起于李充。

(三)南北朝时期的图书整理

南朝各政权在对图书进行搜求、典藏的同时,也对图书进行了整理。整理图书往往以编制目录为结果,南朝图书目录之多,体裁之异,目录学家之众,都超过了魏晋。南朝是我国目录学发展的重要时期。

1。刘宋朝

刘宋承东晋之后,除了接管原有的国家藏书之外,又加以搜集,使藏书日益丰富,图书整理工作也随之展开,刘宋朝的图书整理主要有二次:

第一次在宋文帝元嘉三年(426 年)。当时,谢灵运为秘书监。宋文帝派他"整理秘阁书,补足阙文"③。参加此项工作的还有秘书丞殷淳等人。经过整理,编出《元嘉八年秘阁四部目录》,收书一万四千五百八十二卷,另收佛经四百三十八卷。此书虽题谢灵运撰,但主要作者应为殷淳。因谢灵运当时虽为秘书监,但主管图

---

① 《隋书·经籍志》。
② 《晋书·徐广传》。
③ 《宋书·谢灵运传》。

书时间很短,后迁官侍中,元嘉五年他又托疾东归,此后再也没有回建康。而殷淳从元嘉时任秘书丞,至元嘉十一年卒,一直没有离开过建康。《宋书》、《南史》殷淳本传对他编四部书目都有较详细的记载。

第二次整理图书是在后废帝元徽年间,由王俭负责。王俭字仲宝,琅琊临沂人,刘宋时任秘书丞。在整理图书过程中,主持撰成《宋元微元年四部书目》,收书一万五千八十四卷,与元嘉目录收书差不多。同时王俭还自编了《七志》。《七志》的体制为:一经典志,纪六艺、小学、史记、杂传,即《七略》的六艺略。二诸子志,纪古今诸子,即《七略》的诸子略。三文翰志,纪诗赋,即《七略》的诗赋略。四军书志,纪兵书,即《七略》的兵书略。五阴阳志,记阴阳图纬,即《七略》的数术略。六术艺志,纪方技,即《七略》的方技略。七图谱志,纪地域及图书,这是新增的。另附佛经录和道经录,实为九大类。王俭为什么要在《四部书目》之外另编《七志》呢? 主要原因是对官修目录不满,认为官修目录"不能辨其流别,但记书名而已"。另外,感到四分法有局限性,所以另创七分法,他参考了荀勖的《中经新簿》,而主要依据刘向、刘歆的分类法,正如梁学者任昉所说:"(俭)采公曾(荀勖)之《中经》,刊弘度(李充)之四部,依刘歆《七略》,更撰《七志》。"①不过王俭变更了《七略》中的五个类名。据《七录序》载,王俭变更的理由是:六艺不足标榜儒家经典,故改六艺为经典;诗赋未能概括其他文体的著作,故改作文翰;"兵"字浅薄不雅,故改为军书;数术之称繁杂而又不明确,故改称阴阳;"方技"一词,无典可据,故改为术艺。在结构上,《七略》虽名为七而实为六部。其中辑略为总序,王俭《七志》却增添了图谱志,而成为名副其实的七部,这一创造被郑樵誉为

---

① 梁任昉:《王文宪集序》,见《昭明文选》卷一二。

"不意末学而有此作也"①。可见,图书的七分法是从王俭开始的一种新的分类法。

《七志》不足之处是王俭不顾当时图书的实际情况,将史书收录在经典志内,这是退步。阮孝绪《七录序》指出:"刘氏之世,史书甚寡,附见春秋,诚得其例。今众家纪传,倍于经典,犹从此志,实为繁芜。"②这话很有道理。

2. 齐朝

齐继刘宋后,国家藏书增加不多。齐武帝永明年间(483—493年)由秘书丞王亮、秘书监谢朓等,对秘阁图书进行了整理。编撰了《秘阁四部目录》,收书一万八千一十卷,比《宋元徽目》所收增加三千卷。

3. 梁朝

梁是南朝文化最发达的时期,对图书的整理很有成就。在齐梁之交,由于战火,图书损失严重,《隋书·经籍志》载,"齐末兵火,延烧秘阁,经籍遗散"。梁建立后,武帝重视对图书的搜求、典藏和整理,派任昉任秘书监,主持整理工作。任昉字彦生,乐安博昌人。他广收异本,手自雠校。原来梁的图书"篇卷纷杂",经过整理,一变而为"由是篇目定焉"③。在这个基础上,编撰了一些国家目录。主要有:

(1)《天监四年四部书目》:丘宾卿撰。《古今书最》则称《梁天监四年文德正御四部及术数书目录》,收书二万三千一百六卷,编撰者刘孝标。其时,术数之书由数学家祖暅编为专目,实际上是五部目录。

(2)《梁天监六年四部书目录》:殷钧撰。殷钧字秀和,历官秘

---

① 《通志·图谱略》。
② 《七录序》,见《广弘明集》卷三。
③ 《梁书·任昉传》。

书丞，"在职启校定秘阁四部书，更为目录，又受诏料检西省法书古迹，列为品目"①。可知殷钧不仅编有图书的综合目录，而且还编有艺术品专门目录。

（3）《梁东宫四部目录》：刘遵撰。刘遵字少陵，官太子中庶子，按其书名，似为太子藏书所编之目。

以上这些目录均采四分法，创新不多。

梁时私人编目也很普遍，凡有藏书者大都有目。如任昉藏书万卷，"率多异本"。任昉卒后，梁武帝派人去"勘其书目"。这部书目，显然是任昉的私人藏书书目。

梁代最有影响的目录是阮孝绪的《七录》。阮孝绪字士宗，河南尉氏人。他"少爱坟籍，长而弗倦"。"晨光才启，缃囊已散。宵漏既分，绿帙方掩"。他对"遗文隐记，颇好搜集，凡自宋齐以来王公搢绅之馆，苟能蓄聚坟籍，必思致其名簿"。他在搜集遗文，校阅书目的过程中发现"校之官目，多所遗漏"②，于是编制了《七录》。《七录》十二卷，分为内篇和外篇。内篇五录：经典录、纪传录、子兵录、文集录、术技录；外篇二录：仙道录、佛法录。《七录》共收书六千一百八十八种，四万四千五百二十一卷。《七录》今已佚，仅能从《广弘明集》中看到七录的序和所附的《古今书最》。《七录》在分类上把史书又分出来，建立纪传，显然比《七志》合理。《七录》在大部类下又分细类，如"经典录"分易、尚书、诗、礼、乐、春秋、论语、孝经、小学九部；"纪传录"分国史、注历、旧事、职官、仪典、法制、伪史、杂传、鬼神、土地、谱状、簿录十二部；"子兵录"分儒、道、阴阳、法、名、墨、纵横、杂、农、小说、兵十一部；"文集录"分楚辞、别集、总集、杂文四部；"术技录"分天文、纬谶、历算、五行、卜筮、杂占、刑法、医经、经方、杂艺十部；"佛法录"分戒律、

---

① 《南史·殷钧传》。
② 《七录序》，见《广弘明集》卷三。

禅定、智慧、疑似、论经五部;"仙道录"分经戒、服饰、房中、符图四部。这种分类法,细致得体,推动了分类学的发展,对后世有重要影响。《七录》"总括群书四万余,皆讨论研核,标判宗指","天下之遗书秘记,庶几穷于是矣"。可见,《七录》完整、全面地反映了一代藏书的情况。还应指出的是,阮孝绪是在相当困难的情况下编撰这部杰出的目录书的。他仅是个读书人,社会地位不高,而且"内寡卷帙"、"旁无沃启",缺书缺人,无疑有很大困难,但由于他孜孜不倦,多方搜寻,终于完成了这部比较完备的图书目录。在阮孝绪编目时,曾得到了刘杳的慷慨帮助。刘杳字士深,平原人,曾撰《古今四部书目》稿,当他得知阮孝绪编撰《七录》时,"凡有抄集,尽以相与",对《七录》的完成"实有力焉"①。

4.陈朝

由于梁末的周师入郢和元帝焚书,图书遭到很大损失。陈初虽大力搜求,但缺漏仍多,且质量也很差。加上国势日衰,所以陈朝对图书整理没做多少工作,只是将秘阁及寿安殿、德教殿、承香殿藏书编制登录而已。在收集和整理方面,是南朝最差的时期。

5.北朝

十六国时期,社会动乱,几乎无图书整理可谈。北魏统一北方后,对图书做过一些整理工作。孝文帝曾编《魏阙书目录》,并派人到南齐按书目借书,说明是对图书进行过一番整理后制成的。宣武帝时,开展了一次较有规模的校书,建议者是秘书丞孙惠蔚。他在给宣武帝上疏中谈到当时北魏国家藏书的混乱情况:"观阁旧典,先无定目,新故杂糅,首尾不全。有者累帙数十,无者旷年不写。或篇第褫落,始末沦残,或文坏字误,谬烂相属。篇目虽多,全定者少。"在上疏中,他建议"依前丞臣卢昶所撰《甲乙新录》,欲裨残补阙,损并有无,校练句读,以为定本,次第均写,永为常式。"他

---

① 《七录序》,见《广弘明集》卷三。

还要求增加校书人员,在秘书省"专精校考,参定字义"①。孙惠蔚校书没有编制书目,但他在奏疏中提到过卢昶的《甲乙新录》,是指魏文帝时秘书丞卢昶编制的国家书目,此书虽未传世,但说明北魏是进行过图书整理并编有书目的。

北齐天保七年(556年),文宣帝派樊逊等十一人"校定群书"。此次校书是否编目,史传未见记载。不过隋代学者牛弘在《请开献书之路表》中曾说:"高氏据有山东,初亦采访,验其本目,残缺犹多。"则他曾见过北齐的国家藏书目录。

北周在明帝时曾"集公卿以下有文学者八十余人于麟趾殿,刊校经史"。校书后是否编目,《周书》未载。《隋书·经籍志》序说:"保定之始,书只八千。"保定是北周武帝年号,仅有一年。而唐封演的《封氏见闻录》卷二记:"后周定目,书止八千。"据此推测,可能编过国家目录。

北朝虽然在图书整理编目方面做了些工作,但没有突出的成就,较南朝相差很远。

三、佛经翻译事业的兴盛与佛经目录的编制

(一)三国、两晋的译经事业

东汉以来,随着佛教思想的传播,佛经的翻译日益增多,魏晋南北朝时,出现了十分兴盛的局面。汉末三国时,许多西域僧人东来,从事佛经翻译。到洛阳的名僧有天竺的昙柯迦罗、安息的昙谛、康居的康僧会等,他们译了不少佛经。昙柯迦罗译的《僧祇戒心大众部戒律》,在中国首创授戒度僧制度。吴国的译经业也很兴盛。大月氏人支谦是当时著名的译经大师,自幼读书,通六国语音。汉献帝末年,他避乱到武昌,又至建业,此后一直在吴国译经,所译有《大明度无极经》、《维摩诘经》、《大阿弥陀经》等三十六部

① 《魏书·孙惠蔚传》。

四十八卷。吴国另一名僧康僧会,于吴赤乌十年(247年)至建业,孙权为之建造建初寺,为江南有佛寺之始。他译有《贞品》、《六度集经》二部十四卷,还注有《法镜》等三部佛经。此时不仅西域僧人来中土翻译佛经,还有中土沙门西行求法,收集佛经,朱士行是第一位去西域取经的僧人。朱士行,曹魏时颍川人,出家后,钻研《般若经》,他感到此经翻译时删略过多,不得要领,又听说西域有更加完善的《大品纪》,于是决心西行寻求。甘露五年(260年)从雍州(陕西长安西北)出发,越过沙漠,至佛教盛行的于田(今新疆和田),得梵文本《放光般若经》,凡九十章,六十余万字,后派弟子弗如檀等人送回洛阳,由竺叔兰译出。朱士行本人则在西域,八十岁时病故。三国时期翻译的佛经,据《开元释教录》载,共二百零一部,四百三十五卷,其中魏十二部十八卷,吴一百八十九部四百一十七卷。

西晋时,佛教广泛传播,相传东西两京(洛阳、长安)有寺院一百八十所,僧尼三千七百余人。西晋译出的各种经、律、集、传达三百三十三部。其中著名的译经大师是竺法护。竺法护祖籍月氏,世居敦煌,八岁出家,曾随师父竺高座到西域各地游历。所译有《大般若经》、《正法华经》等一百五十四部二百零九卷。

(二)十六国、东晋的译经事业

十六国东晋时期,佛教继续发展,佛经大增,翻译最多的是道安。道安俗姓卫,常山扶柳(今河北冀县)人,十二岁出家,为名僧佛图澄弟子。佛图澄卒后,他组织僧徒四出传教,至襄阳,从事佛经整理,前秦兵围襄阳时,被送到洛阳,受到苻坚的尊信。在长安,全力主持佛典翻译,计十部,一百六十七卷,百余万言,道安亲自参加"铨定文字,详复文旨"。道安著作约六十多种,其中已佚四十种,现存二十多种。道安在主持译经工作中,深知译经的艰难,他主张直译,认为译笔应该力求质朴,"不令有损言游字,时改倒句"。他为注经作序,"妙尽玄旨,条贯既序,文理会通,经义克明"。道安是十六国时期最博学的佛学家,他对当时佛教由北向南传播起了很大作用。

鸠摩罗什也是此时著名的译经大师,父天竺籍,生于西域龟兹国(今新疆库车)。七岁出家,初学小乘,并旁通婆罗门哲学,后又精研大乘,在西域名声很大。公元384年到凉州,后到长安,后秦主姚兴对鸠摩罗什十分敬重,待以国师之礼,开辟西明阁及逍遥园等处为译场,请罗什为译主,并命僧肇、僧叡、道生、道融等八百余僧人协助翻译。至公元409年罗什去世,共译出佛经七十四部,三百八十四卷①。鸠摩罗什主持的译经事业,在当时是空前的,他的成就主要是系统地介绍了大乘学说,如《放光般若波罗蜜经》、《妙法莲华经》、《维摩诘经》以及《百论》、《大智度论》等著名的经、论,皆出其手。鸠摩罗什精通梵文和汉语,译经水平很高。他主张译文要"曲从方言,趣不乖本"②,力求译文华丽流畅而又不损原意。他的译文,既非生硬的直译,又保留了"天然西域之语趣"。受到当时僧侣的普遍欢迎。鸠摩罗什是唐玄奘以前译经最多的法师,他翻译的佛经丰富了佛教典籍,并对后来的佛教文学产生影响。

当时在北方从事译经活动的还有昙无忏(意译法丰),中天竺人。北凉玄始十年(421年),河西王沮渠蒙逊占领了敦煌地区,迎他到姑臧(今甘肃武威),学了三年汉语后,就与河西沙门慧嵩等人合作翻译佛经,共译经十一部一百一十二卷。他的译文,词藻华丽而又不失本意,所译《大般涅槃经》影响很大,开创了涅槃师一派。同时,在长安的僧人还有佛驮跋陀罗(意译觉贤),他因遭到罗什门徒的排挤,与弟子慧观等四十余人离长安到庐山,与慧远相会,译出《达摩多罗禅经》。义熙十一年(415年)到建康宣译佛

---

① 据《开元释教录》;另据《出三藏记集》为三十五部,二百九十四卷。
② 慧观:《法华宗要序》。

经。自义熙十四年(418 年)到宋永初二年(421 年),译了《华严经》,并协助法显把从天竺带回的佛经译成汉文,前后译佛经十二部,一百一十三卷。

（三）法显的译经活动

魏晋南北朝时期,印巴次大陆等地来中国从事佛经翻译的僧徒有七十多人。他们的活动直接促进了佛教文化的传播,丰富了中国图书的内容。当时,除了西方僧人东来外,也有中国僧徒不畏艰险西行取经求法的,史传记载的有八十九人,法显是其中杰出的代表。

法显俗姓龚,平阳郡武阳(今山西襄丘县)人,少时出家,对佛经很有研究。他感到律藏传译不全,决心去天竺寻求。后秦弘始二年(399 年),从长安出发,西度流沙,越葱岭,经过六年的跋涉,才到达中天竺夏多王朝的都城巴连弗邑(今印度巴特那)。当时巴连弗邑为五天竺的政治、经济、文化中心,法显在那里住了三年,"学梵书、梵语、写律"[①],并搜求到经、律、论六部。又到经赡波国和师子国各住了两年,于东晋义熙八年(412 年)回到长广郡牢山(今山东青岛崂山)。后到建康,专门从事译经和写作。

法显西行历时十四年,游历三十余国,带回许多经律,如《摩诃僧祇众律》、《萨婆多众钞律》、《大般泥洹经》等。在建康,他翻译了其中的五部。此外,他还写了著名的《佛国纪》(一称《法显传》),记叙旅行见闻,是研究古代中亚、印度和南海各地的地理风俗和宗教情况的重要资料,后被译成英法等国文字。

（四）南朝的译经事业

南朝时,佛教广泛流传,宋明帝、梁武帝、陈后主等都崇信佛法,尊礼高僧,梁武帝还把佛教定为国教。寺院遍布南方各地。译经事业也有很大发展,著名的佛教翻译家是天竺人拘罗那陀(意

---

① 《佛国记》。

译真谛)。大同十二年(546年),拘罗那陀应梁武帝邀请到达南海(今广州),二年后到建康,并游历苏、浙、闽等地,沿途从事译经活动。在南朝二十余年,共译各种佛教经典六十四部二百七十八卷,译文真实生动,对佛教文学影响很大。据统计,南朝共译各种佛经五百五十六部,一千零八十四卷。

(五)佛、道目录的编制

十六国南北朝时期译经事业的显著变化是以前多为私人译经,从这时起,出现了政府支持的译场。这给译经带来许多好处,佛经的翻译不仅数量多,而且系统化了。

佛经增多,需要编制佛经目录,以供查阅。晋代名僧道安编辑的《综理众经目录》是我国第一部佛经目录书。这部书是对当时中国佛教书的一次总结,正如梁僧佑所说:"自汉暨晋,经来稍多,而传经之人,名字弗记,后人追寻,莫测年代。爰自安公,始述名录,铨品绎才,标列岁月,妙典可证,实赖伊人。"①

《综理众经目录》是把各种佛经按时代排列,并说明翻译情况。全书将佛经分为六类:一为"经论本录",收完整而优质的译经,按翻译家的年代顺序收录自汉至晋十七家二百四十七部经书;二为"失译经录",指失掉译者姓名的译经,共收一百三十四部;三为"异经录",指不同地区的佛经翻译本;四为"古异经录",收古代翻译的佛经九十二部;五为"疑经录",即不能断定经的真伪,表示疑问,共收二十六部三十六卷;六为"注经杂经录",收道安自己所注佛经共十八部二十七卷。《综理众经目录》虽是比较简略的佛经目录书,但由于它对当时流传的佛经能分门别类,并注明年代和译者,辨别真伪,便于后人继续整理。僧佑辑录《出三藏记集》中经录部分,就是在道安经录基础上补充而成的。

梁朝天监年间,又有三部佛经目录书问世,即僧绍的《华林殿

---

① 《出三藏记集》卷二。

众经目录》、宝唱的《众经目录》、僧佑的《出三藏记集》，其中《出三藏记集》最有名。这部书著录佛经二千一百六十二部，共五千三百一十卷。全书分为四部分：一"撰缘记"，记载佛教三藏和译经的起源；二"铨名录"，记从东汉以来译经目录，其中又分十二录；三"总经序"，记各经的前序和后记一百二十篇；四"述列传"，记译经人的传记。前二卷外国二十二人，后一卷中国十人，共三十二人。

魏晋南北朝时期，道教也有很大发展，道教书籍很多。南朝刘宋明帝时，庐山道士陆修静在建康广泛搜集整理道书，编撰了《三洞经书目录》，这是道教最早的目录书，收道家经书、药方、符图等一千二百八十卷。

四、图书的流通

（一）纸写书的普及

东汉以来，造纸术得到了进一步改进和推广，为图书事业的发展提供了重要条件。纸写书逐渐取代了简书、帛书，成为重要的图书形态，不过纸写书完全取代简帛，大约经历了一二百年的时间。三国时正处在简帛并行的过渡期，并兼有其他形态的书写方式。据《三国志·吴书·阚泽传》载：阚泽"家世农夫，至泽好学，居贫无资，常为人佣书，以供纸笔。"佣书，是东汉以来专门替人抄书的一种职业。阚泽抄书主要用纸，说明纸的使用已是很平常的事了。但当时的贵族文人中仍然存在贵素贱纸的习惯，如魏文帝曹丕将自己的著作《典论》用帛和纸各写一套，作为外交礼物：帛本赠给孙权以示尊敬，纸本赠给张昭，则是一种通行本。

三国时期，除了有以纸帛为载体的图书外，还以石刻为定本的儒家经典，最著名的是曹魏正始年间（240—248 年）在洛阳太学立的石经，这是继东汉著名的熹平石经之后的第二批石经，称"正始石经"。石经用古文、篆字、隶字三种文字书写，也称"三体石经"。石经上刻有《尚书》、《春秋》和《左传》(至庄公中叶止,未完)共三十五碑①。曹丕的《典论》也曾被石刻。《三国志·魏书·三少帝纪》记载:"及明帝立,诏三公曰:'先帝昔著《典论》,不朽之格言,其刊石于庙门之外及太学,与石经并,以永示来世'。"著名学者王朗的《易传》也被刻石,立于太学。将书刻石,在当时有两种含义:一是作为定本,供人们校对、抄录,甚至捶拓,以订误正讹,平息纷争,《隋书·经籍志》载有三体石经的残卷,并指出:"其相承传拓之本,犹在秘府。"这说明在雕板印刷术出现以前,捶拓是保存图书的方法之一;二是以石刻书,有对书及作者尊崇之意,以求永久保存。

到晋代,纸写书已相当流行,成为这时图书的主要形态,人们已习惯于用纸写书、抄书。这时虽然还有简、帛及以石刻为载体的图书,但在图书中所占的比例越来越小,流通范围也日趋狭窄,而纸书却以抄写、携带方便而受到人们的欢迎。如西晋著名文学家左思的《三都赋》问世后,"豪贵之家竞相抄写,洛阳为之纸贵"②。这说明当时纸的流行已相当广泛,人们用纸抄写书籍已习以为常。东晋大书法家王羲之曾一次把九万张纸送给他的好友谢安。人们除了用纸撰写文章书籍外,还用纸写作书法,西晋陆机的《平复帖》是迄今世界上最早的纸本书法,虽然纸张的纤维已经老化,但由于几经装裱,精心保护,一直保存了一千七百多年,现存北京故宫博物院。

纸的增多,使图书价格逐渐低廉,一般人都可用得起。而随着纸的流行,简、帛等图书形态逐渐被淘汰。东晋初年,著作郎虞预《请秘府纸表》说:"秘府中有布纸三万余枚,不任所给,愚欲请四

---

① 1922年在洛阳出土了正始石经的残石。

② 《晋书·左思传》。

百枚,付著作史,书写起居注。"①可见,此时官府文件已大量用纸了。公元 404 年,东晋权臣桓玄废晋安帝,自立为帝,改国号楚,随即下令停止用简牍书写文书,而代之以黄纸,诏令说:"古无纸故用简,非主于敬也,今诸用简者,皆以黄纸代之。"②这是我国最早用纸书写的规定。桓玄说的黄纸,是经过药物处理的纸,有防虫蠹的作用,是当时书写的主要材料。除了黄纸以外,当时还有其它种类的纸,如土纸、藤角纸。还有不同颜色的纸,如赤纸、缥红纸和五色纸等。虽然两晋时纸的使用很普遍,种类也超过以往,但在生活贫困的人眼里,纸还是贵重的东西。葛洪为了写作,砍伐柴草自卖,以供纸笔③。

晋代纸已有一定规格,一纸高一尺许,长尺有半。晋代一尺约合今 25 厘米,即宽度约 25 厘米,长度约 38 厘米。这时的纸写书,是以卷轴形式出现的。卷轴,是将幅度相等的纸粘合在一起,由后向前卷成一卷,纸面有直线和边栏为界,前后加签和轴,便于舒卷,后世称为"卷子本"。现存的古卷轴绝大多数是 1900 年在敦煌莫高窟发现的,总数约二万卷,包括四世纪至十世纪的写本。1907、1908 年先后被英国人斯坦因和法国人伯希和盗去其中的精华约万卷,余下的现由北京图书馆保存。三十年代,在陈垣先生主持下,将这部分写本编成目录,即《敦煌劫余录》。敦煌遗书绝大多数是用纸写的,写本以佛经居多,还有迄今稀见的经、史、子、集写本和公私文书、契约等。不仅有汉文,还有许多用我国境内古代少数民族文字和中亚、西亚、南亚以及欧洲文字书写的书卷和文书。在新疆、甘肃等地也发现了数以千计的纸写文书、经卷。通过对这些纸写物的类比排队,现存的早期纸写物均为晋代人所写。如解

---

① 《初学记》卷二一引。

② 《初学记》卷二一。

③ 《晋书·葛洪传》。

放后在新疆出土的文书,写于西晋泰始九年(273 年),是我国现存最早的有确切年代的纸写文书。带有年号的《陀罗尼神咒经》卷,上面题有西晋咸宁四年(278 年)七月七日的经跋,是年代最早的纸写经卷,现流失国外。

1907 年,斯坦因在敦煌附近长城古烽燧遗址中,曾发现九封纸写的粟特文书信,经考释,认为写于西晋永嘉年间,即公元 313 年前后[①]。粟特文是居住在我国西北和苏联中亚细亚一带粟特人所使用的文字,这九件纸写书信,可以说是最早的外族文字纸写物。解放后,在新疆的哈拉和卓发现的书信纸,这是现存最早的汉文纸写书信。据考古研究,这些书信纸为前凉建兴三十六年(348 年)之物。

除了纸写书信外,在考古发掘中,也发现过我国最早的纸写书,1924 年在新疆鄯善县出土了晋人手抄的《三国志》残卷,它是陈寿撰成后不久抄写的。上有《吴书·虞翻传》、《张温传》的部分内容,计八十行,一千零九十字。原卷已流入日本。

1965 年初,在新疆吐鲁番又发现晋人抄的《三国志》残卷,包括《吴书·吴主权传》和《魏书·臧洪传》,计四十行,五百七十余字。这两种抄本均隶书体。从时间上看,后者早于前者。这些晋人纸写书的发现,证明纸已成为晋代流行的书写材料。

(二)魏晋南北朝的佣书业

在印刷术尚未发明之前,光靠藏书家个人抄写积累图书是远远不够的。从东汉开始,出现了一种专门以抄书为业的佣书人。魏晋南北朝时期,书籍大增,各种文化都有所发展,迫切需要书籍流通,佣书业也随之兴盛起来。佣书人对流通书籍、传播文化起了重要作用。早在东汉时,班超因为家贫"常为官佣书以供养"[②]。

---

① 武汉大学历史系编:《魏晋南北朝隋唐史资料》,1985 年第 7 期。
② 《后汉书·班超传》。

魏晋南北朝时,佣书人很不少,如南齐庾震,父母双亡后,无钱安葬,不得已"赁书以营事,至于掌穿,然后葬事获济"①。赁书即佣书。因为抄书劳累而使手致残,可见艰苦已极。梁朝沈崇素六岁丧父。"及长,佣书以养母"②。佣书人在抄写过程中,有一个便利条件,就是可以饱览各种书籍,积累知识,成为出名入仕的资本。阚泽在为人佣书时,"所写既毕,诵读亦遍",后来他"究览群籍,兼通历数,由是显名"③。东晋释僧肇,早年"以佣书为业,遂因缮写,及历观经史,备尽文籍",后参与名僧鸠摩罗什翻译佛经,受到后秦统治者的赏识。南朝这种人更多,王僧孺早年"常佣书以养母"④,齐明帝下诏取士,任昉推荐王僧孺是"既笔耕为养,亦佣书成学"⑤的人材。朱异也是"以佣书为业,写毕便诵,遍览经史,尤明《礼》、《易》。涉猎经史,兼通杂艺"⑥,成为有名的学士。

北朝也有佣书的人。如"崔亮家贫,佣书自业"⑦。佣书人亦称书人,扬州书贾到北方向高澄出售《华林遍略》,而高澄却"多集书人,一日一夜写毕",七百多卷的《华林遍略》仅用一日一夜便抄完,自然需要相当多的抄书人。又如蒋少游、刘芳等人,有的从事佣书达数十年之久;有的由于工于书法,收入也很可观。如刘芳家中"穷窘",他"昼则佣书以自资给,夜则通经不寝"。他为僧人"佣写经论,笔正称善,卷直一缣,岁中能入百余匹,为此数十年,赖以颇振"⑧。

---

① 《南史·庾震传》。
② 《南史·沈崇素传》。
③ 《三国志·吴书·阚泽传》。
④ 《梁书·王僧孺传》。
⑤ 《昭明文选》卷三八。
⑥ 《南史·朱异传》。
⑦ 《魏书·崔亮传》。
⑧ 《北史·刘芳传》。

此外，当时还有一种人，将书抄毕，贩卖于市，称为"书贩"。有的卖日常生活用的小册子，如傅昭早年家贫，十一岁随外祖"于朱雀航（今南京）卖历日"①。这些佣书人和贩书人是当时文化的传播者，书籍流通的媒介人，对图书事业的发展作出了自己的贡献。

书来之不易，人们都把爱护图书称为美德。北齐颜之推在《颜氏家训》中说："借人典籍，皆需爱护，先有缺坏，就为补治，此亦士大夫百行之一也。"他还讲："济阳江禄，读书未竟，虽有急速，必约卷帙整齐，然后得起，故无损败，人不厌其求假焉。或有狼藉几案，分散部帙，多为童稚婢妾之所点污，风雨虫鼠之所毁伤，实为累德。"爱护书还要特别注意防虫蠹，此时书写的纸一般是用黄蘗汁染过，刘熙《释名》释"潢"为染纸，染过的纸颜色发黄，故称"黄纸"。黄蘗汁液中的化学成分可以使纸长期防蛀。这种方法称为"入潢"，西晋荀勖整理汲冢竹简后，在《穆天子传》序中提到用黄纸抄写。北魏著名科学家贾思勰的《齐民要术·杂论》中有一节"染潢"，专门讲如何用黄蘗染纸的程序，还详细介绍了书籍防蠹的办法。《齐民要术》中所讲述的入潢、护书的方法，是我国古代图书事业中非常珍贵的资料，从现存的五、六世纪的写本来看，尽管有破损断烂，但无虫蛀的现象，可见这种方法很有效用。

（三）与外国的图书交往

自张骞出使西域以后，我国与外国的经济文化联系日渐增多。魏晋南北朝时又有新的发展。去国外的路线除陆路外还有海路，尤其是纸写书的出现，对记录外国的风土人情、山川地理和传播中国文化提供了极大方便。这时，出现了不少记录海外见闻的书籍。据《隋书·经籍志》载，撰述海内外山川地理的专门著作有一百三十种，其中记载外国历史、地理情况的有几十种，如三国孙吴派康

① 《梁书·傅昭传》。

泰、朱应出使扶南(今柬埔寨),经历和听到的有一百多个国家,于是康泰著《外国传》,朱应著《扶南异物志》,记叙海外见闻。魏晋南北朝时,我国的书籍传到朝鲜和日本的最多。

宋元嘉二十七年(450年),百济王派人从海路到建康向宋赠送礼物,并请求《易林》等书籍,宋文帝如数给予。梁大同七年(541年),百济王又遣使梁朝"求书",请求《涅槃》等经义,并请梁朝讲授《三礼》、《毛诗》的博士到百济,梁武帝派《三礼》学者陆诩前往。梁朝的工匠画师也在这时被邀去百济。这一时期,中国的《五经》、《三史》、《三国志》、《晋阳秋》等书都陆续传入朝鲜,朝鲜许多人能诵读讲解,也有人能用汉字写作。佛教也在此时传入朝鲜。前秦建元八年(372年),符坚遣使及僧顺道送佛像及经论到高句丽,高句丽王遣使答谢。后来高句丽兴建寺院,这是朝鲜佛教的开始。此后,新罗、百济都曾派人到中国学习佛教。陈天嘉六年(565年),陈文帝遣使到新罗,并带去佛经一千七百多卷。

魏晋以后,日本开始输入我国的生产技术和文化。两国使者常有来往。西晋时,《论语》传到日本。中国文化典籍不少是通过朝鲜传入日本的,相传日本应神时代,百济的阿直岐去日本,阿直岐通晓中国经典,为皇子菟道雅郎子之师,后来他又介绍百济人王仁前往,王仁带去《论语》、《千字文》,从此日本开始采用汉字。公元552年,百济圣明王遣使将佛像和汉译经典奉送日本,此时,由江南东渡日本的汉人司马达也传去了佛教。司马达及其孙子鞍部乌是当时佛像制作艺术的名匠,这使日本佛教逐渐发展起来。梁武帝天监年间,百济人段杨尔又将《诗》、《书》、《礼》、《易》、《春秋》传入日本,这些儒家经典对日本封建文化的发展产生了相当大的影响。

五、图书编纂的新成果

纸写书的日益推广,为图书事业的发展提供了方便条件,加之各国统治者所采取的一些有利于文化发展的措施,使图书数量、种类不断增多。据清姚振宗《三国艺文志》、黄逢元《补晋书艺文志》统计,魏晋时共编纂各类图书 2992 部(不包括佛道书)。此时的图书编纂,有以下几个特点:

第一,史学著作增多。《隋书·经籍志》载:自晋作《三国志》以后,"自是世有著述,皆拟班马,以为正史,著作尤广。一代之史,至数十家"。如记三国史的除陈寿的《三国志》外,还有郭颁的《魏晋世语》、孔衍的《汉魏春秋》、《魏尚书》、王隐的《蜀记》、环济的《吴记》、阴澹的《魏记》、孙盛的《魏氏春秋》等。刘宋范晔著《后汉书》,所参考依据的晋代关于东汉史的著作有八种。唐代修《晋书》采录了十八家旧晋书,其中十家是晋人所撰。魏晋南北朝史学的大发展,使史学的地位大大提高了。自晋代起,史学便成为一个独立的,完整多样化的学科,在图书分类上获得了独立,摆脱了依附经书的地位,为后来大规模地编纂史书打下了良好的基础。

第二,图书体裁各异,以史书为例,这时除了旧有的纪传体、编年体外,还有早已废弃的尚书体。此外还有方志体的史书,如《华阳国志》,地理风土书《交广记》、《湘中记》、《洛阳记》,世族谱牒《十八州谱系集抄》,分类人物传记《高士传》、《神仙传》、《列女传》等等。此时史书注也很盛行。刘宋裴松之为《三国志》作注,引用古书近一百六十种,保存了大量史料。裴注引书,今大都散佚,这就使他的注为研究古代图书提供了宝贵资料。这时还出现了一些其它体裁的名著,如文学著作有刘义庆的《世说新语》,专记魏晋间的嘉言逸事,是研究这时社会生活的极好资料。伟大的科学家祖冲之曾制定《大明历》,在历法上有突出贡献,对后代影响很大。郦道元的《水经注》是我国第一部地理专著。文学批评著作中,则有刘勰的《文心雕龙》和钟嵘的《诗品》。梁昭明太子编辑的《昭明文选》是著名的文学总集。梁元帝性好聚书,一生聚书、抄书很多,他著的《金楼子》对我们了解古代图书情况有一定的参考价值。

第三，谱牒书大量出现。两晋南北朝时期，门阀制度盛行，为了标榜门第，维护特权，垄断仕途，官僚地主需要有谱牒为依凭，朝廷选官也查阅谱牒。于是谱学书应运而生。比较早的谱学书是晋挚虞的《族姓昭穆记》。东晋南朝时，许多人编纂谱牒。有名的是贾氏谱学和王氏谱学。贾氏谱学是指晋散骑常侍贾弼广集百家谱，撰《姓氏簿状》记十八州一百一十六郡的士族谱，共七百一十二篇。南齐时贾渊续撰《姓氏要状》十五篇。王氏之学是东晋王俭撰《百家谱》，后王僧孺又续撰《百家谱》。据《隋书·经籍志》载：唐代尚存"族谱"四十一种，三百六十卷，连当时已经亡佚的在内共有一千二百八十卷，绝大多数编撰于两晋南北朝时。

第四，类书的问世。类书是为了阅读方便，将各种书分门别类地编制在一起，是一种资料汇编性质的图书。我国第一部类书是三国时的《皇览》。编修《皇览》的发起人是魏文帝曹丕，他喜好文学，除了自己著述外，"又使诸儒撰集经传，随类相从几千余篇，号曰《皇览》"①。如果每篇为一卷，则有一千多卷，可见《皇览》卷帙庞大。参加编修的有王象、缪袭、刘邵、桓范、韦诞等人。王象字羲伯，据《三国志·杨俊传》载，"魏有天下，拜象散骑侍郎，迁为常侍，封列侯，受诏撰《皇览》，使象领秘书监"。王象从延康元年（220年）开始撰集，"数岁成，藏于秘府，合四十余部，部有数十篇，通合八百余万字"。在印刷术发明以前，书籍全靠传抄，保留全书是很困难的。《皇览》在梁时尚有六百八十卷，至隋时仅有一百二十卷，两唐志均不载，大约在隋末全佚。

梁朝还编撰了两部有名的类书。一是天监七年（508年）编成的《寿光书苑》二百卷，主持编撰的是刘杳。另一是天监十五年至普通四年（523年）编成的《华林遍略》七百卷。参加编修的有太

---

① 《三国志·魏书·文帝纪》。

86

子詹事徐勉和何思澄、顾协、刘杳、王子云、锺屿等五人。此书前后用了八年时间，是一部流传广、影响大的类书。以后类书多以它为蓝本。唐末宋初时散佚。

南朝也有私人编修类书的。如齐竟陵王萧子良"集学士钞五经百家，依《皇览》例，为《四部要略》千卷"。北朝时，北齐后主高纬曾编纂《修文殿御览》三百六十卷。此书主要依据《华林遍略》并加以北朝的著作，如《十六国春秋》、《魏书》、《御览》等。参加编撰的有萧懿、颜之推等。宋代修的类书《太平御览》分部便依照《修文殿御览》。此书传世时间最长，南宋时还全部存在，明初以后失传。本世纪初，被法国人伯希和盗走的敦煌文卷中，有唐人抄本类书二百五十九行，无首无尾，不见书题、卷数及撰者姓名。所以不知为哪部类书，罗振玉考证为《修文殿御览残卷》，而洪业则认为可能是《华林遍略》。

第三章　图书事业的发展阶段——隋唐五代时期（581—961年）

第一节　隋代的图书事业

一、图书的搜求与典藏

（一）掌管图书事业的机构

公元581年隋朝建立,八年后(589年)统一了全国。隋文帝在统一安定的社会条件下实行了一些较"开明"的政策,经济得到恢复与发展,图书事业也开始进入发展阶段。

隋政府主持图书事业的领导机构是承袭自汉末始创、经魏晋南北朝完备起来的秘书省。文帝时,秘书省官员员额与南北朝差别不大。炀帝大业三年(607年)改革官制,秘书省与殿内省、尚书省、门下省、内史省并列为五省,官员官阶普遍提高。秘书监由正三品改为从二品,秘书少监为从四品,秘书郎由正七品改为从五品,著作郎由从五品改为正五品。为了适应图书事业的新发展,又增设儒林郎十人、文林郎二十人;校书郎由过去的十名增加到四十名;还增设楷书郎二十人,"专掌抄写御书"。秘书省的编制由原来的三十八人一下子增加到一百二十人。炀帝被封为晋王时,在府里征邀一百多名学者,如柳䛒(音辨)、诸葛颖、虞世南、王胄等

"充学士"。炀帝即位后,这些人即在秘书省从事图书事业。

(二)图书搜求工作

杨坚建立隋朝前夕,北周藏书仅一万五千卷。《隋志序》载:"保定之始,书止八千;后稍加增,方盈万卷。周武平齐(580 年),先封书府,所加旧本,才至五千"。《隋书·牛弘传》也称"今御书单本,合一万五千余卷"。这个数字与刘向、刘歆父子校书的数目差不多,比阮孝绪编《七录》时少了一半。

开皇三年(583 年)三月。秘书监牛弘"以典籍散逸","上表请开献书之路"。牛弘,字里仁,安定鹑觚人,本姓寮氏,后赐姓牛氏。开皇初迁散骑常侍、秘书监,领导搜书。在"篇籍稍备"之后,晋爵奇章郡公。炀帝时进位上大将军,跟随游江都,卒于江都,年六十六。牛弘是隋初搜求书籍的倡导者,他的奏表是图书事业史上的重要文献。其内容大致有三个方面:

(1)阐述图书事业的重要性。认为图书是"弘宣教导,博通古今"的工具,而"为国之本,莫此攸先"。所以图书事业特别重要。

(2)列举隋以前图书事业史上的"五厄"。即自秦至南北朝历次战火、变乱对图书的破坏。

(3)向隋文帝阐明恢复和发展图书事业的责任。认为国家统一后,"土宇迈于三王,民黎盛于两汉",为适应"大弘文教,纳俗升平"的需要,"一时载籍须令大备",不可"王府所无,私家乃有"。现在恢复图书事业有了良好的条件,因而建议开献书之路,"勒之以天威,引之以微利","则异典必臻,观阁斯积,重道之风,超于前世"。

文帝即位后,重视文治,优礼学者,牛弘所请,正合其意,故于开皇三年"诏购求遗书于天下"①,并"分遣使人,搜访异本,每书一卷,赏绢一匹,校写既定,本即归主"。这次搜书,因为既"勒之以

---

① 《隋书·高祖纪》。

天威",又"引之以微利",献书者很不少。《隋书》记载当时学者刘炫因穷困潦倒,"伪造书百余卷",录上送官,"取赏而去",后被发现,差点被杀。可见当时献书之热。当时除经史子集外,亦注意收佛经、碑铭和时人手稿。虞世基曾把姚察所著的《梁史》、《陈史》等手稿收入秘书监。这次献书后,"民间异书,往往间出"①,"一、二年间,篇籍稍备"②。明胡应麟在《经籍会通》中说:"隋之书籍,所以盛绝古今者,奇章力也。"开皇八年(588年)冬,文帝派儿子晋王杨广为元帅攻陈。在攻破丹阳(江苏南京)时,杨广令裴矩与高颎"收陈图籍,归之秘府"③,南方几百年来的藏书从而保存下来,隋政府的图书大增。但藏书的质量不高。

炀帝大业初年,"天下承平日久,士马全盛"④,图书事业得以发展。《旧唐书·经籍志序》称:"炀皇好学,喜聚逸书,而隋世简编,最为博洽"。郑樵《通志·图谱略》称:"隋家藏书富于古今"。当时西京嘉则殿藏书达三十七万卷。经挑选、配补,其标准本——正御书亦达三万七千卷,比文帝时增加了七千卷。隋政府把这套书存放在东都皇宫内,"于观文殿前为书室十四间","东屋藏甲乙"即经史两部书,"西屋藏丙丁"即子集两部书⑤。

(三)书籍形制

隋代图书是卷轴式纸质墨写的写本书。

隋代很重视书籍的装帧,如观文殿的正御书,"皆装翦华净,宝轴锦标"。按照正御书抄写的五十副本,分为上、中、下三品,上品用红色琉璃做轴,中品用黑红的琉璃做轴,下品用黑漆圆木做轴。唐韦述在《集贤注记》里说:"隋旧书用广陵麻纸写,作萧子云

① 《隋书·经籍志序》。
② 《隋书·牛弘传》。
③ 《旧唐书·裴矩传》。
④ 《隋书·炀帝纪下》。
⑤ 《隋书·经籍志序》。

书体，赤轴绮带，最丽好。"①可见，隋代书籍的装帧质量是很高的。

（四）典藏情况

隋代的图书典藏有三个特点：一是按图书的质量分类管理，把书分为上、中、下三品，用不同颜色的轴、签等区别，分藏在不同的地方；二是按图书的内容分库管理，如观文殿前书室，东屋藏经、史，西屋藏子、集。宝厨藏炀帝手下新编的书，宫廷内还有内道场，专门储藏佛经；三是炀帝很重视典藏图书的建筑设施。《文献通考·经籍考叙》载："于观文殿前为书室十四间，窗户、床褥、厨幔，咸极珍丽；每三间开方户，垂锦幔；上有二飞仙，户外地中施机发，帝幸书室，有宫人执香炉前行，践机则飞仙下，收幔而上，户扉及厨扉皆自启，帝出则复闭如故。""机械人"——飞仙这种先进设备使用在图书事业上，尽管是专供皇帝个人使用的，但可见隋代典藏图书的建筑设施是很先进的。

（五）私家藏书

隋代私家藏书不发达，藏书最多的是曾担任秘书丞、领导政府校书工作的许善心。他依靠所藏的"万卷旧书"，编制了学术水平较高的书目《七林》。其他尚有"交津桥刘智海，家素多坟籍，（刘）焯与（刘）炫就之读书，向经十载，遂以儒学知名"②。张琚"有书数千卷，教训子侄，曾以明经自达"③。又如柳䛒，炀帝时任秘书监，领导校书，"好读书，所览将万卷"④，则其家当有藏书。其他如令狐德棻之父令狐熙"博览群书"。辛德源"枕藉六经，渔猎百氏"。王劭"笃好经史，究极群书"。公孙景茂时人称之为"书库"。房晖远时人称之为"五经库"。崔儦"每以读书为务，大署其户曰：

①　《玉海》卷五二。

②　《隋书·刘焯传》。

③　《隋书·张文诩传》。

④　《隋书·柳䛒传》。

'不读五千卷书者，无得入此室'"。① 如果没有私人藏书，是绝达不到这个标准的。

二、图书的整理与编目

（一）整理、校写书籍

隋朝的藏书主要是北周和陈的旧书及历年所搜求的图书。这些书来源既不统一，有的质量也不高，因此，校写整理十分必要。从开皇九年平陈后到开皇二十年之间，校写藏书是由许善心领导的，主要进行了三项工作：一是校书，如刘焯、萧该与何妥等都曾奉命校书，但成就不大。二是写书，《隋志序》载："召天下工书之士，京兆韦霈、南阳杜頵等，于秘书内补续残缺，为正副二本，藏于宫中，其余以实秘书内、外之阁，凡三万余卷。"经过多年努力，数量已倍于前。三是编定《隋开皇二十年书目》四卷。

炀帝即位后，于大业元年（605年）派秘书监柳𤩽在长安嘉则殿领导了一次规模空前的校写图书和编目活动。这次校书的导因是为迁都洛阳而把所有藏书都集中到嘉则殿待运。后来取消了迁都的打算，就不得不进行整理。这次整理图书，主要任务有三：一是从"复重猥杂"的三十七万卷中，挑选、抄写补齐一套标准本藏书，即正御本，达三万七千卷，放在东都洛阳的皇宫内。二是按照正御本钞写五十副本，分为三品，分置西京东都宫省官府而将正御书置于观文殿前的十四间书室内。三是编纂正御书的书目，《隋志》著录的《隋大业正御书目录》九卷，当是这次整理图书的产物。

（二）目录事业

由于文帝父子重视图书事业，在搜书、整理图书的过程中，进行过多次编目工作。

文帝时编制的书目有：

---

① 见《隋书》有关本传。

92

《隋开皇四年书目》四卷。《隋志》、《旧唐志》均著录。牛弘上表请开献书之路,文帝下求书诏后,便整理北周旧藏和新搜之书,编撰书目。《旧唐志》题牛弘撰,说明牛弘领导了此次编目工作。

《开皇八年四部书目录》四卷。《隋志》著录,未题撰人。《旧唐志》则无。说明唐初尚存,中后期始佚。开皇四年编目后,搜书未停,每年当有新进之书,于是有第二次编目活动。这部书目似是清点库藏的工作目录,没有多大价值。而且是在平陈的前一年所编,并未反映南方藏书情况。所以影响不大,因而很快即遗佚。

《隋开皇二十年书目》四卷。《隋志》未著录,《旧唐志》著录,题王劭撰。这应是开皇九年平陈后,到开皇二十年,文帝派许善心领导校书时编制的。这个目录就是这次校书的反映。著者未题许善心而题王劭,可能是因为许善心虽为领导校书者,但并未亲手编制。王劭字君懋,太原晋阳人,入隋,授秘书省著作佐郎,后拜著作郎。炀帝时任秘书少监。

以上三目均题四卷,可以推见藏书及目录的分类都是依经史子集分为四库的。

炀帝时编制的书目有:

《香厨四部目录》四卷。《隋志》著录在《开皇八年四部书目录》和《隋大业正御书目录》之间。按炀帝时,洛阳观文殿除收藏正御书之外,还有一些台、厨收藏书画和炀帝命学士文人编制的新书。《大业杂记》载:"制成新书凡三十一部,总一万七千余卷,入观文殿宝厨。"故香厨当是炀帝时与妙楷台、宝(迹)台、宝厨同类型的藏书之所,而且藏书量很大,以致非专门编撰书目不可。有关此目及此目所反映的藏书情况,文献无征,已不可考。

《隋大业正御书目录》九卷。《隋志》著录。大业初年,炀帝派秘书监柳䛒在西京嘉则殿领导校书编目。精选了一套藏书正御本,这部目录当是为正御本编制的,著录书三万七千余卷。唐高祖武德五年（622 年），李世民在洛阳打败王世充，入据隋宫，尽收其图书。李世民派司农少卿宋遵贵把这些书用船运往西京长安，在三门峡附近的砥柱翻没，大部分书籍落入水中。《隋志序》称："其《目录》亦为所渐濡，时有残缺。今考见存，分为四部，合条为一万四千四百六十六部，有八万九千六百六十六卷。"这部残破目录当是《隋大业正御书目录》。但《北史》佚文和《文献通考》均载正御书只三万七千卷。《隋志》所称八万余卷，恐数字不实。如将《隋志》经史子集四部之后所记各部的数字相加，仅得三万一千六百九十四卷，与《隋大业正御书目录》所载"凡四部经传三千一百二十七部，三万六千七百八卷"数字接近。贞观年间长孙无忌等编撰《五代史志》时，就以这部目录为底本，经过增删而成为《隋书·经籍志》。《隋志序》称："其旧录所取，文义浅俗，无益教理者，并删去之。其旧录所遗，辞义可采，有所弘益者，咸附人之。"说明《隋志》只是《大业正御书目录》的增订本或修改本。此目一直存留到编撰《五代史志》之时，《隋志》的编成而使《大业正御书目录》很快就为人遗忘而佚，故新、旧唐志均未见著录。

许善心编撰的《七林》

许善心编撰的《七林》是继王俭《七志》、阮孝绪《七录》之后的私撰七部分类目录。许善心，字务本，高阳北新城人。原任陈通直散骑常侍，聘于隋，被强留。陈亡后仕隋历官通直散骑常侍、虞部侍郎，开皇十七年除秘书丞。炀帝时，随巡扬州，为宇文化及所害。许善心任秘书丞时，领导校书工作，他根据自己的藏书，参考官府藏书，编撰了《七林》。《七林》是仿效阮孝绪《七录》编制的。"各为总叙，冠于篇首。又于部录之下，明作者之意，区分类例焉"①。许善心的《七林》继承了目录学的优良传统，是古典目录的正宗，因而有"《七略》之后，仅有此书"的评论。可惜其书失传，是

---

① 余嘉锡：《目录学发微》。

目录学史上的一大损失。

三、佛经的翻译与编目

（一）佛经图书的翻译与整理

文、炀二帝大力提倡佛教，发展佛教图书事业。在开皇元年（581年）的诏书里，文帝号召在"京师及并州、相州、洛州等诸大都邑之处，并官写一切经，置于寺内，而又别写藏于秘阁。天下之人，从风而靡，竞相景慕，民间佛经，多于六经数十百倍"[1]。开皇五年（585年），大兴善寺建起后，命释彦琮等数十人在内翻译、解释、校勘佛经。据释法琳《辨正论》说："自开皇之初，终于仁寿之末"，"凡写经论四十六藏，十三万二千八十有六卷。"炀帝早在平陈之后，即"于扬州装补故经"，"合六百一十二藏"，"九十万三千五百八十卷"[2]，其数目是空前的。及即位后，又在东都洛阳上林苑内置翻经馆，专门翻译佛经。大业年间，在派柳䛒整理四库书的同时，又派释智果在东都宫廷内的"内道场"大规模整理佛经，并别撰目录。

（二）佛经目录的编制

由于文、炀二帝崇佛，多写佛书并加整理，所以佛经目录有以下几种：

《大隋众经目录》七卷，其中别录六卷分类著录古今译经；总录一卷系将前六卷重加统计，并有一序说明编制缘由。此目为大兴善寺释僧法经等二十大德撰修，释彦琮等亦参加考校同异的工作。开皇十四年（594年）七月十四日进呈。法经等在进呈表中说："今唯且据诸家目录，删简可否，总标纲纪，位为九录，区别品类。有四十二分九（录），初六录三十六分，略示经律三藏大小之

---

[1] 《隋书·经籍志》。

[2] 《释氏稽古略》。

殊,粗显传译是非真伪之别。后之三录,集传记注。前三分者,并是西域圣贤所撰,以非三藏正经,故为别录。后之三分,并是北方名德所修,虽不类西域所制,莫非毘赞正经,发明宗教,光辉前绪,开进后学,故兼载焉。"此目分类体系最精。共著录佛经二千二百五十七部,五千三百一十卷。

《历代三宝记》十五卷。又名《开皇三宝录》,开皇十七年译经学士费长房撰。一至三卷为编年纪,按朝代年月纪时事、佛事或所出经卷;四至十二卷为目录,不分类,亦按朝代年月先后为序,每卷前有序列诸经目录,并附译经者的传记;十三、十四卷为入藏录,专记见存之经;末第十五卷为全书序目。此目兼有考年、分代、入藏三体,著录的译者有一百九十七人,所出经、律、戒、论、传二千一百四十六部,六千二百三十五卷。

《隋仁寿年内典录》五卷。文帝仁寿二年命释彦琮等撰。此目为入藏佛经目录,没有分类,按单本、重翻、圣贤集传、别生、疑伪、阙本著录,共著录二千一百零九部,五千零五十八卷。

《林邑所得昆仑书诸经目录》五卷。释彦琮撰。大业二年,炀帝于洛阳上林苑立翻经馆,时新平林邑所获佛经合五百六十四夹,一千三百五十余部,并昆仑书,多梨树叶,炀帝便命将这些书送翻经馆,供释彦琮等披览,并使"编叙目录","乃撰为五卷,分为七例,所谓经、律、赞、论、方字、杂书七也。必用隋言以译之,则成二千二百余卷"。释彦琮,赵郡柏(河北隆尧)人,大业六年七月二十四日卒于翻经馆,著有《辨正论》,论述译经之方法,当是馆中最精通梵汉文字的人。

《译经录》一卷。费长房《历代三宝记》著录,释灵裕撰。专记炀帝以前隋朝所译诸经目录。

《众经目录》。释智果撰。智果初不肯为杨广(晋王)写经,被囚于江都,守宝台经藏。杨广即位后东巡,智果上颂,始被释出,召入慧日寺整理佛经,撰诸经目。其分类以佛所说经为三部:一曰大乘,二曰小乘,三曰杂经。其余似后人假托为之者,别为一部,谓之疑经。又有菩萨及诸深解奥义,赞明佛理者,名之为论及戒律并有大、小及中三部之别。又所学者,录其当时行事,名之为记,凡十一种。全目著录一千九百五十部,六千一百九十八卷。这部目录,诸家佛经目录均未著录,后世无传,大概在隋末唐初被毁弃。

四、图书的编纂与流通

(一)编纂事业

隋炀帝即位前和在位期间,曾广集人才从事图书编纂工作。二十年间,"自经术、文章、兵农、地理、医卜、释道,乃至捕搏鹰狗,皆为新书,无不精洽。共成书三十一部,万七千卷"[①]。平均每部达五百五十卷,当系大部头类书,如《长洲玉镜》和《区宇图志》等皆是。

《长洲玉镜》四百卷,以梁《华林遍略》为底本,增修改纂而成。梁初,刘孝标编了一部类书名《类苑》,一百二十卷,号称"言天下事,毕尽此书,无一物遗漏"。梁武帝不服气,便命华林园学士七百余人,人撰一卷,成《华林遍略》,所记载的事比《类苑》多出数倍。《华林遍略》部帙虽浩大,但内容芜杂。同一件事,多有重复。如"宝剑出自昆吾溪,照人如照水,切玉如切泥",在"剑类"、"溪类"、"玉类"反复出现。《长洲玉镜》所记内容多于《华林遍略》,而卷帙却少于它,可称"精洽"。

《区宇图志》一千二百卷,炀帝敕纂。分类记载我国地理情况,如山川、郡国、城隍等各为一卷。

隋朝还有一些私人编纂的类书,如:

《玉烛宝典》十二卷,杜台卿撰,杜"少好学,博览书记,解属文"[②]。仕隋为著作郎。开皇初,被征入朝。尝采《月令》,触类而

---

① 《文献通考·经籍考叙》。
② 《隋书·杜台卿传》。

广之,成《玉烛宝典》十二卷。玉烛是四季气候调和之意。宋陈振孙《直斋书录解题》卷六"时令类"评谓:"以月令为主,触类而广之,博采诸书,旁及时俗,月为一卷,颇号详洽。"今存七卷,清末杨守敬抄自日本。

《编珠》四卷,杜公瞻编纂。《宋史·艺文志》类书类著录。杜公瞻仕隋为著作佐郎,《隋书》无传。《四库全书总目》谓:"原目分天地、山川、居处、仪卫、音乐、器玩、珍宝、缯綵、酒膳、黍稷、菜蔬、果实、车马、舟楫,所存者音乐以上五门而已","今观其书,隶事为对,略如徐坚《初学记》之体。"《总目》疑此书久佚,现存之本为明人伪托。观其类目,此书当是实用性的类书。

(二)图书的流通

隋代皇家收藏的图书——正御书藏于观文殿,只有皇帝才能使用;秘书内外阁之书,秘书省的官员可使用。如窦威入唐以前,在隋代拜为秘书郎,"秩满当迁,而困守不调,在秘书十多岁,其学业益广"[①]。窦威宁可在秘书省发愤读书而不肯升迁,可见读秘书省书的机会之难得。

至于私家图书的流通,如刘焯、刘炫借书于刘智海,前后十多年即"以儒学知名"。私人之间的互借也是图书流通的一种方式。

第二节　唐代的图书事业

一、典藏制度的完善

(一)掌管图书事业的机构

唐朝掌管图书事业的机构除秘书省外,还有弘文馆、崇贤

---

① 《旧唐书·窦威传》。

馆等。

1. 秘书省

唐代主持政府图书事业的政府机构仍然是秘书省。武德七年（624年），唐高祖定官制时，秘书省是"六省"之一。不过"六省"并非平列，尚书、门下、中书为中枢，正副长官为宰相、副宰相。而秘书省则隶于中书省。高宗以后，秘书省及其职官名称屡变，如高宗龙朔二年（662年），省改为兰台，监改为兰台太史，少监改为兰台侍郎。武后光宅二年（684年），省改为麟台，监改为麟台监，少监改为麟台侍郎。中宗神龙元年（705年）又恢复原名。

秘书省的职掌是"掌邦国经籍图书之事"，其职官系统一如隋朝，有秘书监一员领导全面工作，秘书少监二人，协助秘书监工作，秘书丞一人，主管日常事务工作，丞下设秘书郎四人"掌甲乙丙丁四部之图书，谓之四库"[1]，校书郎八人"掌雠校典籍，刊正文字"[2]。这八人是常规数，若大规模校书，则随时增员，如魏征等校书时就别置雠校二十人，显庆中又置详正学士（正字）四人，"掌详定典籍，正其文字之纰缪"[3]，其职与校书郎略近。典书八人，掌四库书典藏、出纳图书。楷书手视是否校书而定，或十人，或百人。此外，还有各种技术人员，如熟纸匠、装潢匠各十人，笔匠六人，这是前史记载所没有见过的。

秘书省尚有两个隶属机构：一是著作局。唐太宗设史馆，编修梁、陈、北齐、周和隋五部史书及志书之后，著作局的史职即分出，剩下的只是"修撰碑志、祝文、祭文"，因此将它隶于秘书省之下。二是太史局，掌天文、历书、计时。此二局自成系统，同秘书省地址不在一起。

---

① 《旧唐书·职官志》。
② 《新唐书·百官志》。
③ 《唐六典》卷一〇。

唐初很重视秘书监的人选，必须是学问渊博，德高望重的人。如魏征、虞世南、颜师古、令狐德棻等。贞观十五年(641年)唐太宗在授予颜师古秘书监的诏令中说："秘书望华，史官重任，选众而举，历代攸难。"因颜师古"学该流略，词兼典丽"，"著述有成"，才有资格担任秘书监①。武则天以后，任秘书监、少监的人选渐趋于杂，张易之、张昌宗、武承嗣等嬖臣担任过此职。中宗时方士郑普思亦特蒙优宠，授予秘书之职，桓彦范反对说："普思等是方伎庸流，岂足以比踪前烈？臣恐物议谓陛下官不择才，滥以天秩加于私爱，望陛下少加慎择"②，可见时人对此职任的尊重。

秘书省的官员中，秘书郎为从六品上，地位不算很高。但自魏晋以来，为清望之官。校书郎正九品上，是最低一级然而却是仕途美职。唐代取士，士人考试中式后，多授县主簿、县尉等官，少数才有幸进入秘书省等清望之地。因校书郎有读中秘之书的条件，有接近皇帝的机会，一旦才能被发现，便容易得到重用。事实上，唐代许多宰相、侍郎如张说、张九龄等不少是从校书郎起家的。

2. 弘文馆

封建统治者为了鸠聚文士，从魏晋南北朝起开始设立文馆。唐代因袭了这一做法，设立了好几个文馆，如弘文馆、崇贤馆(亦称崇文馆)、史馆、集贤院、翰林院等，这就正式形成了我国历史上的馆阁制度。这些机构都与唐政府的图书事业有直接关系。

弘文馆始置于高祖武德四年(621年)。隶门下省，在西京长安、东都洛阳的宫城里都有它的机构。弘文馆是天子的文馆，最初的目的是网罗文士以备顾问。弘文馆也是贵族子弟学校，它"鸠集学徒"，"教授生徒"，这些"生徒"是皇族、宰相、散官一品、京官

---

① 《唐大诏令集》。

② 《旧唐书·桓彦范传》。

三品以上子弟,名额只有三十员①。弘文馆也是从事图书事业的重要机构。其学士"掌详正图籍","馆中有四部书及图籍"②。可见宏文馆承担有聚书、校书的任务。

弘文馆作为一个从事图书事业的机构,与秘书省有很大区别。秘书省是中央王朝的政府机关,弘文馆则是集顾问机关、学校、图书馆于一身。弘文馆的职官系统也与图书事业有密切关系。学士、直学士除了备顾问讲论文史外,就是"掌详正图籍,教授生徒"。有详正学士若干人,校理勘正图籍文字。校书郎若干人,掌校理典籍。楷书手三十人,掌抄写图书。典书二人,掌典藏、出纳图籍。尚有搨书手三人、笔匠三人、熟纸装潢匠九人,这些也都和秘书省相似。弘文馆的图书可供学士、直学士及生徒等使用并可供夜读。

3. 崇贤馆和司经局

崇贤馆(又名崇文馆)是唐太宗贞观年间为皇太子设置的文馆,隶属东宫。明皇为太子时,馆中起书阁,重复以著典籍。开元时褚无量校书,玄宗曾诏无量借崇贤馆书抄写补充内府书。武后长安二年(702年)因避太子李贤讳,更名崇文馆。

崇贤馆有校书二人,开元七年(719年)以前叫雠校,官品较秘书、弘文校书郎略低,"掌校理四库书籍,正其讹谬"③。有典书二人,搨书手二人,书手十人,熟纸匠三人,装潢匠五人,笔匠三人。

司经局亦是东宫属官,是太子的藏书所。有洗马二人,"掌四库图籍缮写刊辑之事"。校书四人,正字二人,"掌典校四库书籍"④。文学二人,"掌分知经籍,侍奉文章,总辑经籍缮写,装染之

---

① 《新唐书·选举志》。
② 《旧唐书·职官志》。
③ 《唐六典》。
④ 《旧唐书·职官志》。

功,笔札给用之数,皆料度之"①。楷书手二十五人,典书四人,装潢匠二人,熟纸匠、笔匠各一人。

4. 史馆

贞观三年(629 年)唐太宗为撰五代史而设。开我国设馆撰史之例。它因撰史的需要而有藏书,其藏书重点是史籍,仅《国史》、《实录》、《起居注》等史籍即达三千六百八十二卷。

史馆亦有从事图书事业的职官系统。楷书手二十五人,典书四人,装潢直一人,熟纸匠六人。从有典书四人看,或也有四库书而库各一人典守。

5. 翰林院

翰林学士院于唐玄宗开元二十六年(738 年)始设,专掌内命,即参谋机密事务,起草机密诏书。一般诏书由中书舍人起草,有些事如征伐、命相等国家大事,则另派心腹起草。开元初,在禁中设翰林待诏,二十六年改翰林供奉为学士,置学士院。自此一直存在到清代。据唐李肇《翰林志》记:"翰林院南厅五间,中架为藏书南库。出北门,横屋六间当北厅,通廊东西二间为藏书北库。其中库书各有录,约八千卷,小使主之。西三间,书官居之,号曰待制。"这些书有专人典守,每库有收藏目录。

6. 集贤院

唐开元五年(717 年),玄宗派褚无量于东都乾元殿校书,"置乾元院使,有刊正官四人,以一人判事,押院中使一人,掌出入宣奏,领中官守院门。知书官八人,分掌四库书"②。这时起就形成了乾元殿书院(简称乾元院)。此时机构稍简,人员不多。次年底,更名为丽正殿书院(简称丽正院),机构扩大,人员增多。以丽正院"修书学士为丽正殿直学士,比京官预朝会"。此时,丽正殿

---

① 《唐六典》。
② 《新唐书·百官志》。

有学士、直学士、检讨官、刊正官等。领导乾元、丽正校书者,先为褚无量,褚卒后为元行冲。开元十三年(725年)四月,因奏新撰《封禅仪注》,敕中书、门下及礼官、学士等赐宴于集仙殿,乃诏改丽正院为集贤殿书院。院内五品以上为学士,六品以下为直学士,中书令张说充学士、知院事,散骑常侍徐坚为副,贺知章等为学士、赵冬羲等为直学士,康子元等为侍讲学士[①]。集贤院正式成立,为唐代最大的从事图书事业的机构。

集贤院虽专为校书而设,但亦兼有修撰、侍读、待诏等职任,并有一整套职官:集贤院学士四名(本有一名大学士,由中书令兼领,因张说辞"大",故无大学士),"掌刊辑古今之经籍,以辨明邦国之大典。凡天下图书之遗逸,贤才之隐滞,则承旨而征求焉。其有筹策之可施于时,著述之可行于代者,较其才艺而考其学术而申表之。凡承旨撰集文章,校理经籍,月终则进课于内,岁终则考最于外"[②]。他们与直学士十人、侍讲四人共十八人,号称"十八学士"。玄宗曾仿太宗凌烟阁十八学士图画"开元十八学士图"于东都上阳宫含象亭上。

集贤院隶中书省。有知院事一人,"每宰相为学士者,为知院事"[③]。副知院事一人,多为近密之官如散骑常侍为之。判院一人,由副知院事兼。押院中使一人,"掌出入,宣进奏,兼领中官,监守院门,掌同宫禁"。侍讲四人,是辅导皇帝读书,讲论文史的。待制若干人起草诏书。修撰、校理若干人,"承旨撰集文章"和"刊正典籍"。留院官、检讨官、文学直等,大概皆事务官之类。其直接从事图书事业的有:专知御书典四人。知书官八人分掌四库书,每库二人,主管写书、出纳、名目、次序等事。书直、写御官一百人

---

① 《唐会要》卷六四。
② 《旧唐书·职官志》。
③ 《旧唐书·职官志》。

任抄写书籍。画直八人,掌图画的典藏校写。搨书六人,掌摹写旧书、拓石碑帖。造笔直四人,典造笔供写书之用者。装书直十四人,掌书籍装帧及潢纸者。

（二）典藏及使用

唐代图书典藏的特点是依分类来分库典藏。《唐六典》卷九说:"书有四部,一曰甲为经,二曰乙为史,三曰景(丙)为子,四曰丁为集,故分为四库,每库二人,知写书、出纳、名目、次序,以备检讨焉。"武则天时因图书流散严重,曾严格规定每年正月要据旧书奏闻,每三年比部勾复一次,如果知书官有更替,必须"据数交领",否则如果书有短少,"即征后人"。

唐御府图书有正本、副本之别。但正、副本共有几套则说法不一。除《旧唐志序》称"两京各一本"外,《新唐志》谓:"两部各聚书四部……其本有正有副。"《唐六典》谓:"两京各二本"和"凡四部之书必立三本"。这些说法,似以有多本为是,至复本数多少则尚难确定。

御府藏书只有集贤院、秘书省、弘文馆、崇贤馆等机构的官员有阅读的机会和条件。如李敬玄于贞观末由马周荐入崇贤馆,可以"借御书读之"[1]。李邕渴望读秘府之书,李峤对他说:"秘阁万卷,岂时日能习。"于是李峤就让他"假直秘书",当了秘书省的官员,获得了读秘阁图书的条件。"未几试问,奥篇隐帙,了辨如响"[2]。阳城"家贫不能得书,乃求为集贤写书史,窃官书读之,昼夜不出房,经六年,乃无所不通"[3]。段成式为秘书省校书郎,"研精苦学,秘阁书籍,披阅皆遍"[4]。因此,唐代一些文人学士不肯到

---

[1] 《旧唐书·李敬玄传》。
[2] 《玉海》卷一六三。
[3] 《旧唐书·隐逸传》。
[4] 《旧唐书·段文昌传》。

地方去当官,而愿入秘书省、集贤、弘文、崇文等机构工作,即使是一名小小的校书郎,也心安理得 。白居易为校书郎时有诗句云:"幸逢太平代,天子好文儒。小人难大用,典校在秘书。俸钱万六千,月给亦有余。遂使少年心,日日常晏如。"反映校书郎官职虽小,却是一种为人所艳羡的美差。

(三)书籍形制

在印刷术发明以前,唐代的书籍形制仍然是卷轴式的写本书。印刷术发明以后,才出现了印本书,装帧形式也逐渐变化。

唐御府写本书籍继承了魏晋以来讲究书法的优良传统。国子监所辖六个学馆,其中一馆就是"书馆",是专门为培养书法人员而设的。贞观年间弘文馆有学生二十四人,特请当时著名书法家虞世南、欧阳询等教习楷法。唐科举取士中设有"学判拔萃"科,书法优者可以进士及第得官。

这种重视书法的风气反映到图书事业上,就是写书讲究书法。贞观年间写书,"别置雠校二十人,书手一百人"。这些书手都是五品以上官员的子弟,他们必须是书法优良者,要经过皇帝亲自简选。唐高宗时写书改变了集中由书手缮写的做法,但也必须"令工书人缮写,计直酬庸"[1]。唐玄宗派褚无量、元行冲、张说、张九龄等人在乾元、丽正、集贤领导校书时,置书直和写御书手一百人,这类人员也要"广召诸色能书者充,皆亲经御简"[2]。为了适应当时书手写书的需要,统一字体,当时还编辑了"字样"一类的书籍如《颜氏字样》、《群书新定字样》、《敕定字样》、《东台字样》等。其中《颜氏字样》是贞观年间秘书监颜师古为刊正校写经籍而编纂的。可惜唐代御府所写书籍没有流传下来。

唐代写书也很重视文字的校勘。颜师古、孔颖达都参加过写

---

[1] 《旧唐书·文苑上·崔行功传》。

[2] 《唐六典》。

书、雠校的工作。到玄宗集贤院写书时,设校理官若干人负责勘正文字讹谬,并对他们有严格的要求。《唐会要》卷六十四说:"若校理精勘,纰缪多正,及不详复,无所发明,委修书使别加褒贬。"这是把校勘文字的质量与对官员的考核、升降结合在一起了。

唐御府写书皆以益州麻纸写,即四川等地生产的麻纸或小麻纸。《新唐书·艺文志序》载:"集贤院学士,太府月给蜀郡麻纸五千番。"《唐会要》卷三十五载:"计用小麻纸一万一千七百七张。"卷六十五载:"供麻纸及书状藤纸一万张,添写经籍。"麻纸有生熟之分,生纸用来装褙,熟纸平滑有光泽,是写书的好材料。在写书之先,必须把生纸加工成熟纸。集贤院、秘书省、弘文馆等都设有"熟纸匠"。又为了防止虫蛀,还要潢纸。即把纸浸入经过煮熟了的黄檗汁中浸泡染潢以防蠹虫。这一作法早在贾思勰《齐民要术》中就有详细记载。

唐御府写书使用的笔和墨,据《新唐书·艺文志序》载:"季给上谷墨三百三十六丸,岁给河间、景城、清河、博平四郡兔千五百皮为笔材。"

唐人很重视书籍的装帧。张彦远说,藏书者要具备鉴识、阅玩、装褙、诠次的本领。宋周密曾说:"唐四库装轴之法,极其瑰致"①。其书轴一般用檀木。张彦远《历代名画记》谓:"书轴以白檀身为上,香洁去虫;小轴,白玉为上,水精为次,琥珀为下;大轴杉木漆头,轻圆最妙。""故贞观、开元中内府图书,一例用白檀首,紫罗褾织成带。"图书上的签一般用牙制品,带一般用丝织品,褾一般用绫。《唐六典》谓:"其经库书,钿白牙轴,黄带,红牙签;史库书,青牙轴,缥带,绿牙签;子库书,彤紫檀轴,紫带,碧牙签;集库书,绿牙轴,朱带,白牙签,以为区别。"这样制作出来以后,还要在书籍上打上印记,这一作法是从唐开始的。后世无论公藏或私藏

① 《齐东野语》。

图书，皆兴印记。贞观时唐太宗自书"贞观"二字，刻作二小印贞、观。玄宗自书"开元"二小字，刻成一开元印。又有集贤院印、秘阁印、翰林院印、弘文馆印。安史之乱后，御府藏书之印遗失，直到唐穆宗才重铸新印。从唐代开始，私人藏书家也在自己的藏书上打上印记，如唐朝魏王李泰有藏书印"龟益"。钟绍京有印曰"书印"。张彦远之高祖有"河东张氏"印。韩愈曾写诗称颂的邺侯李泌有"邺侯图书刻章"之印等。

（四）私家藏书

由于唐代经济繁荣，图书制作手段出新，所以私家图书事业也大有发展。见于记载的私人藏书家，如唐初贞观年间有魏征、萧瑀、颜师古、李大亮、李敬玄、李元嘉等人，高宗、武后时期有李袭誉、薛稷、张易之等人；玄宗时有李范、陈嘉贞、钟绍京、杜暹、吴兢、韦述等人；肃、代、德三宗时，有张延赏、李勉、李泌、苏弁等人；宪、穆、敬三宗时有田弘正、柳宗元、韦处厚、李德裕、柳公绰、杨浑之等人；后期有王涯、柳仲郢、段成式、张彦远等人。其中超过万卷以上者有十五、六人。宗室李元嘉，是高祖李渊的第十一子，"聚书至万卷，又采碑文、古迹，多得异本"①。杜暹"家聚书至万卷"②。吴兢"其家藏书凡一万三千四百余卷"，自编《吴氏西斋书目》一卷③。韦述"在书府四十年，居史职二十年"，其"家聚书二万卷，皆自校定铅椠，虽御府不逮也"。安史之乱中，韦氏藏书"焚剽殆尽"，韦述仅抱《国史》藏于南山得免④。一千多年来，人们把藏书称为"邺架"的藏书家李泌，藏书达三万余卷，是唐代最大的私人藏书家。他所藏经、史、子、集各书，分别用红、绿、白等颜色的牙签

① 《旧唐书·高祖二十二子》。
② 《新唐书·杜兼传》。
③ 《郡斋读书志》卷九。
④ 《旧唐书·韦述传》。

107

区别。韩愈《送诸葛觉往随州读书》诗说:"邺侯家多书,插架三万轴。——皆牙签,新若手未触。"可想见其藏书之盛及精美。

唐后期藏书万卷以上者还有苏弁"聚书二万卷","至今言苏氏书,次于集贤、秘阁焉"[①]。田弘正"于府舍起书楼,聚书万余卷,视事之隙,与其佐讲论古今言行可否"[②]。韦处厚"聚书逾万卷"[③]。柳仲郢"家有书万卷,所载必三本"[④],其书"色彩尤华丽者镇库;又一本次者长行披览;又一本又次者,后生子弟为业。皆有厨格部分,不相参错"[⑤]。新旧唐书记其他私人藏书家尚有多例。又有冯贽,其所著《云仙散录》序自称其家九世藏书至二十余万卷。按此数不可信,疑为二万余卷。

私人藏书家大体有两类人员:一是学者。如颜师古是唐初的大校雠学家。吴兢是唐中期的著名史学家,《贞观政要》的作者。韦述是开天时期的史学家、目录学家。柳宗元其家所藏仅赐书就有三千卷,是唐后期著名文学家。这些藏书家把藏书与校雠、著述结合在一起,故藏书最精。藏书家中最勤奋者,要数柳仲郢《旧唐书·柳公绰传》附传中赞其事称:"仲郢以礼法自持,私居未尝不拱手,内斋未尝不束带。三为大镇,厩无名马,衣不熏香。退公布卷,不舍昼夜。《九经》、《三史》一钞,魏晋已来南北史再钞,手钞分门三十卷,号《柳氏自备》。又精释典,《瑜伽》、《智度大论》皆再钞,自余佛书,多手记要义,小楷精谨,无一字肆笔。

另一类藏书家则是中央或地方的达官权贵。如魏征、萧瑀是贞观名臣,李元嘉、李冲是宗室。唐后期的张氏家族,三世宰相,五世藏书。李泌、李勉、李德裕、王涯、段文昌等都是宰相。这些人藏

① 《旧唐书·儒学下·苏弁传》。

② 《旧唐书·田弘正传》。

③ 《旧唐书·韦处厚传》。

④ 《新唐书·柳公绰传》。

⑤ 钱希白:《南部新书》卷丁。

书多作为子孙求官之具。如唐初李袭誉官至江南道巡察大使，"凡获俸禄，必散之宗亲，其余资多写书而已。及从扬州罢职，经史遂盈数车。尝谓子孙曰：'吾近京城有赐田十顷，耕之可以充食；河内有赐桑千树，蚕之可以充衣；江苏所写之书，读之可以求官。吾没之后，尔曹但能勤此三事，亦何羡于人？'"①开元时杜暹教育其子孙要特别注意保存书籍，他在每书之上自题："清俸买来手自校，子孙读之知圣道，鬻及借人为不孝。"这种"家训"，未免过于自私。这类人中，致书之法，往往有不正当者。如王涯"前代法书名画，人所保借者，以厚货致之。不受货者，即以官爵致之"②。宰相段文昌喜图书古画，杨浑之"尽以家藏书画献文昌，求致进士第"，段文昌就保荐他为官③。

二、图书的搜集与整理

（一）唐前期的搜集、整理图书

1. 高祖武德年间的搜书

隋炀帝建立起来的较大规模图书事业，虽遭战乱，损失不少，但仍有不少图书被保存下来，故唐初藏书有"重复八万卷"，或"二十余万卷"之说。著名学者令狐德棻曾"奏请购募遗书，重加钱帛，增置楷书，令缮写，数年间，群书略备"④。

2. 太宗贞观年间的校书

公元 626 年，李世民即位，"于宏文殿聚四部群书二十余万卷，于殿侧置弘文馆"。贞观二年（628 年）迁魏征为秘书监，后又以虞世南、颜师古相继任职。他们都是以一代名臣和硕儒的身份

---

① 《旧唐书·李袭志传》附。

② 《旧唐书·王涯传》。

③ 《旧唐书·段文昌传》。

④ 《旧唐书·令狐德棻传》。

来领导校书活动的。

魏征,字玄成,封郑国公,卒谥文贞。从贞观二年至七年,任秘书监。亲自参加校书和撰写书录的工作。"数年之间,秘府图籍,灿然毕备"[1]。这次校书重点当是整理和校写图书,故"别置雠校二十人,书手一百人",经过校写补充配备完整的图书,要经过宰相署名跋尾之后,方可"进内贮库"。贞观七年(633年),魏征代王珪为侍中(宰相),虞世南由秘书少监转秘书监,继续领导校书。贞观十二年(638年)世南卒,太宗叹曰:"石渠、东观之中,无复人矣,痛惜岂可言耶!"[2]

颜师古于贞观七年任秘书少监,贞观十五年任秘书监、弘文馆学士,直到贞观十九年(645年)逝世,一直参加校书活动。他是唐初经学大师,在领导校书工作中,重点当是考定《五经》,"师古多所厘正,既成奏之","颁其所定之书于天下,令学者习焉"[3]。

贞观校书的领导轴心是魏征——虞世南——颜师古。特点是前期重点在整理、钞写和著书序,后期重点则为校勘文字,尤其是考定儒家经典。由于宫廷藏书规模宏大,故"太宗于后苑作别馆,贮儒、释、道书数千万万(卷)"[4]。

3. 高宗时的校书

贞观校书前后约达二十年,但并未完成校书任务[5]。因此,高宗时期仍继续进行。不过方法有所改变,如罢去雠校及御书手,"令工书人缮写,计直酬庸,择散官随番雠校"。到乾封元年(666年)发现四部群书,传写讹谬,"乃诏东台侍郎赵仁本,兼兰台侍郎李怀俨,兼东台舍人张文瓘集儒学之士刊正,然后缮写"。仪凤时

---

① 《旧唐书·魏征传》。

② 《旧唐书·崔行功传》。

③ 《旧唐书·颜师古传》。

④ 《玉海》卷一六五。

⑤ 《旧唐书·崔行功传》。

又置详正学士。说明显庆时先缮写，后由散官雠校的做法行不通，不得不仍改为集儒学之士"充使检校"，校毕再缮写。在这次校书中，李怀俨"受制检校写四部书进内，以书有污，左授郢州刺史"①。说明对校写图书的要求和检验是很严格的。

4. 武后至开元前的校书

这段时间，校书未被重视，规模不如太宗、高宗时那样大，但也没有完全停止。如文明元年(684年)，严令"两京四库每年正月据旧书闻奏：每三年比部勾复，具官典，及摄官替代之日，据数交领，如有欠少，即征后人"。这是关于内库书的管理，是为防止内库书流散。武则天还派侄子武敏之为兰台太史，"鸠集学士李嗣真、吴兢之徒，于兰台刊正经史，并著撰传记"②。唐中宗景龙二年(708年)曾下诏"括天下图籍"，并依经、史、子、集为序，分库储藏图书。唐睿宗景云年间，曾"以经籍多缺，令京官有学行者，分行天下，搜检图籍"③。

(二)唐中期的搜集、整理图书

唐代图书事业，随着政治、经济、文化的不断发展，到开元天宝间极盛。其标志就是建立集贤殿书院，进行大规模校书。

开元以前，虽历朝校书不辍，但自高宗以后，统治阶级内部矛盾严重，图书事业未受到重视。至开元初，"秘书省典籍散落，条流无叙"，内库"文籍盈漫，皆愁朽蟫断，签藤纷舛"④。开元三年(715年)十月，选名儒马怀素、褚无量为侍读，待之以"师资之礼"，马怀素曾说："南齐以前坟籍，旧编王俭《七志》。已后著述，其数盈多，《隋志》所书，亦未详悉。或古书近出，前志缺而未编；

---

① 《旧唐书·李袭志传》附。
② 《旧唐书·外戚传》。
③ 《唐会要》卷三五。
④ 《旧唐书·马怀素传》。

或近人相传，浮词鄙而犹记。若无编录，难辨淄渑。望括检近书篇目，并前志所遗者，续王俭《七志》，藏之秘府"①。褚无量则以内库书"甲乙丛倒"，建议缮录补第，以广秘籍。玄宗深知图书事业对维护封建统治的重要性，曾在诏书里说"国之载籍，政之本源"，"三五以还，皆率兹道也"②。因此接受二人的建议，并派他们分别在秘书省领导编目，在乾元殿整理"内库书"。这样，唐中期的一场大规模校书便开始了。

1. 秘书省的编目工作

唐初以来，虽有魏征等人写过书叙，但一直未进行过系统的编目工作。马怀素提出编目的建议得到玄宗同意后，进入秘书监着手编目工作。马怀素于开元六年（718年）七月去世，实际工作时间很短，又因他"不善著述"，故续《七志》的工作仅仅开了个头。然"首尾初创"，其功亦不可没。马怀素卒后，秘书省的人员继续修撰，但群龙无首，"人人意自出，无所统一，逾年不成。有司疲于供拟，太仆卿王毛仲奏罢内料"③。玄宗不得不于开元七年（719年）七月派元行冲代怀素于秘书省综理。

2. 乾元殿的整理内库书

玄宗在接受马怀素建议的同时，也接受了褚无量的建议。令他"于东都乾元殿前，施架排次，大加搜写，广采天下异本，数年间，四部充备"④。褚无量首先将内库纷舛丛倒之书清理上架，约半年后初步完成。开元六年八月十四日，玄宗令"百官入乾元殿东廊观书，无不叹骇"⑤。当年玄宗又命"于秘书省、昭文馆、礼部、国子监、太常及诸司官，借写及整比"。这是向各藏书机构借异书

① 《旧唐书·马怀素传》。
② 《唐大诏令集》卷五一。
③ 《新唐书·马怀素传》。
④ 《旧唐书·褚无量传》。
⑤ 《玉海》卷五二引《集贤注记》。

抄写补充内库书。到开元七年九月即着手编目，"令丽正殿写四库书，各于本库每部为目录，其与四库书名不类者，依刘歆《七略》排为《七志》，其经史子集及人文集，以时代为先后，以品秩为次第"①。开元八年（720年）正月褚无量去世，编目工作便由元行冲、张说等人继续完成。

3. 丽正殿的校书

马怀素、褚无量去世后，玄宗派元行冲总领丽正殿的校书、编目和秘书省的编目工作，两处的工作合而为一，到开元九年（720年）冬十一月，编目工作完成。年底，元行冲向玄宗奏上《群书四部录》二百卷。开元十年，张说代张嘉贞为中书令，其年九月代元行冲丽正殿修书事。秘书监徐坚为副，张悱充知图书括访异书使。张说知丽正殿后，编目工作已结束，主要是继续进行搜聚和校写、编纂图书的工作，直到他于开元十八年（730年）去世。开元校书虽不始于他，然与他关系至巨。开元时期，图书事业所以达于极盛，除玄宗本人重视外，也与张说的执著支持分不开。在建立集贤院的过程中，曾发生过一场辩论。中书舍人陆坚②反对玄宗开集贤院校书，认为"集贤院学士多非其人，所司供膳太厚，尝谓朝列曰：'此辈于国家何益，如此虚费？'"张说坚决反驳说："自古帝王功成，则有奢纵之失，……圣上崇儒重道，亲自讲论，刊正图书，详延学者。今丽正书院，天子礼乐之司，永代规模，不易之道也。所费者细，所益者大。徐（陆）子之言，何其隘哉！"玄宗赞同张说，授学士知院事，而将陆坚从开元十八学士中除名。

4. 集贤院的校书

---

① 《唐会要》卷三五。

② 《旧唐书·张说传》"陆坚"作"徐坚"，误。《资治通鉴》谓："中书舍人洛阳陆坚以此属无益于国，徒为糜费，欲悉奏罢之。"《廿二史考异》谓："旧传作徐坚，今从《集贤注记》。"徐坚非洛阳人，亦未任过中书舍人之职。故《资治通鉴》更"徐坚"为"陆坚"，是。

张说领导集贤院工作,着重搜聚、校写和编纂图书。《玉海》引《徐坚碑》说:"时秘阁群籍讹谬,敕令学士详定,公为之刊辑,卷盈二万。"仅徐坚校书就达二万卷,可知大规模校书仍在进行。此时已不编目,但编纂各种书籍成为重要活动内容。此时编纂的书籍,主要有:《唐六典》、《初学记》、续《文选》等。张说之后,相继知集贤院校书事的有四人:开元十七年(729年)萧嵩为中书令,加集贤院学士、知院事;开元二十三年(735年),张九龄迁中书令,为集贤院学士、知院事;张九龄被贬官后,"即日(李)林甫代为中书、集贤殿大学士"(集贤殿大学士之称自此始);天宝十一年(752年)李林甫卒,以杨国忠代为右相,兼吏部尚书、集贤殿大学士。在从开元十七年至安史之乱的二十余年间,以集贤院为中心的校书、编目工作仍继续进行。《历代名画记》载,这个时期"充使博访图书"的有张怀、徐浩、史维则等人,他们在访书中,"悬以爵赏,所获不少"。当时献书人"或有进献以获官爵,或有搜访以获锡赉",所获当为数不少。至开元十九年(731年)冬,玄宗幸东都,入集贤院观书时,已达八万余卷,"其中杂有梁陈齐周及隋代古书"及"贞观、永徽、麟德、乾符、咸亨年奉诏缮写"之书。这个数与唐初的重复相糅之数的八万余卷不同,这是经过整理之后的单本藏书数。开元二十四年(736年)十月,玄宗再次幸东都,还西京时,命"集贤书籍三分留一,贮在东都"。① 说明开元二十四年以前校书一直在东都集贤院进行。至此,才将校写配备好的书运到西京长安。所谓"三分留一",非指藏书的三分之一,而是指三套复本中的一套留在东都,其余两套则运到西京,贮于大明宫和兴庆宫的两个集贤院分院。天宝十一年(752年),玄宗又敕"秘书省检复四库书,与

---

① 《唐会要》卷三五。

集贤院计会填写"①,并"敕秘书监李成裕排比四库书,先具奏闻"②。褚无量时期,只是让集贤院向各藏书机构借书抄补。这一次是要秘书省与集贤院的藏书互相"填写"、补充。从天宝三年到十四年(755年),"四库续写书又一万六千八百三十二卷"③。可知从开元五年褚无量乾元殿校书、马怀素秘书省编目时起直到天宝末年,都进行着大规模校书工作,因而图书数量增长极快,隋炀帝正御书仅三万七千卷,此时已达八万余卷。故史称"唐之藏书,开元最盛"。

(三)唐后期的搜集、整理图书

1. 安史之乱对图书事业的破坏

天宝十四年(755年)安禄山叛乱,攻占洛阳和长安,使"乾元旧籍,亡散殆尽"④。《唐会要》记史馆之书被焚烧,以致后来修史连参考材料也找不到,只得重加购赏,征集《国史》、《实录》等书,而数月之内仅得一二卷,可见损失之惨重。唐中期建立起来的以集贤院为中心的图书事业完全被毁。

2. 兵乱后对图书的搜求与整理

安史乱后,肃宗、代宗、德宗三朝曾竭力重建政府图书事业。史馆之书被焚后,修史官、太常少卿于休烈曾于至德二年(757年)建议"令府县招访,有人别收得《国史》、《实录》","得一部,超授官资,得一卷赏绢十匹"⑤。由于乱后国库空虚,不能像开元那样建立庞大机构、集中大批人才校书和写书,于是决定由各地方官府出钱出粮,供应纸张,以供写书之用⑥。参加校书和编目的著名者

①　《唐会要》卷三五。

②　《玉海》卷五二。

③　《唐会要》卷六四。

④　《旧唐书·经籍志》。

⑤　《旧唐书·于休烈传》。

⑥　《唐会要》卷六五。

有蒋乂和陈京。蒋乂父子"编次逾年,于乱中勒成部帙,得二万余卷"①。据柳宗元《唐故秘书监陈公行状》称,陈京入集贤院校书,大约在蒋乂编目后的几年,又"增缮"和搜求了一些书籍,因之编成了《群书新录》。政府图书事业又初具规模了。这时主持图书事业的机构和职官也得到恢复。如贞元四年(788 年)集贤院已设有学士、直学士、校理、待制、留院、入院、侍讲、修撰、修书及直院等官。并规定登朝官五品以上方能为学士,六品以下为直学士。

3. 文宗及其它各朝的校书

文宗在藩邸时就好读书。即位后,任许康佐、柳公权为侍读学士。大和三年(829 年),郑覃奏请"校定六籍"。② 文宗同意,即"诏令秘阁搜访遗文,日令添写。开成初,四部书至五万六千四百七十六卷"③,比蒋乂父子所校大大增加。宣宗时写书采取了新的办法,即不再突击式的大规模写书,而是每年写三、四百卷,天长日久,所积卷帙也不在少数。

4. 唐末战乱给图书事业造成的损失

唐末战乱,使图书事业受到严重损失。昭宗即位后,秘书省曾总括前此图书事业情况为如下几点:第一,战乱前秘书省掌四部书有十二库达七万余卷,比文宗开成时五万六千余卷多一万余卷,图书事业已恢复到很可观的程度。第二,黄巢起义后图书受到损失,但所剩尚及二万余卷。第三,彻底破坏图书事业的是那些军阀,他们把秘书省当作营房和寻欢作乐场所;再加上迁都洛阳,图书丧失更为严重;唐末图书事业造成的损失比隋末更为严重,使图书由七万卷降至二万卷、一万八千卷,而"又丧其半",于是"平时载籍,世

---

① 《旧唐书·蒋乂传》。

② 《旧唐书·郑覃传》。

③ 《旧唐书·经籍志序》。

莫得闻"①。

三、古典目录学的发展

（一）《隋书·经籍志》

1.《隋志》的编撰

唐高祖武德四年（621 年）接受令狐德棻建议，编撰梁、陈、齐、周、隋五代史书。但未就而罢。太宗贞观三年（629 年），复命修撰，并于大内设立史馆，作为专门机构。至贞观十年（636 年）成《隋书》纪传五十五卷。贞观十五年（641 年）又诏修五代史志，由于志宁、李淳风、韦安仁、李延寿、敬播、令狐德棻等修撰。至显庆元年（656 年）书成，十志共三十卷。因详于隋，故入《隋书》。其中《经籍志》四卷。编撰《隋志》所直接依据的底本是隋《大业正御书目录》。这部目录所收的是东都观文殿正御书，在由东都迁运至西京途中，被水漂没了十之七八，所以编《隋志》时，只能以正御目去核查残缺藏书，然后编目，因此，《隋志》所著录者当为唐初的现存藏书。

《隋志》也参考了先代书目，特别是《汉志》、王俭《七志》、阮孝绪《七录》，但主要是参考其"体制"。《隋志》仿《汉志》，各部、类之末均有大小序，简要叙述诸家学术源流和演变。各部小序分别说明与《汉志》的继承关系，如经部序谓："班固列六艺为九种，或以纬书解经，合为十种。"史部序谓："班固以史记附春秋，今开其事类，凡三十种，别为史部。"子部序谓："《汉书》有诸子、兵书、数术、方伎之略，今合而叙之为十四种，谓之子部。"集部序谓："班固有诗赋略，凡五种，今引而伸之，合为三种，谓之集部。"《隋志》与《七录》的继承关系尤为明显。《四库提要》目录类《崇文总目》条谓："《隋书经籍志》参考《七录》，互注存佚。"在释家类小序中

---

① 《旧唐书·经籍志序》。

谓:"梁阮孝绪作《七录》,以二氏之文别录于末,《隋书》遵用其例,亦附于志末,有部数、卷数,而无书名。"《隋志》的收录以撰人卒年为断,凡隋义宁二年(618年)以前者收录,唐初始卒者不录。

2.《隋志》的特点

《隋志》依经史子集四部分类,并使四部分类法固定下来而后世相沿不改。荀勖、李充等已导四部分类之先,但顺序不同,部之下亦不分类。《隋志》则将顺序调整为经、史、子、集,部下详分若干类,构成一个完整的分类体系,计经十类,史十三类,子十四类,集三类。四部之后附道佛书。尤其是史部,著录之书包括亡书,有八百七十四部,一万六千五百五十八卷,比《汉志》二十三部,九百四十八篇,增加了几十倍。

《隋志》的序自称五十五篇,实际却是四十八篇,即总序一篇,四部后序四篇,分类小序四十篇,道佛录序二篇,后序一篇,都是研究唐以前学术文化史的重要参考文献。总序是对唐以前图书事业史的概述。首先,作者认为书籍是"王者之所以树风声,流显号,美教化、移风俗"的法宝。其次,叙述自图书产生、孔子删书、秦始皇焚书、西汉刘向刘歆父子校书、东汉班固、傅毅校书、魏晋南北朝历次校书、隋牛弘、柳䛒校书的历史,勾画了图书事业发展史的轮廓。小序的学术价值很高。如簿录类,详列《七略别录》、《晋中经》、《今书七志》、《七录》、《隋大业正御书目录》等二十九种书目之后,有小序论述目录的起源及孔子作书序事,评价刘向《别录》、刘歆《七略》、王俭《七志》、阮孝绪《七录》。再如,道、佛二部虽未著录原书名,仅分别撰写两篇序,详述道、佛书发展的历史及历朝崇道崇佛或毁道灭佛的历史,是研究道教史、佛教史的重要参考资料。

《隋志》的著录体例是首列书名,下列卷数,然后加注。其著录特点更多的是反映在注中:

一是注作者、传注者之姓名、时代、官职。如"晋太尉参军薛

118

贞注"、"魏文侯师卜子夏传"、"汉魏郡太守京房章句"、"东晋太子前率徐邈撰"等。二是注不同时代不同作者所撰相同书名的作品。如在"《周易》十卷,梁处士何胤注"之后,有注称:"梁有临海令伏曼容注《周易》八卷,侍中朱异集注《周易》一百卷"。再如"《周易》十卷,蜀才注"之后,有注:"梁有齐安参军费元珪注《周易》九卷,谢氏注《周易》八卷,尹涛注《周易》六卷"。三是注书名不同而性质相同的不同时代、不同作者的作品。如"《周易义疏》十九卷,宋明帝集群臣讲"之后,有注:"梁又有《国子讲易义》六卷,《宋明帝集群臣讲易义疏》二十卷;《齐永明国学讲周易讲疏》二十六卷;又《周易义》三卷,沈林撰,亡。"四是注书名、著者均不同,但时代相近的文集。如"《汉淮南王集》一卷"之后,有注:"梁又二卷。又有《贾谊集》四卷,《晁错集》三卷,汉弘农都尉《枚乘集》二卷,录各一卷,亡。"五是注不同时代的不同本子。如"《汉胶西相董仲舒集》一卷"之后,有注:"梁二卷。""《吴丞相陆凯集》五卷"之后,有注"梁有录一卷。"这些说明,在雕印书之前,同样有记版本者。六是注何书"亡",何书"残缺"。凡正式著录之书皆为"见存"者或"残缺"者,因此不必再注"存",而仅注"残缺"。"见存"附列先代亡佚书并注明"亡",这对考唐以前何书存、何书亡大有好处。统计注中残亡书籍一千零六十四部,一万二千七百五十九卷。则梁隋的藏书情况和梁隋间书籍的聚散情况就清楚了。

3. 历代对《隋志》的评价与研究

历代学者对《隋志》评论不一。除唐代史学家刘知几的完全否定的态度和清初学者朱彝尊的驳议已见评《汉志》外,《四库提要·史通》亦以为刘知几此说"尤乖古法"。明焦竑《隋经籍志纠谬》(《国史经籍志》附)、清钱大昕《隋书考异》、《十驾斋养新录》,都对《隋志》有所正误补缺。郑樵《通志·校雠略》和《四库提要》,对《隋志》均有抑有扬。清李慈铭说:"此志搜遗括纷,源流条目,斠若画一,其全体多善,总为考古者所必不可少之书"①。姚振宗《隋书经籍志考证》则说:"自周秦六国、汉魏六朝,迄于隋唐之际,上下千余年,网罗十几代,古人制作之遗,胥在于是。"

清代学者研究《隋志》成绩最突出,其代表作主要有三种:

(1)章宗源撰《隋书经籍志考证》十三卷。

此书乃仿王应麟《汉书·艺文志考证》而作。书名虽为全志考证,实则只有史部,章氏族后学章小雅说:"此书本名《史籍考》,今题《经籍志考证》者,好事者为之也。"此书按《隋志》史部十三类分十三卷。其方法,一是补原志之所漏载,如正史类,原志仅六十七部,此书则有八十四部,增补十七部。原书所无,为章氏增补者,均注明"不著录"字样,以明为其补入者。二是将所辑录历代关于各书的资料,以当每书之序录,列于该书书名之后,此为可贵之考证,又辨明部类分属之错误,注明今存、变迁等情况。清代学者对此书评价甚高,朱绪曾在《开有益斋读书志》中说:"隋志所载今佚者,必详载体例及诸家评论","隋以前乙部殆无遗珠矣。"

(2)姚振宗撰《隋书经籍志考证》五十二卷。

姚振宗是清季著名目录学家。此书规模宏大,博搜广征,对全志详加考证,将有关资料汇于一编,校正刊误,补充不足,实为整理研究《隋志》最有成绩之作。此书卷首序录论四部源流、本志体制、诸家评论及章氏考证,为研究《隋志》之重要参考资料。是书详采诸文献资料,集于一书名之下。凡撰人爵里、著书指归,但有可以考见之处,一一条举疏通证明,使见各书源委。如《七略》七卷,后列《汉书·刘向传附刘歆传》、《汉志序》、应劭《风俗通》、阮孝绪《七录》、《北史·樊逊传》、《新唐书·艺文志》、《旧唐书·经籍志》、严可均《全汉文编》、孙星衍《孙氏祠堂书目》等有关资料。姚名达评论此书说:"宗源所辑,仅存史部。振宗实仿其成规,而

_____

① 《越缦堂读书记》附札记。

120

备引古史及异说,最为渊博。"

(3)张鹏一撰《隋书经籍志补》四卷。

此书据后魏、齐、周诸人本传所载,"得经说九十二部,史录六十部,子类五十五部,专集七十二家,杂文三十篇"。"遂依《隋志》,分类补入"。可知此书实为补《隋志》之作,远不如姚氏的考证赅博。

以上三书均见开明书店出版《二十五史补编》。此外尚有杨守敬撰《隋书经籍志补证》;李正奋撰《隋代艺文志》;丁国钧校证章氏《隋氏经籍志考证》,识语甚多,于章氏误遗,颇有订正。

(二)《群书四部录》、《古今书录》等

唐代不仅有《隋书经籍志》这样有价值的史部目录,而且还有较多的国家目录和私家目录,形成较完备的目录体系。

1. 魏征的书序

明代学者胡应麟认为唐初"诸臣亦绝无目录之修"[①]。这一说法是不确切的。《隋书·经籍志》是一部影响很大的书目,修在唐初。魏征等人在领导贞观校书的过程中,还写过各书序录,进行的正是编目工作,只是这些序录已佚,无可考证。而是否成书,史书缺征。但据毋煚《古今书录·序》记载:"书序咸取魏文贞。"据此可证"绝无目录之修"的说法是不确的。

2.《群书四部录》

这是开元年间马怀素、褚无量和元行冲等人领导校书、编目的结果。此目初由马怀素领导在秘书省开始编制,采取的方法是续王俭《七志》。开元六年马怀素、褚无量卒后,元行冲总领秘书省编目和丽正院校书事,编目由续王俭《七志》改为"通撰古今书目",至开元九年(721 年)十一月完成全书二百卷。《旧唐书·经籍志》、《新唐书·艺文志》均有著录,《旧唐书·玄宗本纪》亦有记

---

① 见《经籍会通》。

载。著录图书二千部，四万余卷。唐代目录学家毋煚在《古今书录序》中曾指责此目有五大缺点，并说："所分书类，皆据《隋经籍志》"。因该目在宋代已佚，今已无法窥其体制并评论其得失，这是我国目录学史和整个学术史上的一大损失。余嘉锡先生分析此目说："观其卷帙之富，疑其用刘向、王俭之例，每书皆有叙录。虽成之过促，致为毋煚所不满，然其书之浩博如此，则在清修《四库总目》以前所未尝有也。而宋人皆未见其书，遂至只字不存，可不惜哉！"①这是持平之论。

3.《古今书录》

毋煚于开元五年（717 年）由马怀素推荐入秘书省参加续王俭《七志》的工作。他除和刘彦直分管子部的编撰外，还和韦述、余钦等人负责全书总纂工作。毋煚，新旧唐书无传，仅《大唐新语》卷十一载："右补缺毋煚，博学有著述才，上表请修古史，先撰目以进，玄宗称善，赐绢百疋。"可知，毋煚既是一个目录学家，又是一个史学家，自始至终参加《群书四部录》的编辑工作。然而，在编辑过程中发生了很大的意见分歧，他的意见未得到尊重。他是否同意马怀素续王俭《七志》的指导思想，或他持何意见，不得而知。仅从马怀素卒后，秘书省"人人意自出，无所统一"可知当时确有分歧。《群书四部录》编成以后，他深感其缺陷太多，他列举了《群书四部录》中著录范围、体例等方面的五条缺点，《旧唐书·经籍志序》曾详载其说。毋煚为了弥补这些过失，在《群书四部录》的基础上，修订增删，编成了一部新的简明目录《古今书录》四十卷。其编撰方法是："永徽新集，神龙近书，则释而附也；未详名氏，不知部伍，则论而补也；空张之目，则检获便增；未允之序，则详宜别作。"于是，"纰缪咸正，混杂必刊。改旧传之失者三百余条，加新书之目者六千余卷"。此目有毋煚自序，记载了该目的大体面目，

---

① 《目录学发微》。

他说："凡经录十二家,五百七十五部,六千二百四十一卷;史录十三家,八百四十部,一万七千九百四十六卷;子录十七家,七百五十三部,一万五千六百三十七卷;集录三家,八百九十二部,一万二千二十八卷。凡四部之录四十五家,三千六十部,五万一千八百五十二卷,成《书录》四十卷。"与《群书四部录》比较,经、史、集类目数均同,子部多出三家。著录部数多出一千余部,卷数多出一万一千余卷。而二者自身的卷帙,前者是后者的五倍。可见前者每书有书叙,后者则删去而仅保留大、小序文,对"未允之序,则详宜别作"。前者不注撰人名氏,后者则并有小序及"注撰人姓氏"①。

《古今书录》与《隋志》比较,著录部数约略相当,而《隋志》少一万五千余卷。大概是此目所著录的大部书增多,如唐以来所编大类书《艺文类聚》、《文思博要》、《瑶山玉彩》、《策府》、《三教珠英》等。卷帙均浩大,有的多达一千三百卷,故部数不增,而卷数大增。五代时刘昫撰《旧唐书·经籍志》时,以《古今书录》"卷轴繁多,删而略之","但纪篇部",去掉了大小序和各书的说明,仅录书名、卷数和著者。据此可以认为《旧唐志》是它的删节本。《旧唐志》序引用了毋煚的自序,至今尚可略窥《古今书录》之面目。元时修纂的《宋史·艺文志》目录类尚著录此目,可惜后来佚去。

(三)其它官修目录

玄宗开元时官修目录,据《崇文总目》(原本卷二十三)著录,尚有《开元四库书目》十四卷,此当为国家藏书登录簿,宋初尚存。余嘉锡先生认为"欧阳修《唐书·艺文志》,当即此书",则此目实为宋代史志目录的底本。

玄宗天宝三年六月又重造《见在库书目》,也是藏书登录簿。计经库七千七百七十六卷,史库一万四千八百五十九卷,子库一万六千二百七十七卷,集库一万五千七百二十卷。共五万四千六百

---

① 《旧唐书·经籍志序》。

四十二卷。到天宝十四年又续写一万六千八百四十三卷。综计达七万一千四百八十五卷。①

此外,官修书目尚有《唐秘阁四部书目》四卷②,《贞元御府群书新录》和文宗时《四库搜访图书目》一卷等。韦述撰《集贤书目》一卷,《新唐书·艺文志》、《宋史·艺文志》目录类均著录。但不反映开元时期集贤院藏书。

(四)私家目录

唐代私家目录有吴兢《吴氏西斋书目》一卷(《新唐志》、《宋志》目录类均著录),杜信《东斋籍》二十卷、蒋彧《新集书目》一卷(《新唐志》目录类、《宋志》题为《蒋彧书目》)。

除上述各类目录外,《新唐志》、《宋志》目录类尚著录多种专题书目。史部书目有李肇《经史释题》二卷,宗谏注《十三代史目》十卷,孙玉汝《唐列圣实录目》二十五卷,《河南东斋史目》三卷。集部有常宝鼎《文选著作人名目》三卷,尹植《文枢秘要目》七卷,《唐书叙例目录》一卷等③。

四、佛道图书事业

(一)佛经的翻译

唐代的佛经翻译和整理事业达到了前所未有的发展阶段。其主要标志是玄奘法师的译经事业。

玄奘(600—664年)本姓陈,名祎,洛州缑氏(今河南偃师缑氏镇)人。十余岁出家,历游各地,寻访名师,探索佛典。当时许多重要佛典虽已译成汉文,但总的说来,传入的佛典尚不丰富,译文也多舛讹删阙。而名师们又各有师承,对于教理的阐释也诸多纷

---

① 《唐会要》卷三五。
② 《柳宗元集·陈京行状》。
③ 《宋史·艺文志·目录类》。

歧。因而玄奘"乃誓游西方,以问所惑"①,"广求异本以参验之"②。从贞观三年(629年)西行天竺(古印度别称)求法,至贞观十九年正月归抵长安,除途中往返两三年外,其余时间,在印度遍谒名师,所至访求抄写佛典。学成后又到处讲学。直至主持当时印度的最高学府——那烂陀寺的讲席,"成为印度佛学发展到最高峰的首屈一指的集大成者"③。归国时,抄得的佛经六百五十七部。归国不久即着手翻译工作。他汲取前人的经验,首先组织规模较大的译场,尽管唐太宗不信佛,但还是支持玄奘译经。从贞观十九年七月开始正式翻译。根据有关记载,可以推知玄奘译场组织、分工及程序大致如下:

(1)译主 主译人,也是译场的总负责人。

(2)证梵语 又称"证梵文"、"证梵本",职责是考察梵文有无差误。

(3)笔受 又称"录文",将译主所译梵文字义按梵文句式结构记录下来。

(4)缀文 又称"缀辑"、"证文",掌"详理文句"。即将笔受的记录加以整理,使其符合汉文文法,高宗显庆元年(656年)前,缀文还负有润色文字之责。

(5)润文 将整理好的译文加工润色,使其流畅优美,但不能失"佛意"。

(6)正字 即纠正译文中文字上的讹误,由通晓文字学者担任。

(7)证义 由"谙解大小乘经论为时辈所推者"充任,可说是译主的助手,职责是验证"已译之文所诠之义",如

① 《大慈恩寺三藏法师传》卷一。

② 《唐书·玄奘传》。

③ 赵朴初:《佛教常识答问》(中国佛教协会发行)第88页。

125

与梵本有出入，则与译主评量决定。

（8）监护大使　钦命的译场与朝廷间的联系人。在译经完成
　　　　　　　　后，由其监阅通过，太宗时房玄龄曾任此职。

（9）书手　由善书者充任。

玄奘译经极为审慎，译前及译中都必广罗各本，校勘异同，择
善而从。《法师传》卷十在述及玄奘翻译六百卷的《大般若经》时
谓："法师于西域得三本，到此翻译之日，文有疑错，即校三本以定
之。殷勤省覆，方乃著文，审慎之心，自古无比。"《异部宗轮论》译
后，玄奘有一颂文云："备详众梵本，再译《宗轮论》。"玄奘还拿梵
本与旧译汉本对勘。如发现旧本阙略过甚或译文过于舛讹，便重
译订正，使之成为善本。如《大般若经》共四处十六会，前人只重
复译出了其中的六会，至玄奘方译齐六百卷全本。又如《瑜伽师
地论》，北凉昙无谶曾译其中一小部分为《菩萨地持经》十卷，刘宋
求那跋摩曾译其中一小部分为《菩萨善戒经》十卷，梁真谛亦译其
中一小部分为《十七地论》五卷和《决定藏论》三卷，至玄奘方译足
一百卷。玄奘对于旧译讹误的指摘，多保存在《大唐西域记》中。
不过"初期中译佛经大半不是直接由梵文译过来的"，所以不应
"拿梵文作标准来衡量这里面的音译名词"①。至于后期译经则所
据原本都是梵文，经玄奘重译后，不但译文更加精确并由此而得到
了统一。可见玄奘译经的过程，实际上也是整理旧译的过程。他
不赞同鸠摩罗什的那种删繁去重、饰文害义的做法，而主张忠实地
翻译全文。中外学者曾拿玄奘译经与梵文原本对勘，发现玄奘在
翻译时，并不拘泥于直译或意译，在不损原意的前提下，他常常在
一节之后加上一个结语，使译文含有注释性的增益；有时在译文中
加上一些字，使文义更为显明晓畅；有时用另一种译名来代替某些

---

①　季羡林：《浮屠与佛》，载《中印文化关系史论文集》，三联书店 1982 年 5 月版。

126

专门术语,以便于读者理解①。正是这种既不拘一格又严谨忠实,既不失原意又文采兼备的译风,标志着玄奘译经与前此各代的翻译有着根本性的区别,而在历史上被称为"新译"。这是因为在玄奘以前,从来没有人能像玄奘那样,"究两土之音训,瞻诸学之川源"②。玄奘依靠自己过人的才力和集体的努力,坚持进行严谨的校勘和重译工作,实际上是对前代的译经做了一番大规模的整理和总结。在玄奘七十多部一千三百多卷的译籍中,重译本达一千余卷③。而据《大唐内典录》卷八《历代众经见入藏录》、唐释静泰《大唐东京大敬爱寺一切经论目序》和《开元录》卷十所载当时见存入藏的历代译经仅三千卷左右。玄奘通过重译的形式,等于对以前汉译三藏的三分之一进行了整理。这部分经过反复校勘整比和众多僧徒、儒士的润色加工,而后成为定本的译经,其质量之高,在历史上是罕有伦比的。当代学者曾以玄奘所译《瑜伽师地论》与梵文残本对勘,惊异其严,进而认为"近代的翻译少有赶得上的"④。有人赞扬"玄奘的翻译对原文忠实,读起来又不别扭,达到了登峰造极的地步"⑤;印度学者柏乐天教授在和张建木先生对勘了玄奘所译《集论》、《俱舍论》梵汉经典后,赞道:"无论从哪方面看来,玄奘也是古今中外最伟大的翻译家。"⑥

玄奘从太宗贞观十九年(645年)七月创译,至高宗麟德元年(664年)二月圆寂,十九年间,译出佛教经、律、论七十四部、一千

① 参阅柏乐天、张建木:《俱舍论识小》,载《现代佛学》一卷七期。

② 宋释赞宁:《大宋僧史略》卷上"北土僧游西域"条。

③ 见《开元释教录》卷八,参阅吕澂《新编汉译大藏经目录》,齐鲁书社1980年版。

④ 张建木:《论吸收古代的翻译经验》,载《翻译通报》二卷五期。

⑤ 《"五四"谈翻译(座谈会记录)》,季羡林发言,载《翻译通报》二卷五期。

⑥ 柏乐天:《伟大的翻译家玄奘》,载同上。并参阅柏乐天、张建木《俱舍论识小》一文,载《现代佛学》一卷七期。

三百三十五卷,合一千三百多万字,占从隋开皇元年(581年)至唐贞元五年(789年)二百零八年间总译数二千七百十三卷①的二分之一;在现存六千卷左右的汉译三藏②中,占了近四分之一。所以无论从译经的质或量来看,玄奘译经都可谓空前。

玄奘不仅比较全面系统地译传了他所信奉的大乘瑜伽宗一系的经论,也翻译了大乘空宗的经典《大般若经》和早期的小乘佛教、佛教以外其他流派的著作,以及有关思辨工具因明学等,并完整的介绍各家学说的来龙去脉。从他的译籍中可以了解到印度佛学的全貌。

玄奘以后,译场制度继续存在并有所发展。著名译家有实叉难陀(652—710年)、义净(635—713年)、菩提流志(?—727年)、不空(705—774年)等。

实叉难陀是于阗(今新疆和田一带)人,武则天时随唐朝派往于阗国访求《华严经》梵文全本的使者到洛阳,从证圣元年(695年)至圣历二年(699年)与菩提流志、义净、复礼、法藏等先后于大遍空寺、佛授记寺翻译《华严经》八十卷,成为定本。还译出《大乘入楞伽经》、《文殊师利授记经》等一十九部一百零七卷③。

菩提流志是南天竺人,武则天时来中土,先后译经五十三部一百一十一卷。神龙二年(706年)至开元二年(713年),编译玄奘所未完成的《大宝积经》一百二十卷,为功最著④。

----

① 此数为《开元录》卷七至卷九所记隋唐数与《贞元新定释教目录》著录新入数字之和。

② 此据现存诸版藏经的一般情况而言,不包括四千余卷的撰述部分。另据李富华《〈中华大藏经〉(汉文部分)年内将出版前五册》一文(载《古籍整理出版情况简报》第117期,1984年1月10日)报道,新版大藏经将收录4,100多种23,000余卷各类佛教典籍,其中半数以上为传统藏外典籍。

③ 《开元释教录》卷九。

④ 同上。《大宝积经》共四十九会一百二十卷,其中菩提流志新译二十六会三十九卷(其余为前人所译)。二十六会即当二十六部。

不空原籍北天竺(一说师子国,即今斯里兰卡),幼随叔父来华,十五岁师事密宗高僧金刚智。后于洛阳参与译场。开元二十九年(741年),奉金刚智遗命,往天竺及师子国,广求密藏及诸经论共百余部,于天宝五年(746年)返至长安译经,先后译出七十七部一百二十余卷大乘佛典①,其中主要是密部经咒。密宗于是成立。

义净俗姓张,字文明,齐州(今山东历城)人。他在钻研佛典中,感到中国所传律戒不完备,于是在高宗咸亨二年(671年),从广州走海道往印度求法。经二十五年,搜集梵本佛典约四百部。回国后,一度参加实叉难陀译场,继在东西二都(洛阳、长安)主持译事。其译场规制大,《开元释教录》卷九载景龙四年(710年)于大荐福寺译《浴像功德经》等二十部佛经时,较玄奘译场又有发展。义净共译出经律六十一部二百三十九卷,其中主要是戒律,补充了前此律藏译本之不足。他的译文忠实于梵文原本;仅诗体部分,有时有删削②。以玄奘为代表的唐代译经恪守信实的原则,不存在前代译经改易原文的弊病。通过这些译籍,能清楚地认识印度佛教的本来面目。如果从文献学的角度评价,在目前梵文原本多已散佚的情况下,唐代译本的存在,就具有更大的意义。

(二)佛经目录的编撰

《大唐内典录》 十卷,释道宣撰。道宣是唐初名僧。道宣先成《京师西明寺录》三卷,麟德元年(664年)在此基础上成《大唐内典录》。此目共收录译者二百二十人,著作二千四百八十七部,八千四百七十六卷,载东汉至唐初佛教著述及译者。是唐朝初期佛经目录的代表作。

---

① 《宋高僧传》卷一《不空传》。

② 参阅季羡林:《记根本说一切有部律梵文原本的发现》,载《印度古代语言论集》,中国社会科学出版社1982年4月版。

《开元释教录》 二十卷,释智升撰。这是著录自东汉明帝永平十年(67年)至唐开元十八年(730年)间的佛书目录。"中间传译缁素总一百七十六人,所出大小二乘三藏圣教及圣贤集传并及失译总二千二百七十八部,七千四十六卷"(本书序)。全书分总录、别录两部分。总录十卷,括聚群经;别录十卷,分其乘、藏。总录依朝代分记佛录,以译人为主,末附诸家目录。别录十卷,分为七类八卷,末二卷为入藏经录,直列经名、纸数,为开元藏经总目。此目特点是每书均有序录,纪译著年月、地方、异译诸经考证,可知每部书之源委;次载作者小传,以见其生平事迹;次又总列妄传为其所作或重出之书,俾晓然于伪误。此目在我国目录学史上有重要地位。

《开元内外经录》 十卷,毋煚编撰。毋煚在撰成《古今书录》后,又将所校释氏经律论疏和道家经戒符箓二千五百余部,九千五百余卷编为本目。

此外尚有贞观初普光寺憎玄琬所撰《众经目录》五卷;武则天时明佺等奉敕撰《大周刊定众经目录》十五卷;开元释智升撰《续大唐内典录》一卷;释靖迈撰《古今译经图记》四卷;释智升撰《续古今译经图记》一卷;释圆照撰《般若三藏续古今译经图记》二卷;释智升《开元释教录略出》四卷;释圆照撰《大唐贞元续开元释教录》三卷;又撰《贞元新定释教目录》三十卷等。

(三)道家的图书事业

唐代崇尚道家,道家的图书事业有一定的发展。据陈国符《道藏源流考》,唐代有如下一些道藏及目录:

尹文操《玉纬经目》 著录道藏七千三百卷。尹文操,太宗、高宗时人。高宗以晋王旧宅为太宗造昊天观,以尹文操为观主。

史崇玄等撰《一切道经音义》 一百一十三卷。参加编撰的有太清观主史崇玄和薛稷、卢藏用、沈佺期、徐坚、褚无量等学者及两都、绛州各观的法师、大德等二十余人。此书虽为道家音义训诂之书,然亦反映了当时道书的藏书情况。

张仙庭《三洞琼纲》 三卷。开元中,玄宗于集贤院校书同时,发使搜访道经,加以校勘,乃由张氏撰成此目,著录道书三千七百四十四卷,为道藏定型之始。

《唐太清宫道藏经目录碑》 此碑见收于《类编长安志》卷十,可借知太清宫有道藏经书,且有目录。

唐代道藏经卷的卷数,开元时《三洞琼纲》著录三千七百四十四卷,肃宗上元年中收经六千余卷,至代宗大历年间,又海内搜访,京师缮写,达七千卷,然至懿宗咸通年间又仅有五千三百卷。

五、雕板印刷术的发明

公元八到九世纪,发明和使用的雕板印刷术改变了自汉以来手写书籍的状况,加快了图书的流通和知识的普及,促进了文明的进步和文化的发展,在世界科技史上占有重要地位。

(一)雕板印刷术产生的条件

雕板印刷术又称整板印刷术,即将文字反刻在一块整的木板或其它质料的板上,再着墨印在纸上。推动这一技术问世的是石刻传拓技术和印章的使用。秦汉以来的大量文字皆为凹下的阴文。北魏太和二十二年(498 年)洛阳老君洞始平公造像石刻,采用了凸起的阳文大字,梁朝萧景(卒于 523 年)的神道石柱,是反文反刻的字。可证已使用了传拓的方法。杜甫诗"峄山之碑野火焚,枣木传刻肥失真",当是把文字刻在木板上然后传拓的复制文字的方法。秦汉以来印章上的文字,或刻或铸,均系反文。北魏时出现将朱印印在纸上,以后所刻印章多为阳文。晋代道士用枣木心刻印符,"其广四寸,其字一百二十",则是扩大了的印章。这又提供了从阳文反刻的文字取得复本的方法。这都为雕板印刷术提供了技术基础。

(二)雕板印刷术的产生

唐穆宗长庆四年（825 年），元稹为白居易诗集作序："而乐天《秦中吟》、《贺雨》、《讽谕》等篇，缮写模勒，衒卖于市井。"元稹注说："扬越间多作书模勒乐天及余杂诗，卖于市肆之中也。"①清赵翼谓："摹勒即刊刻也，则唐时已开其端欤！"王国维说："夫刻石亦可云摹勒，而作书鬻卖，自非雕板不可，则唐之中叶吾浙亦已有刊板矣。"②

唐文宗大和九年（835 年），东川节度使冯宿奏："剑南、西川及淮南道皆以板印历日鬻于市，每岁司天台未奏颁下新历，其印历已满天下，有乖敬授之道。"于是唐文宗敕令"诸道府不得私置历日板"。说明此前若干年，四川已有数量众多的印本。

唐宣宗大中元年至三年（847—849 年）纥干泉任江南西道观察史，"大延方术之士，乃作《刘宏传》，雕印数千本，以寄中朝及四海精心烧炼者。"③

唐懿宗咸通六年（865 年）日本遣唐学问僧宗叡回国时，携带的汉文书籍中有四川印子《唐韵》五卷，《玉篇》三十卷。"印子"即印本书，则当时的印本书不仅国内已非罕见，而且已输出了。

可以看出，当时的雕板印刷业不仅已经问世，而且一次印行几千册，一部印本多至三十卷，则绝非初期的萌芽状态，敦煌发现的《金刚经》是现存最早有具体雕造日期的印刷品，全书为七张纸粘连而成，长十六尺。卷首画释迦牟尼在孤独园向长老须菩提说法的故事，图画与文字皆镌刻精美，卷末镌"咸通九年四月十五日王玠为二亲敬造普施"。可知雕板印刷术大约在公元八世纪左右已

① 《元氏长庆集》卷五一。
② 王国维：《两浙古刊本考序》，见《观堂集林》卷二一。
③ 唐范摅：《云溪友议》。

经发明，经过不断地改进和提高，到公元九世纪达到了相当高的水平①。

（三）雕板印刷概况

雕板印刷术是劳动人民在长期的生产实践中创造的，因此它的服务对象首先是劳动人民，为民间日常生活的需要服务，而首先是历书。现存最古的印本历书是今藏伦敦的唐僖宗乾符四年（877 年）和中和二年（882 年）历书，后者印有"剑南西川成都府樊赏家历"，前者系残页，不知为何人所刻。除四川外，江南一带也有私印历书的。

除历书外，字书、小学及一些民间通俗读物也被刊印出来。公元九世纪的成都雕板业已渐趋发达，著名藏书家柳仲郢之子柳玭曾"阅书于京城之东南"，看到的印本书有"阴阳杂记、占梦、相宅、九宫五纬之流，又有字书、小学，率雕板印本，浸染不可尽晓"②。这说明虽然印刷质量不高，但刊刻的范围十分广泛。清朱彝尊《经义考》引《宋国志》谓："唐末，益州始有墨板，多术数、字书、小学。"佛家佛经也大量刻印。唐懿宗咸通年间，司空图在为东都敬爱寺讲律，僧惠确化募雕刻《律疏》中称："自洛城罔遇时交，乃焚印本。渐虞散失，欲更雕镂……"可见《律疏》早已有过印本。1944 年成都唐墓出土成都卞家刻印的《陀罗尼经咒》一片，首行题有"唐成都府成都县龙池坊卞家印卖咒本"。唐初成都为蜀郡，肃宗至德二年（757 年）升为成都府，此经咒当刻于 757 年之后，可见民间翻印佛经也十分普遍。实物现存四川省博物馆，是国内现存

---

① 关于雕板印刷术发明的时间问题，张秀民先生在旧作《中国印刷术的发明及其影响》中列举了古今中外学者五六十家的说法，归纳起来，可分为汉朝说、东晋说、六朝说、隋朝说、唐朝说、五代说、北宋说七种。张秀民先生在新作《中国印刷史》（上海人民出版社 1989 年 9 月版）中持"唐贞观说"，所据为明邵经邦的《弘简录》。中国历史博物馆陈列雕板印刷，亦采唐贞观说。特注供参考。

② 《柳氏家训》。

最早的印刷品。

唐代诗人白居易的诗深受群众欢迎,于是首先被"缮写模勒""衒卖于市井",随之又出现了配合诗歌创作刊刻的工具书《唐韵》《玉篇》等。这说明,雕板印刷渐次向知识分子阶层延伸。由于雕板印刷这一新生事物还未被封建统治者接受,文人也缺乏对其价值的正确认识,因此唐代官府的刻本及私人文集的刻印没有正式出现。

唐代刻书主要在四川、淮南等地,尤以四川成都地区为全国的刻书中心。根据已经发现和见于文献记载的早期雕板印本,如西川过家所雕《金刚般若波罗密经》、成都卞家刊《陀罗尼经咒》,樊赏家刻印的历书,柳批所见各色杂书以及流入日本的西川印本《唐韵》《玉篇》等推断,成都很可能是雕板印刷术的发源地。当时四川的政治社会较安定,经济发达,又有丰富的造纸资源,而成都又是四川政治经济的中心,因此成为我国刻书业的先进地区。

唐代刻本今已罕见,除1944年出土的《陀罗尼经咒》现存国内外,它如《金刚经》、乾符四年历残页、中和二年成都樊赏家历残片均已流往国外,前者藏于伦敦博物院,后两件则藏于巴黎图书馆。另外日本中村不折收藏有新疆吐鲁番出土的《妙法莲华经》,据说其中用有武则天时期所造新字,可能是武则天时代的雕印品,如果确实,则应是现存最早的印刷品。

六、中外图书的交流

唐朝是我国历史上进行对外经济文化交流的活跃时期。首都长安成为各国使节、商人、学者、僧侣聚集的国际型城市。特别是统归国子监领导的国子学、太学、四门学等中央学校,广收各国的留学生。他们带来各国的文化,带走大批汉文书籍,将灿烂的唐文化传播各地,促进了文化的发展。

(一)与日本国的图书交流

公元七至九世纪，与中国交往最频繁，对本国历史发展进程影响最大的是日本。自舒明天皇二年（630年，唐太宗贞观四年）至终唐之世，日本正式派出的遣唐使团多达十三次，每次最少亦不下百人。他们带走了大批典籍，据日本九世纪末所编的《日本国见在书目录》载，当时日本所存汉文图书多达一千九百七十九部，一万六千余卷。

科学技术著作大量介绍到日本。据《日本国见在书目录》统计，介绍到日本的科技著作约达三千卷左右。如《周髀》、《九章》等数学书，《日月食晕占》、《天官星占》等天文学书，《素问》、《难经》、《脉经》、《黄帝针经》、《神农本草》、《治痈疽方》、《诸病源候论》、《古今录验方》、《千金方》等医书。完成于唐高宗显庆四年（659年）的当时新版药典、唐苏敬等奉敕修撰的《唐新修本草》也被学问僧带回日本。此书于公元十一世纪左右国内已失传。1889年清傅云龙在日本东京发现摹于日本天平三年（731年，唐玄宗开元十九年）抄本十卷，傅遂将其收入《籑喜庐丛书》刊印行世。大量诗歌也传入日本，见于《日本国见在书目录》的有《白氏文集》七十卷、《白氏长庆集》二十九卷。平安时代所编《和汉朝咏集》收录诗歌达五百八十九首，其中白诗达一百三十七首。远在南北朝时，中国的乐书就开始东传。有《古今乐录》、《琴操》、《琵琶谱》、《横笛》等，吉备真备回国时曾携有《乐书要录》十卷，相传为武则天所撰，我国宋时已失传。传入日本的各种礼仪、书仪（即写信的程式和范本）也不少。据《日本国见在书目录》著录有《大唐书仪》十卷、《宋仪注》十卷、《文仪注》十卷、《新仪》三十卷、《月仪》四卷等，总数达一百五十卷。另外，大部头的类书也传入日本，如《类苑》、《华林遍略》、《修文御览》、《艺文类聚》、《翰苑》等。其中张楚金纂《翰苑》三十卷，南宋时我国已失传，1917年日本九州岛发现该书最后一卷，近年日本将其复制本送赠我国。日本遣唐的学问僧，在学佛的同时也向中国释僧学习梵字。如空海曾住长安青龙寺学习梵文,后撰写了《梵字悉昙字并释文》,并将梵文传入日本。《日本国见在书目录》中著录《婆罗门阴阳算历》一卷,《隋书·经籍志》著录,是印度历书的中印本,也在隋唐间传入日本。

终唐一代,在中日图书文化交流中起重要作用的是两国的僧人和遣唐留学生,如鉴真、阿倍仲麻吕、吉备真备、空海、桔逸势等。

(二)与朝鲜、印度等国的图书交流

《旧唐书》曾载唐人张鷟"下笔神速,著述尤多,……新罗、日本东夷诸蕃,尤重其文,每遣使入朝,必重书金以购其文"。白居易的诗传入新罗,也受到欢迎。

在中印文化交流史上,玄奘和义净贡献尤多。玄奘于贞观初年赴印度从高僧求学,贞观十九年(645年)回国,带回数量众多的佛教经典,进行翻译,《大唐西域记》记录中亚、阿富汗、印度、巴基斯坦等一百多个国家的历史、地理、风土人情等,是一部宝贵的文献资料。义净于唐高宗咸亨二年(671年)由广州走海路赴印度,先后游历三十余国,逾二十五年,于武后年间回到洛阳。他除带回佛经四百部外,还撰有《南海寄归内法传》和《大唐西域求法高僧传》,介绍了印度和南洋一带国家的宗教文化以及中国入印僧人的事迹。

此外,唐朝各个时期与尼泊尔、斯里兰卡、东罗马、阿拉伯等国都进行了不同程度的图书文化交流。

七、类书编纂的勃兴

唐代在大规模地整理旧籍的同时,类书的编纂也蓬勃兴起。几乎累朝都以国家的力量,集大批学者,编纂卷帙浩繁的类书。不少文人学士也竞相自撰类书。见于唐宋公私书目著录的达五十多种。在敦煌石室中,还发现有唐李若立撰《略出籑金》残本二卷、唐写本古类书三种残卷等①。唐代类书的繁盛,不仅在数量上约为以前各代类书总和的一倍左右,且质量方面也超迈前人,因而类书在目录学史上首次获立专类。

高祖武德五年(622年)命欧阳询、令狐德棻、裴矩、陈叔达、赵弘智、袁朗等十数人编纂《艺文类聚》。由于其中不少人兼任修史工作,故至武德七年九月才修成。全书四十六部,七百二十七个子目。在编排方式上的重要特点是开创了"事"与"文"合编共类的体制。在此以前,"文"与"事"是分开的。"文"自为总集,"事"自为类书,因而"文义既殊,寻检难一"②,而《艺文类聚》则兼汇事文,"事居其前,文列于后","俾夫览者易为功,作者资其用"。这一体制的意义在于能完整地保存前代大量的词章名篇。宋陈振孙《直斋书录解题》指出:《类聚》"所载诗文赋颂之属,多今世所无之文集。"因而明清学者都曾广泛地加以利用。它对后世的类书编纂的影响也很大。宋代的《事文类聚》、明代的《永乐大典》、清代的《渊鉴类函》、《古今图书集成》等,都曾有所取法。

太宗即位不久,命魏征、虞世南、褚亮及萧德言等"哀次经史百氏帝王所以兴衰者上之"③。并先成《群书治要》的编纂。太宗不仅奖励了编纂者,还将此书赐诸王各一本。但实际上,太宗并非真正满意此书,只是由于当时学者多在修史,难以组织足够的力量进行更大范围的纂述活动。因此,在贞观十年(636年)诸代史修竣之后,即命高士廉、魏征、房玄龄、杨师道、岑文本、颜相时、朱子奢、刘伯庄、马嘉运、许敬宗、崔行功、吕才、李淳风、褚遂良、姚思廉、司马宅相、宗正人等又编纂《文思博要》,于贞观十五年撰成一

① 王重民:《敦煌古籍叙录》卷三。

② 欧阳询:《艺文类聚序》

③ 《新唐书·萧德言传》。

千二百卷并目录十二卷，卷帙空前浩大。高士廉在《文思博要序》①中说："笼缃素则一字必包，举残缺则片言靡弃……义出六经，事兼百事……斯固坟素之苑囿，文章之汇海也。"可见其书包举之广、收罗之细。它曾为北宋初年官修《太平御览》所取资，可惜宋南渡后失传。

武后圣历年间（698—700 年）曾命张昌宗引文词之士修订扩编《文思博要》，至大足元年（701 年）十一月成《三教珠英》一千三百卷并目录十三卷。参与其事的有李峤、员半千、沈佺期、徐坚、张说、刘知几、宋之问、崔湜等二十余人。一时秀彦，几皆预选。张昌宗、李峤为修书使，总领其事。此书的编纂距《文思博要》之成仅六十年，因补充了佛道二教，故名《三教珠英》。玄宗开元初即已有缺落，曾依旧目修补。至南宋时，据晁公武《郡斋读书志》著录，则仅存三卷了。

玄宗为供皇子们学习，曾命徐坚撰《初学记》。唐刘肃在《大唐新语》中曾记此书撰集缘起。此书以知识为重点，兼顾词藻典故和文章名篇。每一类目下均分"叙事"、"事对"和"诗文"三部分。特别是"叙事"部分是经过精心编撰的，与其他类书的"类事"不同。其他类书只是把征集的类事逐条抄上，条与条之间几乎没有联系，仅是汇辑资料，而《初学记》则经过组织，把类事连贯起来成为一篇文章。对子目标题来说，等于是作了一番原原本本的说明，近似现代百科全书的作法。②《四库全书总目》称它，"叙事虽杂取群书，而次第若相连属，与其他类书独殊……其所采摭皆隋以前古书，而去取谨严，多可应用。在唐人类书中，博不及《艺文类聚》而精则胜之。"因而其书能为历代学人所宝爱，虽经千年仍流传不绝。

---

① 《文苑英华》卷六九九。
② 参阅胡道静：《中国古代的类书》第 96 页，中华书局 1982 年版。

安史乱后，官修类书衰微，但唐代后期，文人学者自撰类书却超过了前期。其中以白居易的《白氏六帖》为最著。此书三十卷，是白居易为储备撰文作诗资料而编的，本名《白氏经史事类》，但后来却通行《白氏六帖》的名称。"六帖"的得名，何所取义，已不可知。其书分门辑录唐以前经传百家书中的典故、词藻和诗文中的佳句，共一千余门，内容零散，排列也无次第。北宋晁仲衍不仅给《六帖》详细地添注了出处，还据白氏旧目，补考搊新，别作《事类后集》三十卷。陈绍又撰《重广六帖新书》三十卷。南宋末，杨伯嵒撰《六帖补》二十卷，均有传本。宋孔传有《续六帖》三十卷，后人名《孔氏六帖》。南宋末，合刻为《白孔六帖》六十卷，今有传本。

第三节 五代十国的图书事业

一、官府藏书

（一）主管图书事业的机构

1. 三馆

即集贤院、弘文馆和史馆。唐代三馆各自独立，互不关联。后梁贞明（915—921年）年间，始合三馆于一处，创"小屋数十间为三馆……湫隘卑痹，仅庇风雨"①。五代及南唐均立三馆，其职官有学士、直学士、侍讲学士、修撰、校理、校书郎、正字等。南唐集贤院尚设有"直院"，以朝士任之。其职官制度虽沿唐制，但其机构职能已与唐时三馆不可同日而语了。

---

① 《宋会要辑稿·职官十八》"崇文院"条，又见宋吴处厚《青箱杂说》卷三、《续资治通鉴长编》卷一九。

2.秘书省(监)

五代及吴、南唐、吴越、闽、前蜀、后蜀等国均设有秘书省或秘书监。但后唐长兴元年(930年),著作郎李超在奏文中曾说:"秘书监空有省名而无廨署;藏书之府,无屋一间,无书一卷。"①宋初孙逢吉于《职官分纪》中亦称:"唐季乱离,中原多故,百王之书荡尽,兰台廷阁空存名号。"在战乱年代,作为国家藏书的中央管理机构秘书省是难以发挥其效能的。

(二)图书的聚藏及散毁

1.后梁

唐昭宗时,秘书省藏书仅一万八千卷,及昭宗徙洛,又丧其半,则后梁官藏得于唐所遗者,当不足万卷。开平元年(907年),山南东道节度使杨师厚在打败赵匡凝后,将所获图书数千卷进上。唐末王师范好学,聚书万卷,后降梁不久即被杀,其书当亦没入官省②。

2.后唐

后唐立国虽仅十余年,但搜访图书却最为努力。天祐十九年(922年),李存审攻占镇州(今河北正定一带),派郭崇韬接收府库,郭不受赂遗,但收购书籍③。这可能是后唐得于后梁的最早的一部分图书。后唐大将王都"好聚图书,自常山始破,梁国初平,令人广将金帛收市,以得为务,不责贵贱,书至三万卷"④。同光二年(924年)二月,庄宗定都洛阳尚不足两个月,即下令搜访遗书,并命所司立等第酬奖献书者。过了两个月,庄宗根据枢密使郭崇韬建议,再次下诏,凡"进纳四百卷已下,三百卷已上,皆成部帙,

---

① 《册府元龟》卷六〇四《学校部·奏议三》。
② 新、旧《五代史·杨彦询传》。
③ 《旧五代史·郭崇韬传》。
④ 《旧五代史·王都传》。

不至重叠,及纸墨书写精细,已在选门未合格人,一百卷与减一选;无选减数者,注官日优与处分。无官者纳书及三百卷,特授试官"①。明宗天成元年(926年),以尚书都官郎中庾传美为三川搜访图籍使,前往平定不久的成都访书。次年,得《九朝实录》及杂书传千余卷,并付史馆。次年七月刑部郎中王权又"奏请采访图籍"②。长兴二年(931年),都官郎中知制诰崔棁奏请购募民间野史,以备编修史书,同年十一月,史馆为纂修唐宣、懿、僖、昭宗四朝实录,奏请于两浙、福建、湖广采访以上四朝野史及逐朝日历、银台事宜、内外制词、百司沿革簿籍,"不限卷数,据有者抄录进上,若民间收得,或隐士撰成,即令各列姓名,请议爵赏"③。鉴于战乱中各地郡邑的变化,明宗还于长兴三年五月,令诸道州府据所管州县,各进图经一本,"其间或有古今事迹,地理山川、土地所宜、风俗所尚,皆须备载,不得漏略"④。闵帝应顺元年(934年),诏进书官刘常为郑州荥阳令,单骧为唐州司法参军。"今后三馆所阙书,并访本添写。其进书官权停"⑤。可知后唐还立有专职的进书官,也见后唐对图籍搜求工作的重视。后唐还十分注重对图书的整理,《册府元龟·学校部·刊校》载有明宗天成初杨凝式"精选通儒校定三馆图书"的故事。末帝清泰二年(935年)后唐政权已濒危殆,仍命张昭"加判史馆兼点阅三馆书籍,校正添补"⑥。后唐朝廷的重视,给图书事业的发展提供了条件,刻印监本《九经》之创始于此时,绝非偶然。

　　3.后晋

---

① 《册府元龟》卷五〇《帝王部·崇儒术二》。

② 《册府元龟》卷六〇四《学校部·奏议三》。

③ 《五代会要》卷一八《史馆杂录》。

④ 《五代会要》卷一五《职方》。

⑤ 《册府元龟》卷五〇《帝王部·崇儒术二》。

⑥ 《宋史·张昭传》。

后晋天福六年(941年),宰臣监修国史赵莹奏请购求唐朝实录、传记日历、制敕册书等,凡有诣阙进纳者,量其文武才能,特行简拔,不限资序。后在与契丹争战中,被契丹"自中原辇载宝货图书而北"[1],藏书全部损失。

4.后汉

隐帝乾祐三年(950年),礼部侍郎司徒诩曾奏"请国家开献书之路,凡天下文儒,衣冠旧族,有收得三馆亡书,许报馆进纳,据卷帙多少,少则酬之以缯帛,多则酬之以官资"[2]。但未能获得实际效果。

5.后周

显德二年(955年)诏求史馆阙书:"其进书人,据部帙多少等第,各与恩泽。"同时还因民间传写之书多有舛误,"仍委中书门下,于朝官中选差三十人,据见在书各求真本校勘,刊正舛误,仍于逐卷后署校勘官姓名,宜令馆司逐月具功课申中书门下"[3]。四年正月,兵部尚书张昭奉敕编修《太祖实录》,因"请于诸道搜索图记"[4]。

6.前蜀

永平元年(911年),王建造新宫,集四部书于其中,选名儒专掌其事。通正元年(916年)又建文思殿,命清资五品正员官购群书实之。

7.后蜀

宋乾德三年(965年)平后蜀,"命右拾遗孙逢吉往西川取伪蜀

---

① 宋何薳《春渚纪闻》卷五。

② 《册府元龟》卷六〇四《学校部·奏议三》。

③ 《五代会要》卷一八《史馆杂录》。

④ 《册府元龟》卷五五七《国史部·采撰三》。

法物、图书经籍、印篆赴阙。得蜀书一万三千卷"①。

8.荆南(南平)

宋太祖乾德元年(963年)平荆南,命有司尽收高氏图书,虽未明言卷数多少,但荆南国小人少,估计藏书数当不会很多。

9.闽

王审知原为唐威武军节度使时,即曾于唐天祐元年(904年)命管内军州搜遗书缮写送上②。他又笃信佛教,天祐二年四月,曾将五百四十一函、五千四十八卷佛经藏于寿山。后唐同光元年(923年),王审知在铸释迦、弥勒佛像的同时,又泥金银万余两,作金银字四藏经各五千四十八卷,"旃檀为轴,玉饰诸末,宝縣朱架,纳龙脑其中以灭蠹蟫"③。

10.南唐

公元937年,李昇代吴称帝,国号唐,史称南唐。李昇以东海王辅吴时,曾作礼贤院,聚图书万卷,并在统治范围内广泛求书。李昇之后,元宗及后主也"好儒",宫中图籍万卷,后主李煜曾一次赐张洎图书万余卷④。宋学者宋祁校《汉书》时,即曾用江南本参校,可见藏书之富。但中经周、宋的争战,图书丧失甚多。宋灭南唐时,仅得图书二万余卷。

11.吴越

后梁开平元年(907年),钱镠被封为吴越王。数十年间,兴修水利,劝课农桑,两浙安定繁荣,为文化事业的发展奠定了基础。除印刷业昌盛外,图书的聚藏也多。吴越王子多喜聚书,有的上万卷,则官藏必有可观。

---

① 据《职官分纪》卷一五"集贤院"条,《麟台故事》、《续资治通鉴长编》、《玉海》卷四十三"乾德求书"条。

② 《十国春秋》卷九〇《闽·太祖世家》。

③ 《十国春秋》卷九〇《闽·太祖世家》。

④ 《宋史·张洎传》。

其它北汉、南汉和楚等国,由于文献记载不足,难以考知具体情况。

二、书目的编制与私家藏书

(一)《旧唐书·经籍志》的编纂

五代十国时期,虽多次下诏求书,但"敕命虽颁于数月,图书未贡于一编"①。在这种情况下,当然谈不上编制目录。五、六十年间,仅有《蜀王建书目》一卷(已佚)和《旧唐书·经籍志》二卷。

《旧唐书·经籍志》(以下简称《旧唐志》)为后晋所撰《旧唐书》里的一部分。《旧唐书》的撰作,历时仅四年,所记多不完备。《经籍志》基本上照录唐毋煚的《古今书录》,故只到开元。其后二百年间的著述,都没有著录。史臣的解释是:"其诸公文集,亦见本传,此并不录。"这种做法,与记一代艺文的史志目录的要求是不合的。《旧唐志》又删去了《古今书录》各部类下的小序。编修者称:"煚等撰集,依班固《艺文志》体例,诸书随部皆有小序,发明其指。近史官撰《隋书经籍志》,其例亦然。窃以纪录简编异题,卷部相沿,序述无出前修。今之杀青,亦所不取,但纪部帙而已。"小序的作用在于揭示学术发展的源流,史志目录对此责无旁贷,毋煚《古今书录》的小序系弥补《群书四录》这方面缺陷,所作具有一定水平。但《旧唐志》一概删除,使学术文化发展的线索出现了"断层",这不能不说是缺憾。但《旧唐志》前有总序,后有后序,简要叙述先秦至唐末图书事业的发展源委,虽间有误处,但至少勾画了轮廓,较有价值。由于《古今书录》已佚,其所著录的部卷数及序,唯赖《旧唐志》之基本照录而得保存,这应是《旧唐志》的价值所在。

(二)私家藏书

---

① 《五代会要·史馆杂录》。

五代十国,官府藏书难与前代相比,但私家藏书由于雕板印刷事业的兴起,聚集图书比唐以前容易,因而出现了为数不少藏书家。略见下表:

朝代	藏书家	藏书情形
后梁	孙隲	数千卷
后唐	王　都	书至三万卷
	杨守业	喜聚书
	张　宪	家书五千卷
	乐纵之	有书数千卷
	贾　馥	家聚书三千卷
	李　溪	家有奇书,时号"李书楼"
后晋	石　昂	家有书数千卷
	梁文矩	聚道书数千卷
	韩　恽	聚书数千卷
后汉	翟光邺	日与宾客饮酒聚书为乐
后周	刘　皞	好聚书
	张　昭	积书数万卷,建书楼
	丁　颢	聚书至八千卷,为大室贮之
	赵匡胤	有书数千卷
前蜀	王　锴	藏书数千卷
后蜀	毋昭裔	性好藏书
	句中正	喜藏书
	孙长孺	喜藏书,有书楼
荆南	孙光宪	聚书数千卷
吴	吴文正	多自缮写书籍
南唐	鲁崇范	九经子史,世藏于家
	郑元素	集古书至千余卷
	张　泊	得后主赐书万余卷
	邵　拙	手书史传文集三百卷
楚	朱遵度	家多藏书

（续表）

朝代	藏书家	藏书情形
吴越	钱傅瑛	聚书数千卷
	钱昭序	喜聚书，书多亲写
	钱 昱	多聚书
	钱惟治	家聚法帖图书万余卷
	钱惟演	家储文籍 秘府
	钱 易	喜观佛书，检道藏
	高 澧	有书楼
	暨齐物	构楼贮道书几千卷
	林 鼎	所聚图籍悉手抄数过
北汉	王景绝	数千卷

这些藏书家的聚书方式：一是王室的赏赐，如张洎为南唐后主宠臣，曾得书万余卷。二是家传，如朱遵度"家多藏书，周览略遍，当时推为博学，称曰朱万卷"①。因系家传，故多有好本。三是以家财购买，如后唐王都于后梁初亡时，令人广将金帛收市图书，"以得为务，不责贵贱，书至三万卷"②。丁凯"尽其家资聚书至八千卷，为大室以贮之"③。四是手抄，如吴文正"好学，多自缮写书籍"④。王景绝"时时购四方书钞之，晚年集书数千卷"⑤。邵拙卒后，"得拙手书史传文集三百卷，藏于官府"⑥。藏书家多为饱学之士，因而十分注重藏书质量，如后梁孙隙"雅好聚书，有《六经》、《汉》、《史》洎百家之言，凡数千卷，皆简翰精至，披勘详定"⑦。后

---

① 《十国春秋·朱遵度传》。

② 《旧五代史·王都传》。

③ 宋司马光：《涑水纪闻》。

④ 《十国春秋·吴淑传》。

⑤ 《十国春秋·王景绝传》。

⑥ 《南唐书·邵拙传》。

⑦ 《旧五代史·孙隙传》。

146

唐张宪"沈静寡欲,喜聚图书,家书五千卷,视事之余,手自刊校"①。贾馥"家聚书三千卷,手自刊校"②。王锴"家藏异书数千本,多手自丹黄",并写《兴用教奏》概要地叙述了历代图书事业③。林鼎"所聚图籍悉手钞数过,即残编断简,亦校雠补缀,无所厌倦"④。

三、官私刻书的出现与印施佛经

（一）五代刻书事业

1. 监本"九经"的刊刻

监本"九经"的刊刻,始于后唐明宗长兴三年（932 年）,中经后晋、后汉,至后周太祖广顺三年（953 年）完成。

后唐明宗长兴三年二月,宰相冯道、李愚"请依石经文字,刻'九经'印板,从之"⑤。同年四月,明宗再次下令选派马缟、田敏等详勘经文,并命书手、刻工认真写刻⑥,据文献记载可知:（1）这次刊刻是由宰相冯道等人奏请,由国子监负责组织执行的,故后世称为"监本"。（2）依据的底本是唐开成石经本,这是当时最好的官方范本。（3）唐石经本有经无注,监本则兼有经注,（4）进行的方法及程序是:用唐石经之文,取六朝以来通行的经注本之注,合为一编,每经经过五、六个以上专家学者精勘细读,列出考订证据,联为篇卷,经审核无误后,交付专门的书写人"谨楷"誊录,然后再交给雕刻匠人雕刻。（5）后唐明宗甚为重视这次刻经创举,除选派多名专门学者从事外,还从政治、物质方面给予种种优待。

---

① 《旧五代史·张宪传》。
② 《旧五代史·贾馥传》。
③ 《十国春秋·吴越·王锴传》。
④ 《十国春秋·吴越·林鼎传》。
⑤ 《旧五代史·唐书·明宗纪九》。
⑥ 《册府元龟》卷六〇八《学校部·刊校》。

后唐亡后，后晋天福八年（943年），《易》、《书》、《诗》、《礼记》、《春秋左传》等经刻成。"国子祭酒兼户部侍郎田敏以印本'五经'书上进，赐帛五十段"①。这是第一批完工的经典。

后晋出帝开运三年（946年），又完成了《九经字样》等书的刻印。后晋旋亡，后汉立。乾祐元年（948年），国子监奏："见在雕印版'九经'，内有《周礼》、《仪礼》、《公羊》、《谷梁》四经未有印本，今欲集学官校勘四经文字镂板。"得到隐帝批准②。又经五年，至后周广顺三年（953年），"尚书左丞兼判国子监事田敏进印板《九经》、《五经文字》、《九经字样》各二部，共一百三十册"③历经四朝二十一年的雕刻儒家经典的工作终告完成。

宋人关于五代开雕监本儒经的记载甚多，对刊刻经数说法不一，除多称"九经"外，尚有"五经"、"六经"、"十一经"之称。王国维认为："实则《易》、《书》、《诗》、《三礼》、《春秋三传》外，尚有《孝经》、《论语》、《尔雅》附以《五经文字》、《九经字样》，与唐石经种数正同。"④即五代监本，共刻了十四种。据宋佚名的《爱日斋丛钞》载："田敏为汉使楚，假道荆南，以印本《五经》遗高从海。"其中包括《孝经》。可见《五经》是一种泛称，并非仅限于五种。高从海卒于后汉乾祐元年（948年），则《孝经》必刻成于该年之前。又《孝经》、《论语》、《尔雅》与《五经》并为李鹗所书，则其刻成年代应与《五经》相近。《九经字样》据宋陈振孙《直斋书录解题》卷三称该书为五代开运三年（946年）所刻。《玉海》卷四十三载："大历十年（775年），司业张参纂成《五经文字》，以类相从。开成中（836—840年），翰林待诏唐玄度加《九经字样》，补所不载。晋开

---

① 《旧五代史》卷八一《晋书·少帝纪一》。

② 《五代会要》卷八《经籍》，《旧五代史》卷一〇一《汉书·隐帝纪上》。

③ 《五代会要》卷八《经籍》。

④ 王国维：《五代监本考》，载《国学季刊》一卷一期。

运末(即开运三年),祭酒田敏合二者为一编,以考正俗体讹谬。"可见《五经文字》与《九经字样》同时刻成。

后唐明宗长兴三年四月下令:"宜委国子监于诸色选人中,召能书人,谨楷写出,旋付匠人镂刻,每五百纸与减一选。"这是将书写和雕板人员分开的最早记载。这种分工,无疑会提高印本的质量。监本书写者前后有二人:四门博士李鹗写《五经》及《论语》、《孝经》、《尔雅》;前乡贡三礼郭嵎写《公羊》、《周礼》、《仪礼》、《谷梁》①。

监本刻成后,在当时及宋代即毁誉不一。后周国子司业樊伦在书成后即"掇拾舛误,讼于执政";又攻击主持刻书工作的田敏擅用卖书钱千万,入人以罪,虽未能得逞,但对书的是非仍议论不休。当然,校刻工作确有一些缺点,如田敏治学好为穿凿,所校《九经》,颇以独见自任,或改《尚书·盘庚》"若网在纲"为"若纲在纲",重言"纲"字。又《尔雅》"椴,木槿。"注曰:"日及",改为"白及"。如此之类甚众,遭人非议。但该书的主要方面还应充分肯定。如《册府元龟·学校部·刊校》称:"时宰相冯道以诸经舛谬,与同列李愚委学官等,取西京郑覃所刊石经,雕为印板,流布天下,后进赖之。"《资治通鉴·后周广顺三年六月》条:"初,唐明宗之世,宰相冯道、李愚请令判国子监田敏校正《九经》,刻板印卖,朝廷从之。……是虽乱世,《九经》流布甚广。"

监本《九经》的刊刻,首先是为了统一经注文字,刊正谬误,确立国家标准本。欲达到这一目的,在监本之前,唯一的方式是刻石经。但刻石耗时费工,又传播不广。并且也无力根除传本的谬误。作为"标准本",其影响是有限的。冯道等人本亦想效法汉唐,于国子监镌立石经,只是由于"朝廷日不暇给",才转而采取雕板印刷的方式。这使以后历代的封建政府,都把确立国家标准本的任

---

① 王国维:《五代监本考》,载《国学季刊》一卷一期。

务,由过去的石经转而赋予国家出版的"监本"或"殿本"去完成。在划一文字,推广国家定本方面,这种刻板印行的方式,比刊立石经显然有效得多。后唐明宗还曾明令"如诸色人要写经书,并须依所印敕本,不得更使杂本交错"。宋朱翌《猗觉寮杂记》卷下引《两朝国史》说:"后唐方镂《九经》,悉收人间所收经史,以镂板为正。"这就更加巩固了监本《九经》的标准本地位。

清朱彝尊《经义考》卷二百九十三《镂板》引吴澂的话说:"镂板肇于五季,笔工简省而又免于字画之讹,不谓之有功于书者乎?"由手抄传写到刻板印行,由各行其是到整齐划一,这是历史的一大进步。虽然写本和印本各有优劣,但刻本歧误毕竟少得多。王国维在《五代监本考》中说:"自开成石经出,而经文始有定本;自五代监本出,而注文始有定本,虽文字不无差讹,然比之民间俗本,固有优无绌。田敏等校订之勤,与整齐划一之功,究未可尽非。"后世著述和学者的评论,都给予了应有的肯定。

2. 其它雕板事迹

五代时,其它雕板事迹,据史料所载,尚有如下几则:

(1)后周除校勘了《周易》、《古文尚书》、《周礼》、《仪礼》四经释文和《礼记》、《三传》、《毛诗》音义外,并于显德六年由田敏等校勘、郭忠恕覆定古文并书写、雕刻了《古文尚书音义》的书板[①]。

(2)后晋天福五年(940 年),石敬瑭因好《道德经》,令道士张荐明"雕上印板",命学士和凝"别撰新序,冠于卷首,俾颁行天下"[②]。

(3)宋黄伯思《跋何水曹集后》称此书为"晋天福本,但有诗两卷"[③]。

---

① 《宋会要辑稿·崇儒四》、《玉海》卷四三。
② 《旧五代史》卷七九《晋书·高祖纪五》。
③ 《东观全论》卷下。

（4）五代词人和凝好做艳词，为文章以多为富，尤好声誉，有文集百余卷，曾自刻数百帙分惠于人，这是自刻己著之始。

（5）宋本《颜氏家训》沈揆跋中称有"五代官傅和凝本"，似和凝尚刻有《颜氏家训》。

（6）后周太祖广顺三年（953年），曾敕禁习天文图纬诸书，内中言"其年历日，须候本司算造奏定，方得雕印"，可知民间有雕印年历日者①。

（7）五代中后期创造"硏光版画"。宋陶毂《清异录》卷四"硏光小本"条二"姚颙子侄善造五色笺，光紧精华。硏纸板乃沉香，刻山水林木、折枝花果、狮凤虫鱼、寿星八仙、钟鼎文，幅幅不同，文缕奇细，号硏光小本。余尝询其诀，颙侄云：'妙处与作墨同，用胶有工拙耳。'""硏光"版画技法，后世俗称"腊光"。

（二）前后蜀的印书及蜀石经

前蜀

前蜀立国不到二十年，所印书之见于记载者有：

（1）武成二年（909年），内枢密使检校太保任知玄，月抽职俸，雇良工雕印道士杜光庭的《道德经广圣义》三十卷，至永平三年（913年）二月方完工。雕板四百六十余块。

（2）乾德五年（923年），昙城和尚雕印其师贯休和尚诗稿一千首，题曰《禅月集》。这是刻印文集之始。

（3）咸康元年（925年）六月，"诏增闰十二月，历纸印造施行。初，颁历无闰月，及是见唐历置闰，遂续补焉"②。

后蜀

（1）蜀石经的镌刻。蜀石经，又称"广政石经"、"孟蜀石经"、"成都石经"、"益都石经"、"石室十三经"。蜀石经始刻于后蜀广

---

① 《册府元龟》卷六一三《刑法部·定律令五》。

② 《十国春秋》卷三七《前蜀·后主本纪》。

政元年（938 年），由蜀相毋昭裔据唐开成石经原本镌刻，但于经文外，又刻注文，其门人孙逢吉、句中正等负责书写校定。刻石立于成都学宫，费用由毋昭裔捐奉。至广政二十八年（965 年），共刻《孝经》、《论语》、《尔雅》、《易》、《毛诗》、《书》、《三礼》及《春秋左传》十七卷以前。但工作并未全部完成，宋代又续刻，直至宣和间（1119—1125 年）始将十三经全部刻成，历时近二百年。全石约亡于宋元之际，现仅有数块残石及残拓传世。

蜀石经的特点是：一、经注完备。清全祖望说："宋人每引广政本而不及开成本者，盖以唐经无注。又南渡后，陕本不至江左，故当时学宫颁行之本，皆蜀经也。"① 二、蜀石经用蜀中常见之黄石，两面刻文，碑石上千。三、蜀石经施工时间长，从广政元年至十三经刻成，前后经历了两个朝代，历时近二百年。四、竣工后，仅一个世纪左右便突然亡失。王国维认为毁于蒙古进兵四川，所以元明时罕见有关于此石经的记载。周萼生根据清乾隆间修成都城，于土壤中得数十片蜀石经残石的传说，和抗战期间拆除成都老南门，而发现十片蜀石经残石的事实，"推想蜀石经的亡佚，或与修城工事有关"②。

（2）毋昭裔印书。孟知祥镇西川时，曾任毋昭裔掌书记，及即位，擢为御史中丞。后主孟昶继位后的第二年（935 年），拜为中书侍郎、同平章事，旋改为门下侍郎。广政中（938—965 年），以太子太师致仕。毋昭裔倡刻《九经》，当在其任相期间。《资治通鉴》卷二九一后周广顺三年五月条载："自唐末以来，所在学校废绝，蜀毋昭裔出私财百万营学馆，且请刻板印《九经》，蜀主从之。由是蜀中文学复盛。"后周广顺三年（953 年）为后蜀广政十六年，正是监本《九经》刻成之年。但《通鉴》载蜀刻《九经》事仅此一条，究

---

① 吴承仕：《蜀石经考异叙录》中引，载《国学论衡》五卷上。
② 周萼生：《近代出土的蜀石经残石》，载《文物》1963 年 7 期。

竟该年为发起之年抑或是刻成之年,并不清楚,因而产生蜀刻《九经》与监本《九经》孰先孰后的问题。按监刻《九经》应在蜀刻之前,理由是:一、后唐宰相冯道、李愚在倡刻《九经》的建议中说:"尝见吴、蜀之人鬻印板文字,色类绝多,终不及经典。"可见此时尚未见有蜀刻《九经》。二、明焦竑在《焦氏笔乘续集》卷四"雕板印书"条引宋孙逢吉的话说,毋昭裔雕印《九经》在其刻印《文选》后。而其刻印《文选》则在毋任相以后。则毋昭裔雕印《九经》自在监刻《九经》之后。三、宋晁公武说蜀石经《尚书》"若网在纲"并作"纲"字,与田敏本合。据洪迈《容斋续笔》卷十四"周蜀九经"条载,蜀石经《尚书》为校书郎周德政书,刊于广政十四年(951年),即在监本《尚书》刻成八年之后。王国维曾据此推论说:"蜀石本之刻在木本之先,已同监本,木本刊于监本成后,当仿监本制作无疑。"[1]

蜀刻《九经》后称"孟蜀大字《九经》"。镌刻石经和刻印《九经》,虽然都由政府出面,但在作用上还是不同的。清朱彝尊《经义考》卷二九三《镂板》引明杨慎的话说:"孟蜀后主崇尚《六经》,恐石经本传流不广,乃易为木板。"雕镌石经主要是为确立标准本,而刻印《九经》则是为推行标准本;雕镌石经主要是为传之久远,而刻印《九经》则是为传播迅速和广泛。

毋昭裔还曾自行雕印《文选》、《初学记》、《白氏六帖》等书。[2]其中《文选》为总集,《初学记》、《白氏六帖》为类书,连同《九经》,都是大部头的书,说明蜀地的雕印手工业甚为发达,其刻印的技术水平也已达到很高的程度。在毋昭裔等人的倡导下,后蜀文风蔚兴,印刷技术应用得更为普遍,从而为宋代享有盛誉的"蜀本"打下技术基础。

---

① 王国维:《五代监本考》,载《国学季刊》一卷一期。

② 《宋史》卷四七九《毋守素传》。

(三)南唐印书

南唐的印刷技术没有留下多少记载。目前仅知有如下二事:

(1)刻印过唐刘知几的《史通》和南朝陈徐陵的《玉台新咏》,上有李后主"建业文房之印",为南唐初刻本。

(2)中主李璟佞佛,喜《楞严经》,曾命释应之书写镂板。

(四)吴越大量印施佛教经咒图像

吴越钱氏诸王都崇佛,尤其是最后一个国王钱弘俶(后避宋宣祖讳,去弘字)在位时(947—978年),曾大量印施佛经佛像。

1917年夏,在原湖州天宁寺石幢象鼻中,发现一卷《一切如来心秘密全身舍利宝箧印陀罗尼经》。卷首扉画前有"天下都元帅吴越国王钱弘俶印《宝箧印经》八万四千卷,在宝塔内供养。显德三年丙辰岁(956年)记"题记。扉画作人礼塔状。经高约八厘米,版心高约六厘米,经文共三百三十八行,每行八、九字。经文后空一行,题"宝箧印陀罗尼经"。1971年1月,在安徽无为县的一座宋塔下,又发现同样的一卷。钱俶造塔印经,以八万四千为率,来源于古印度阿育王的故事①。但此处的"八万四千",可能只是表示数多而已,不一定是实数。

1924年9月25日,杭州西湖雷峰塔倒塌,于砖孔中发现千卷左右的《宝箧印经》。卷首扉画前有三行题记:"天下兵马大元帅吴越国王钱俶造此经八万四千卷,舍入西关砖塔,永充供养。乙亥八月日记。"乙亥为宋太祖开宝八年(975年),即钱俶降宋的前三年。出土的《宝箧印经》,绝大多数都已残缺。当时亲历其事的俞平伯曾记述全经情况说:"……出土之全经,粗如拇指,长约二寸。外有半腐朽之黄绢套,两头作结,而首端之结尤巨而结实。腰系以蓝色扁绶。眉端署'宝箧印经'四字。经捲如小横披。开首有一

---

① 据西晋安法钦译《阿育王传》卷一记载,阿育王(于佛灭后218年灌顶即位)为安放搜集到的如来遗存的舍利,建造了八万四千座宝塔。

154

细竹条。捲心之轴亦以竹制,粗如小椒粒,长二寸强,两端涂丹。……经高约二寸,长六尺强。凡四节,节均粘住。纸本黄色,……有竹纸、绵纸两种。……平均计算约十字一行,总共二百七十四行。起首三行系题署,……题署下为一图……"[①]可见其版式与显德本经相仿佛。但既要印八万四千份,则其印板必不止一套。可能是由一人书写,而刻以多板,所以其版式虽大致相仿,仍有差异。

1971 年 11 月,绍兴县城关镇物资公司工地出土了一座金涂塔。塔高约 33 厘米。塔下底板铸有"吴越国王俶敬造宝塔八万四千所,永充供养。时乙丑岁记"阳文四行。塔内放一小木筒,长约 10 厘米,筒内藏经一卷,首题"吴越国王钱俶敬造《宝箧印经》八万四千卷,永充供养。时乙丑岁记"。经文字体细小,每行十一、二字。乙丑为宋太祖乾德三年(965 年),可知此经印造比开宝本雷峰塔经早十年,而晚于显德本九年。此经扉画线条明朗精美,文字也清晰悦目,纸质洁白,墨色千年如新。

日本久原文库还藏有日僧玄证所摹钱俶印造的应现观音像,中画观音菩萨,其手中莲华与足下莲座旁注有赤字,为印成后所加,旁画二十四种应现,下录真言,共二十四行,末云"天下大元帅吴越国王钱俶印造"。王国维曾见摹本,并谓:"以摹本度之,原本刻画颇工致。"[②]此经未注明刻印年款,但从钱俶署名避宋讳来看,可知在吴越晚期。

1960 年,浙江丽水县城西碧湖镇一座宋代砖塔损毁。在拆除过程中,发现了一批刻本经卷。其中有《佛说观世音经》一卷、《佛说观无量寿佛经》一卷、四卷本《金光明经》一卷和《大方广圆觉修多罗了义经》一卷。均为单线板框,板框高 16 厘米,宽 60 厘米。

① 俞平伯:《记西湖雷峰塔发见的塔砖与藏经》,载《小说月报》十六卷一期。
② 王国维:《晋开运刻毗沙门天王象跋》,载《观堂别集》卷五。

每板三页半。由于字大小不同,每半页五行、六行、八行不等,行的字数十四、十七字不等。卷首除后二经霉损外,前二经均刻有讲经扉画一页。这四卷经的字体风格和板框大小完全一致,特别是《金光明经》和《佛说观世音经》两板的书写笔法,显然出于一人之手,因此这四卷经当属同一时期的印品。除《金光明经》卷尾霉损外,其余之经卷尾均附刻有北宋晚期或南宋初期的施经愿文。但愿文和经文的版本明显属于两个时期,经文版应早于愿文版。四卷经中,仅《佛说观世音经》卷尾经名下刻有双线长方形小框牌记,刻"杭州法昌院印造"七字。按《咸淳临安志》卷七《寺观二》:"寿宁院,唐咸通三年(862年)建,旧名法昌院,淳化三年(992年)改赐今额。"可知此四卷经镂刻时间的上限应为唐咸通三年,下限至宋淳化三年。从避讳看,对唐、五代及宋代各帝讳均不避,可以推断,原板刻于吴越早期(960年以前),而保留到北宋晚期,南宋初又重印。

此外,延寿和尚曾大量印施经咒、图像。延寿(904—975年)俗姓王,钱唐人。为吴越高僧,弟子二千余人,深得钱俶宠信,赐号智觉禅师。三十多年间,印施经咒图像四十多万本(张),数量之巨,在印刷史上是空前的。可惜一张也没有传留下来。

(五)沙州曹元忠印施经像

本世纪初,在敦煌发现的大量印刷品中属于五代时期的有四种,均为沙州归义军节度使曹元忠所造。

唐宣宗大中(847—859年)年间置归义军,以张义潮为节度使,领瓜、沙等十一州地,驻节沙州。后梁末帝贞明(915—921年)初,义潮之孙承奉卒,张氏绝后,州人推长史曹议金为帅,其时中原战争频仍,而瓜沙地区却较为安定,后晋开运二年(945年)议金子元深卒,其弟曹元忠袭任,直至宋太祖开宝七年(974年)卒。他召雇匠人,刻印经像,广为布施。敦煌出土的曹元忠雕印经像都是他在位初期所印施,大多被斯坦因(1862—1943年)和伯希和

（1878—1945 年）劫去，分别藏于伦敦博物馆和巴黎图书馆。曹元忠雕印的经像，传世的有：

毗沙门天王像　上部为像，左上角有"大圣毗沙门天王"竖字一行；下部有十四行题记："北方大圣毗沙门天王，主领天下一切杂类鬼神，若能发意求愿，悉得称心，虔敬之徒尽获福佑。弟子归义军节度使、特进检校太傅、谯郡曹元忠请匠人雕此印板，唯愿国安人泰，社稷恒昌，道路和平，普天安乐。于时大晋开运四年丁未岁七月十五日记。"按后晋亡于开运三年（946 年）十二月，次年为后汉高祖元年，改年号为天福十二年。曹氏僻居河西不知改元，因而题"开运四年"。此像伦敦博物馆和巴黎图书馆均有收藏，编号分别为翟·8093、伯·3879 和 4514。国内原吴县曹君直亦有藏本，王国维曾借以影印并作跋。① 据为斯坦因整理编目的小翟理斯称：此印本为棕黄色粗纸，长 55.5 厘米，宽 32 厘米。

观音像　上部为像，左题"大慈大悲救苦观世音菩萨"，右题"归义军节度使检校太傅曹元忠造"；下部有十三行题记"弟子归义军节度瓜沙等州观察处置管内营田押蕃落等使、特进检校太傅、谯郡开国侯曹元忠雕此印板，奉为城隍安泰，合郡康宁；东西之道路开通，南北之凶渠顺化；厉疾消散，刁斗藏音，随喜见闻，俱占福祐。于时大晋开运四年丁未岁七月十五日记。匠人雷延美。"可知此像与毗沙门天王像印于同一日。此像亦分藏于伦敦和巴黎，编号分别为翟·8089、伯·3965 和 4514。小翟理斯谓此像印在一张粗厚纸上，长 46 厘米，宽 26.5 厘米。

上海博物馆藏有观世音菩萨像绢本及观自在绢本像　前一本题"开运四年"，后一本"开运"二字亦明显可识，当亦为曹元忠所刻。

《金刚经》　伦敦博物馆及巴黎图书馆藏有残本，编号为翟·

---

① 王国维：《晋开运刻毗沙门天王象跋》，载《观堂别集》卷三。

8084、伯·4515 和 4516。经尾题"弟子归义军节度使、特进险校太傅、兼御史大夫、谯郡开国侯曹元忠普施受持。天福十五年己酉岁五月十五日记。雕板押衙雷延美。"按天福无十五年,己酉岁为后汉乾祐二年(949 年)。"河西僻远,不知改元,闻高祖尝以晋之天福纪年,遂亦相沿用之。然即以天福计,则己酉岁当为十四年,不得云十五年也。可见当时篡乱频仍,致使远人遥听混淆,纪年为极简易之事,而差错若是"①。王仁俊则认为其"记天福十五年者,必曹氏受晋高祖之封,不忘其恩,于沙州永奉正朔也"②。

在敦煌发现的属于五代时期的印刷品还有:《唐韵》、《切韵》二书和《大圣普贤菩萨像》、《阿弥陀佛像》、《圣观自在菩萨像》、《大圣文殊师利菩萨像》、《千手千眼观世音菩萨像》、《地藏菩萨像》、《贤劫千佛像》等,多藏巴黎图书馆。

四、册装形式的流行

由于雕版印刷事业的昌盛,引起了书籍形制的变化,由卷轴制向册叶制过渡,册装形式开始流行。明胡应麟《少室山房笔丛》卷四《经籍会通四》中说:"自汉至唐,犹用卷轴。卷必重装,一纸表里,常兼数番。且每读一卷,或每检一事,细阅展舒,甚为烦数;收集整比,弥费辛勤。至唐末宋初,钞录一变而为印摹,卷轴一变而为书册。易成、难毁、节费、便藏,四善具焉。"

在属于五代时期的印刷品中,曹元忠于后汉乾祐二年(949年)五月雕印的《金刚经》的装订形式是值得注意的。小翟理斯曾著录此印本为八页小书一册,非卷子式样,计长 14 厘米,宽 10 厘

---

① 《敦煌石室遗书·沙州文录》载蒋斧跋。
② 王仁俊:《敦煌石室真迹录》1909 年。

158

米;罗振玉称此经印本为"梵夹小本,每半叶七行,行十四字"①。
对于此印本的装订形式,斯坦因在《敦煌取书记》中有详细记述:
"……又有一小册佛经,印刷简陋,然颇足见自旧型转移以至新式
书籍之迹。书非卷子本,而为折叠而成,盖此种形式之第一部
也。……折叠本书籍,长幅接连不断,加以折叠,甚似近代之火车
时间表。此小册佛经即为是式,共凡八叶,只印一面,然后加以折
叠,最后将其他一端悉行粘稳。于是展开之后甚似近世书籍。是
书时代为乾祐二年,即纪元后 949 年也。"

　　斯坦因虽未明言此经名题,但参照上述小翟理斯及罗振玉的
著录,可知斯坦因所描述的正是曹元忠所刻的《金刚经》。这种折
叠册装的形式显示了由经折装向册叶制度演进,但斯坦因称曹刻
《金刚经》为"此种形式之第一部",则并不确切。宋人罗璧在《罗
氏识遗》卷一"成书得书难"条中曾指出:"唐末年犹未有摹印,多
是传写,故古人书不多而精审。作册亦不解线缝,只迭纸成卷,后
以幅纸概粘之(原注:犹今佛老经)。其后梢作册子。"可见这种折
叠册装的形式始于唐末,其实可能还要早一些,至少在僻居西陲的
曹元忠采用以前,内地就已经出现这种册装形式了。

　　宋代图书的装帧以蝴蝶装为最普遍。其出现可能在五代时
期。在伯希和劫往巴黎的敦煌遗书中,有一五代时刻印的《切韵》
残本。罗振玉在《莫高窟石室秘录》②中引伯希和的话称此书"乃
五代刊本,细书小板"。魏建功在《敦煌石室存残五代刻本韵书
跋》③中说,《切韵》残纸十六叶,每页凡三十四行,每行字数有廿
四、廿五、廿七、廿九及三十等五种,系五种不同的版刻。其装帧方

---

　　①　罗振玉:《莫高窟石室秘录》,载《考古学零简》,商务印书馆 1923 年 12 月版,
《东方文库》第 71 种。
　　②　载《考古学零简》。
　　③　载《国学季刊》三卷一期。

法是字面对折，每叶折端粘在一起，与宋代的蝴蝶装几乎完全一样，唯一不同的是五代印本《切韵》没有版心。伯希和认为此《切韵》残本似由中国东部传入的。在伯希和劫经中，还有一种《切韵》残本（伯·3696），虽仅存两叶及另一小块，仍可看出原为册装的痕迹。

　　总之，唐末五代时期册装形式开始流行。由卷轴变为册装，制作、典藏、携带均大为便利，确是一重大变革。

第四章 图书事业的兴盛阶段——宋元时期(960—1368 年)

第一节 北宋的图书事业

一、图书的搜集与典藏

(一)宋初图书的来源

宋初,三馆得后周藏书万三千余卷。后来,三馆、秘阁各有书四万卷上下。其来源,一是宋太祖在统一过程中,从所灭各国收取。其中除南汉图书焚毁外,五代十国图籍的精华部分,都归北宋所有,而西蜀的图书尤为量多质高。二是奖勉募献征求亡书。太祖乾德四年、太宗太平兴国九年、仁宗嘉祐五年和徽宗政和年间,均下求书诏,并规定优厚奖励办法,可以得官给价①。并多次编制、公布缺书目录。三是官修和新撰书都要上交样本,贮藏馆阁。乾德元年,窦仪等上《重定刑统》三十卷,《编敕》二百卷②。开宝六年,卢多逊等上《开宝通礼》二百卷,《义纂》一百卷③。开宝七

① 《宋会要辑稿·职官》一八之三。
② 《续资治通鉴长编》卷四"乾德元年七月"。
③ 《续资治通鉴长编》卷一四"开宝六年四月"。

年,薛居正上新修《五代史》百五十卷等等①。

　　在对外交往中虽也得到一些书籍,但数量不太多。由于广泛求书,所以藏书量颇有增多。据统计,北宋馆阁藏书的总数是六千七百零五部,七万三千八百七十七卷②。不但数量较大,而且是累加校雠的善本。

　　(二)主持国家图书事业的机构和职官

　　北宋主持国家图书事业的主要机构是三馆(昭文馆、集贤院和史馆)、秘阁、崇文院和秘书省。

　　宋初,沿用五代三馆设置,设三馆于长庆门北,称西馆。太宗继位后,命有司别建三馆,太平兴国三年(978 年)二月,以三馆新修书院为崇文院,尽迁西馆之书入藏。东廊为昭文书库,南廊为集贤书库,西廊为史馆书库。三馆各分四部,规模宏大,前所未有。

　　秘阁建于端拱元年(988 年)与三馆合称馆阁,亦称四馆。开始,三馆秘阁统在崇文院中。大中祥符八年(1015 年),荣王宫失火,延及崇文院,图书之"仅存者,迁于右掖门外,谓之崇文外院"③。同时还有崇文内院,专门存放天文禁书及供御书籍④。日常图书的校勘、整理、抄写、雕造印板等均在外院进行。至仁宗天圣九年(1031 年),馆阁复而外院废。

　　宋神宗元丰五年(1082 年)以前,秘书省与崇文院互不统属,秘书省的主要工作是掌管祭祀祝板之类。太平兴国年间,田锡上疏,以为当时"三馆之中,虽有集贤院书籍,而无集贤院职官,虽有秘书省职官,而无秘书省图籍"⑤。当时政府图籍,实在三馆秘阁。元丰改制以后,即在崇文院设秘书省,此后,秘书省的职掌分为国

---

① 《续资治通鉴长编》卷一五"开宝七年十月"。

② 《宋史·艺文志》。

③ 《宋史·艺文志》。

④ 《麟台故事》卷一。

⑤ 《咸平集》卷一。

史、太史、经籍、知杂四案,前此,三馆秘阁的职能,主要集中在经籍案。此种体制,一直延续到北宋灭亡。

崇文院及三馆秘阁职官,有馆职和贴职之别。凡"直馆、直院,则谓之馆职,以他官兼者谓之贴职"①。"馆职清切贵重,非他官可比"②。洪迈《容斋随笔》称:"国朝馆阁之选,皆天下英俊,然必试而后命,一经此职,遂为天下名流。"到治平、熙宁间,"公卿侍从莫不由此途出"③。故宋代有"宁登瀛,不为卿;宁抱椠,不为监"④之说。

元丰五年(1082年)改制后,秘书省设监、少监、丞各一人。秘书监掌古今经籍图书、国史实录、天文历数之事,少监是监的副手,而秘书丞参领之,另有著作郎一人,著作佐郎二人,掌纂修日历;秘书郎二人,掌三馆、秘阁图籍,以甲乙丙丁为序,各分其类;校书郎四人,正字二人,负责校雠典籍,判正讹谬,各以其职系于长贰。

(三)崇文院和秘书省的作用

宋初,三馆秘阁总为崇文院。元丰五年,在崇文院设秘书省,所以在图书事业方面的职能可合并而言。它们的日常工作,是围绕图书的采访、典藏、流通、阅览、整理、校勘、编目以及刻板、发行展开的。主要职能有藏书、阅览、编纂官书、整理典籍、编修书目、馆阁读书、储备人才、出版、起草祝文和参与礼制政事的讨论等十项。

秘书省分四案:国史案掌编修日历、会要、国史;太史案掌太史、天文、浑仪等事;经籍案掌典籍之事;知杂案掌本省杂事⑤。可知当时馆阁以及后来秘书省的工作,主要是围绕图书事业展开的,

---

① 《宋史·职官》二。
② 《续资治通鉴长编》卷三四"淳化四年五月"。
③ 程俱《麟台故事》。
④ 《宋史·职官》一。
⑤ 参见《四库全书》本《麟台故事》卷二"职掌"。

这是宋代文化学术事业繁荣兴旺的一个重要原因。

（四）藏书建设

宋代藏书，大体上可分为政府藏书、私人藏书和书院藏书三个系统。政府藏书中又可分为中央政府和地方政府藏书。

国家藏书中心是三馆秘阁。此外，还有国子监、学士院、司天监等。龙图阁、太清楼、玉宸殿则是宫廷内府的藏书处所。政府藏书建设，在不同时期，有不同的重点和特点。太祖朝，于三馆中尤重史馆建设，太祖读书，系取自史馆①。诏求亡书，也是以史馆藏书为准，宋初藉没诸国图书，亦多置史馆。可见史馆是三馆的核心。宋代史馆"掌修写国史日历及图籍之事"②。昭文馆和集贤院则均"掌经史子集四库图籍修写校雠之事"。比较起来，相同处都是有四部书，不同处是史馆修写国史日历，涉及很多国家机密。而事实上，宋的国史、实录、日历，另有一套编修班子。元丰时，崇文院改为秘书省后，另立国史案，省长贰亦无权过问，仅进书时"系衔"③。史馆和秘书省仅限于提供修史资料，而修史另置场所，后因编修国史、会要的机构设编修院，原归史馆的日历所等也划归编修院，所以三馆实际上是国家图书馆。太宗继位后，既新修三馆，又兴建秘阁，遂以秘阁藏书建设为重点。真宗朝以大中祥符八年（1015 年）为界。前期重点是由馆阁藏书向内府藏书转化。真宗命三馆写四部书二本，置禁中之龙图阁及后苑之太清楼。总数近三万卷轴册。这是真宗朝前期国家藏书之最高数字。太清楼在禁中，建于太平兴国四年（979 年），原藏太宗御制、墨迹、石本、真本等。真宗咸平二年（999 年）后，始有四部书。除太宗御制外，四部

---

① 《宋史·卢多逊传》。

② 《麟台故事残本》卷一《官职》。

③ 《宋史·职官志》。

书共二万五千余卷①。这差不多也是当时所能搜罗到的全部典籍了。大中祥符八年（1015 年），即真宗抄写书籍置禁中之后不久，因荣王宫失火，"延及崇文、秘阁，书多煨烬"②，五代以来辛辛苦苦聚集起来的图籍，赖有龙图阁、太清楼等内府藏书得以保存和流传下来。此后补辑校勘馆阁藏书所用的底本，就是太清楼本。因而，大中祥符八年以后，宋的内府藏书，开始向国家藏书方向转化。重点是馆阁藏书。经过十年补写，至仁宗天圣三年（1025 年）新写成书万七千六百卷，都入藏于太清楼，而将原太清楼书留作三馆正本。天圣九年（1031 年）冬，新建崇文院成，馆阁复而外院废。于是把全部力量放到馆阁书籍的补抄补校上，大约到景祐初，补写工作成果已相当可观。因命专人"复视录校"，于景祐二、三年（1035—1036 年）上经史子集书二万二千七百九十一卷。从数量上看，略多于过去，但仍然不足。嘉祐四年（1059 年）正月，"置馆阁书籍编定官"又分别编定史馆、昭文、集贤、秘阁书籍。各馆书籍大增，自成体系，而需分别编定。其后，在哲宗在位的十六年间（1086—1101 年）又补充秘阁藏书二千余部，约占当时典籍的三分之二，接近北宋全部藏书的三分之一。哲宗朝补充馆阁藏书系以《崇文总目》为标准。从秘阁始，将全部书籍每种写一部，归秘阁收藏。较之太宗朝之以《开元书目》为标准收集遗佚，更显得现实些。至于哲宗朝"未写"的卷帙，理所当然地由徽宗朝继续完成。徽宗时募工缮写，一置宣和殿，一置太清楼，一置秘阁。与哲宗朝相比，徽宗时期更重视内府藏书建设。钦宗当国不久即城破国亡，三馆秘阁图籍，都被掠北去。

宋代州学也有藏书。诸路州学藏书阁都以"经史"为名，大观

---

① 《玉海》卷五二。
② 《宋史·艺文志》。

三年,为了"尊六经以黜百家",改名"稽古"①。

北宋又是私人藏书极盛的时期。如李昉、王溥、宋绶、宋敏求、王洙、王钦臣、李公择、欧阳修、李淑、田伟、晁说之等都是著名的藏书家。宋代私人藏书有五个特点:一是分布广。从中原到边远地区都有。少则数千卷,多则数万卷,且绵延百数十年不衰。二是世代藏书。有五世、六世、七世藏书的,代代相传。三是藏书家多是官僚兼学问家,于藏书过程中,校勘、版本、目录一起作。编纂加工文献成绩很大。四是藏书家中有僧道,如文莹和陈景元等。五是大量流通。藏书家互相交流书目,传录图书,国家从藏书家处征集图书,藏书家从国家藏书中心传录图书。藏书家之间也相互赠送。

二、图书的整理

宋代校理图书的规模,远远超过前代。校刻图籍遍及所有学科门类。在建成了一个事实上的官书整理中心的同时,也建设了一支庞大的校勘工作者队伍,并制定了细密的制度,校勘整理方法也比较全面而先进。

(一)官书整理中心——崇文院

崇文院掌管秘阁图籍的整理和校勘,并负责内府藏书的整理。政府决定由国子监或诸路刊印颁行的书籍,如《十七史》、医书、农书等,也由崇文院先校勘定本而后镂板。崇文院事实上是官书整理的中心。

(二)整理方法

宋人不仅在查明一书的版本源流、著录沿革和藏弄情况方面超越前代,而且在校书方法上也将本校、对校、他校、理校综合运用。如林亿等校定《黄帝内经》,序称改字六千余,增注义二千多条。所增注义中,约有半数是校勘记,体现了宋人所使用的本校、

---

① 参见《宋史》卷二〇。

他校诸法。又如刘攽《东汉刊误》卷一"六年初置郡国都尉官"下说:"案:郡有都尉,国有中尉,此时置郡都尉官耳,不当有'国'字。"按今中华书局标点本《后汉书》亦据《刊误》出校。这是以典章制度校史籍。

北宋官书整理事业为丰富校勘方法作出了两项贡献。即:一、在前人的基础上,找到了比较完善和比较先进的方法,并将其运用到古籍整理事业中。二、虽没有系统的理论,但已在着手探索校勘理论、校勘方法中带有规律性的东西,如吴缜《新唐书纠谬》归纳《新唐书》之失,就可视为探索校雠则例的最早的努力。

(三)校勘成果的处理形式

校勘成果主要体现在叙录、定本和校记上。叙录是整理工作的总结。官方校书的叙录,常以进书表或目录序的形式出现,私家校雠的叙录就是序、前言或跋。官方校书的叙录,有的随定本发行,如《嘉祐校北魏书》;有的则收入校定者的文集,如《元丰类稿》中收叙录十一篇,《苏魏公集》中收叙录六篇。

定本以后,如果只是为了保存,即由净本誊录,装订成册(又分白本和黄本)。预定出版的,则交国子监或下诸路办理。把叙录、校勘结合起来,可以看出整理工作的全部细节。现在虽不能完全肯定宋人校书之后一定将校勘成果整理成为校记,但可以确知,宋人整理的不少书是有专门的校记的。如景德元年(1004 年),任随等校《史记》并上《刊误文字》五卷[1],《刊误文字》就是专门的校记。仁宗景祐元年(1034 年),余靖、宋祁等校《史记》、前后《汉书》,余靖录其校雠成果为《三史刊误》四十五卷[2],也是专门的校记。

当时,校记的处理,大致有如下几种形式:一是定本加校记或

---

[1] 《宋会要·崇儒四》。
[2] 参见《余襄公奏议》。

校注。即校记散入正文之中，亦有疏于各卷之末的。二是校记与定本分别单行。如余靖《三史刊误》、刘攽《东汉刊误》等。单行之校记，每条只摘引有关的正文数字或数十字，读正文不读校记，不知道有无刊改及刊改的依据，读校记则又不见正文，颇多不便。如果只在校记中说明，而正文中实未改动，则校勘成果根本反映不出来。张泌《汉书刊误》原为单行，后附于诸卷之末，又说明以上两种形式可互相转化。三是散见于文集笔记中。欧阳修《集古录跋尾》、苏轼《仇池笔记》、沈括《梦溪笔谈》、黄伯思《东观余论》中，都有一些条目，保存了一些校勘资料。

（四）校雠日课

整理图书工作量的记录称为校雠日课，也有称为功课的。宋初一直规定每日每员校对二十一个册页或二十一版。嘉祐年间又重申过这种规定。元祐五年十二月曾又一次详定校雠之课①。当时所定日课，大致是：一、校书，即整理典籍，每人每日校二十一纸，或称二十一个册叶。二、写书，即校勘整理后，楷书每人每日写二千五百字（后改为二千字），入伏或冬至日减五百字。另据《五代会要》卷八记载，五代时刻工刻字，每日五版，如以宋本书行款计算，大体可以推知当时每日校书、写书、刻字的工作量以及其相互间的比例关系。三、兼它局官由日课十板，改为间日入馆。这种日课考勤都按规定登录在课程簿上，每十日申报秘书省，每月集中申报尚书省。这些比较详备的规定，反映了图书整理工作相当正规化。

由于校书是综合性工作，所以校勘人选也应是通才。太宗时，李至曾提出："先校定诸经音疏，其间文字讹谬尚多，深虑未副人君好古诲人之意。盖前所遣官多专经之士，或通《春秋》者未习《礼记》，或通《周易》者不通《尚书》，至于旁引经史皆非素所传

---

① 《续资治通鉴长编》卷四五三。

习。以是之故,未得周详。伏见于博士杜镐、直讲孙奭、崔颐正等,皆苦心强学,博贯《九经》,问义质疑,有所依据,望令重加刊正,冀除舛谬。"①宋馆阁工作者中确有博学的人,如沈括对天文、方志、音乐、医卜无所不通,嘉祐年间,曾负责"编校昭文馆书籍"②,据其《梦溪笔谈》称当时"置编校官八员,杂雠四馆书,给吏百人,悉以黄纸为大册写之","校雠累年,仅能终昭文一馆之书而罢"。又如刘恕,"其学自历数、地理、官职、族姓至前代公府案牍,皆取以审证,求书不远数百里,身就之读且抄,至忘寝食。尝伴司马光游万安山,道旁有碑,读之,乃五代列将,人所不知名者,恕能言其行事始终,归验旧史,信然"③。北宋整理官书所取得的成绩,与馆阁得人之盛是分不开的。其著名学者有:

1. 曾巩

字子固,南丰人,嘉祐七年编校史馆书籍,曾预校南北《七史》,后为馆阁校勘、集贤校理和秘阁修撰。手校的官书有《南齐书》、《梁书》、《陈书》、《说苑》、《列女传》、《战国策》和《唐令》等。曾巩不迷信秘阁珍本,重视藏书家校勘成果。以"秘阁所藏,亦往往脱误",因而请"诏京师及州县藏书之家悉上异本"④。曾巩的建议打破了对馆阁藏书的迷信。

2. 苏颂

字子容,南安人,后移居丹阳,曾在馆阁工作九年。除医书外,所校书有《风俗通义》、《邺侯家传》和《淮南子》等。苏颂校医书,除以所引图书进行他校外,还发展到以药物标本作书证,开拓了校书的新途径,是校勘学史上的创举。嘉祐年间,校定《嘉祐补注本

---

① 《宋史·崔颐正传》。
② 《宋史·沈括传》。
③ 《宋史·刘恕传》,司马光《温国文正公文集》卷六五。
④ 《元丰类稿》卷一一。

草》和重修《本草图经》，校定医书局要求收集中外医药标本以供佐证。这意义超过以文字拓片作书证，由校定文字而收集标本，使医学校勘有所进步。

3. 黄伯思

字长睿，号云林子。《宋史》本传和《攻媿集》称他好古文奇字，经史、诸子、天官、地理，无不精谐，对前世典章文物，古器物考定真伪，颇多发明。他在《东观余论》中说："考校往古事迹，先须熟读强记，遇事加之精审，决无疏略。"这是经验之谈。扎实的基本功与严谨的治学作风，至今仍是校勘工作者所必须具备的两个基本条件。经黄伯思手校的官书，有《杜子美集》、《楚辞》、《汲冢师春》、焦氏《易林》等。可以从中窥知黄伯思校勘学思想的著述则有《法帖刊误》、《礼阁古器说论辨题跋》等。

4. 宋敏求

字次道，赵州平棘人。其父宋绶（谥宣献）得杨文庄、毕文简二家藏书，家富文献，日夕校勘，以聚子孙雠对经籍为乐事。其贡献有以下几点：第一，着意校书，家多善本。宋敏求整理文献，刻意求工，整理出大量善本。朱弁《曲洧旧闻》记其对校勘工作的认识称："宋次道龙图云，校书如扫尘，随扫随有。其家藏书，皆校三五遍者。世之蓄书，以宋为善本。"第二，编选书籍。宋敏求注意散失文集的重新编辑整理，除同王安石一起编辑《唐百家诗选》二十卷外，还辑成《刘梦得外集》十卷、《颜鲁公集》十卷、《孟东野集》十卷、《李卫公别集》五卷、《宝刻丛章》三十卷等。第三，利用自己丰富的珍本文献，著书立说，进行文献的再创造。他参加集体编纂或独立完成的著述，有《新唐书》、《唐武宗实录》二十卷、《唐宣宗实录》三十卷、《唐懿宗实录》二十五卷、《唐僖宗实录》三十卷、《唐昭宗实录》三十卷、《唐哀帝实录》八卷、《东京记》三卷、《长安志》二十卷、《河南志》二十卷、《春明退朝录》二卷、制词、文集等四百五十卷左右。第四，对宋代校勘整理事业作出了总评价，他认为三馆秘阁藏书"虽累加校正而尚无善本",并提出了全面整理政府藏书的总建议①。

三、书目编制

(一)《崇文总目》和史志目录

北宋开国之初就着手编制目录,其国家目录有乾德六年编《史馆新定目录》,太平兴国九年编《搜访书目》以补充三馆藏书,景德四年又编《太清楼书目》,而以景祐元年始编的《崇文总目》为最具影响。

《崇文总目》,宋欧阳修等奉敕撰。由于原书已佚,故卷数已不详知。《文献通考》说六十四卷,《宋史·艺文志》称六十六卷,李焘《续资治通鉴长编》作六十卷,《麟台故事》引《中兴书目》称六十六卷,江少虞《宋朝事实类苑》则谓六十七卷,盖含叙录一卷。现有《四库全书》本二十卷,清钱东垣辑释本七卷。

《崇文总目》仿唐代《开元四部录》体例,总括崇文院三馆秘阁图书,共著录图书三千六百六十九卷。分四部四十五类,计经部九类,史部十三类,子部二十类,集部三类。尤其史部设立"目录"类,反映目录事业在当时的发展程度。又把佛经、道经列为子部的两个类目,大受郑樵赞扬。

纂修《崇文总目》的欧阳修、宋祁等,是博学的史学家和目录学家,参与此项事业的王洙、李淑等,也都是宋代著名的藏书家和目录学家。由于欧阳修写有《崇文总目》序释,所以欧阳修是《崇文总目》实际上的主要负责人和最后完成者。因而"它继承了《群书四部录》的作法而又有所改进,在参考使用上很快就代替了《群书四部录》和《古今书录》"。崇文总目和宋代的官修书目"是在当时政治、经济、文化的要求下,在雕板印刷逐渐发展的情况下和在

---

① 《宋会要·职官》一八之三——四。

唐代目录工作的丰富经验下建成的"①。虽然南宋以来，《崇文总目》已失其原貌，元初已无完本，但正如《四库全书总目》所评论："百世而下，藉以验存佚，辨真赝，核同异，固不失为册府之骊渊，艺林之玉圃也。"

《崇文总目》的各类原来都有叙，各书都有提要（释），所谓"每条之下，具有论说"，"一书大义，必举其纲"。惜南宋以后，删去叙释，仅存书名。幸而《欧阳文忠公全集》中保存有《崇文总目》叙释一卷共三十条，尚可窥其大概。

国家目录外，宋代史志目录也颇有特色。如《新唐志》及《国史艺文志》等。《新唐书·艺文志》的撰者是欧阳修。这时距修成《崇文总目》已经十多年了。《新唐书·艺文志》多取法《隋志》，而内容则多采《古今书录》。据《新唐书·艺文志》总序，共补入唐代著作二万八千四百六十九卷，并用"著录"和"不著录"相区别。所谓"著录"，是指《古今书录》已有部分。"不著录"即欧阳修所增加部分。著录部分，依据的是《旧唐书·经籍志》，不著录部分主要参考《崇文总目》。这样，《新唐书·艺文志》便比《旧唐书·经籍志》更完备，并实际上开创了补旧史艺文志的工作。

另外，欧阳修在分类和编次体例方面有一些增改。一、废除旧志以部类为"家"的作法，而以学术流别作为部勒典籍的标准，使学术渊源和目录分类融会于一，对考镜学术源流提供了重要依据。二、适当省并目录。如并霸史、儒史为一而去掉霸史的名称，以笔记杂著列入杂史类等。这一改进，在目录学史上有重要意义。它既继承了汉志、隋志的优良传统，又为宋元间《国史艺文志》、《通志·校雠略》等提出了新的启示②。可惜的是他和《旧唐志》同样删除了每部各类的小序，使《古今书录》的很多内容未获留存。

---

① 《中国目录学史论丛》，中华书局 1985 年版第 101 页。

② 参见赵吕甫：《欧阳修史学新探》，载《历史教学》1963 年第 1 期。

宋又有《国史艺文志》的修纂。北宋有：

《三朝国史》 吕夷简等纂修。《三朝国史艺文志》著录宋建隆至大中祥符年间（960—1016 年）的政府藏书三万六千二百八十卷。

《两朝国史》 王珪等纂修。《两朝国史艺文志》是公元1077—1032 年间宋敏求等根据《崇文总目》和崇文院新补充的图书资料，"除前志所载，删去重复讹谬"修成的，著录了《三朝国史艺文志》未收的新书八千四百九十四卷。

《四朝国史》 李焘等纂修。《四朝国史艺文志》著录一千四百四十三部，二万五千二百五十四卷。

这些史志目录虽然今已亡佚，但尚能根据其它记载，略知其大概情况：（1）每类有序，每书有解题。（2）南宋晁公武《郡斋读书志》、陈振孙《直斋书录解题》均曾著录宋国史，可见并非仅由官藏，民间也有副本流传。（3）各志可能都以国家图书目录为主要依据。如三朝志似本之《咸平馆阁书目》，两朝志本之《崇文总目》，四朝志似本之《秘书总目》等。（4）三朝、两朝、四朝各志均不重复登录，而仅登录其前所未有者。即《宋史艺文志》所载的"始太祖、太宗、真宗三朝，三千三百二十七部，三万九千一百四十二卷。次仁、英两朝一千四百七十二部，八千四百四十六卷。次神、哲、徽、钦四朝，一千九百六部，二万六千二百八十九卷"。"三朝所录，则两朝不复登载，而录其所未有者。四朝于两朝亦然"。这里所载历朝《国史艺文志》登载图书卷数虽有差异，然出入不大。《国史艺文志》从主持其事者及所登录的藏书看，具有国家图书目录的性质，但它附于各朝国史，又可算作当代史志目录。这是过去所未有的新作法，在目录事业发展史上开创了写当代史志目录的先例。

（二）私人藏书目录

北宋私人藏书事业发达，目录编制繁多，可惜都佚而不传。

李淑的《邯郸图书十志》在宋人目录中是一部很有特色的目录。李淑字献臣，与其父李若谷同在馆阁，三子也都入馆阁作官。李淑参加过《崇文总目》的编纂，家富藏书，编有目录。据《文献通考》载:《邯郸图书志》十卷，分五十七类，经史子集通计一千八百三十六部，二万三千一百八十六卷。其外又有艺术志、道书志、书志、画志通为八目①。其子李德刍有《邯郸再集书目》三十卷。其后有田镐编《荆州田氏书目》三卷②，著录家藏图书三万七千卷。晁公武《郡斋读书志》卷一说《坤凿度》一书，隋唐志及《崇文总目》皆无，唯见于元祐《田氏书目》。又《论语笔记》一书，亦仅见于《田氏书目》。所以，《田氏书目》也很有参考价值。晁公武谓《田氏书目》编于元祐间。

　　北宋末年董逌，曾任秘书省正字和国子监司业，以其家藏书，成《广川藏书志》二十六卷，及于诸子而止③。另有《广川书志》十卷，《广川画跋》六卷。据此知董逌的《藏书志》缺子部，而有独立的书志和画志。所以他的体例应与邯郸书目为近而与官修目录不同。

　　一些藏书家，为了互通信息，甚至互置目录。《却扫编》卷中曾记载王钦臣与宋敏求互置目录，互相传录藏书的故事。

　　（三）搜访书目的编制

　　北宋曾多次编制求书目录，咸平和宣和年间，都有诏搜访缺书，且指明搜访馆阁所无书，则自应有缺书目录的编制。其次宋前期搜访书目，系以《唐开元四部书目》为准，说明当时统治者向往开元盛世，且有与之方驾的雄心。在《崇文总目》修成以后，则以《崇文总目》为准。且不止参校馆阁藏书目录，还往往参验士庶私

---

　　① 《文献通考·经籍》三四。
　　② 《宋史·艺文志》。
　　③ 陈振孙《直斋书录解题》卷一二。

人及州郡藏书目录。宋真宗说:"国家搜访图书,其数渐广。臣庶家有聚书者,皆令借其书目,参校内府及馆阁所有,其缺少者,借本抄填之。迩来所得甚多。"①

搜缺补遗的前提是清点藏书,访求渐备的目的是补充库藏,进而为刊正讹谬提供善本、异本。为校而求,求到必校。校前清点,有缺必录。缺书目录的编制与搜访书目的公布,是适应图书事业的需要而产生的,又是当时整理工作不可或缺的环节。它一变历史上那种简单地派出使者搜访图书的办法,而是有计划有目的地访求遗书,这是一种质的进步。这种方法,是不自宋始,但宋人盛为之。宋人大量编制搜访书目,构成当时图书校勘整理事业和目录编制事业繁荣的一个方面。其意义和作用是不能低估的。

四、雕板印刷的普及和活字印刷术的发明

北宋是我国雕板印刷事业史上一个非常重要的发展时期。中央政府和各级地方政府以及民间、私家的刻书事业,都有长足的发展。而且,三大刻书系统之间,互相促进、影响,使雕板事业大大推进。至庆历年间,更发明了活字印刷术,而且,刻书范围之广,品类之盛,校勘之精,都超越了前代。宋刻使写本书向刻本书全面转变无疑具有重大意义。

(一)刻书之盛

北宋刻书遍及所有图书部类,这是前无古人的。宋太祖为巩固新兴政权,于建隆四年(963年)命窦仪等重定周《刑统》,并模印颁行,这是北宋官方刻书之始,也是我国第一部刻印的刑事法典。同时,窦仪等人上《编敕》四卷,与《刑统》并颁天下。

太祖开宝四年(971年),在成都开始雕刻全部汉文大藏经,至太宗太平兴国八年(983年)告竣。计十三万板,五千零四十八卷,

---

① 《麟台故事残本》卷二。

四百八十函,以雕板年代称《开宝藏》,以雕板地点称《蜀藏》,如以印刷地点则应称为《开封藏》或《豫藏》。北宋雕《开宝藏》的意义有三:一是五代时期佛教在吴越、南唐、后蜀等地信徒甚多,雕印佛藏,有利于统一。二是一次大规模的雕板印刷的实践,培养了大批雕板印刷工人。三是我国恐怕也是世界历史上第一次印板发行的佛教总集。山西省图书馆现藏《佛说北斗(斗)七星经》一卷。卷轴装,行十八至二十字不等,字用柳体,兼有魏碑韵味,开板弘朗,雕印精善。据该经识语称,此经系绛州宋守真刻于雍熙三年(986年)。应属于家刻本①。神宗元丰三年至徽宗崇宁二年(1080—1103年),福州东禅寺募款开雕《崇宁万寿大藏》。历时二十三年,雕印六千四百三十四卷,五百八十函。自崇宁三年至政和二年(1104—1112年)补刻新译《天台部章疏》,是藏经由卷轴装改为经折装(梵笑装)之始。徽宗政和后期刻《万寿道藏》五百四十函,这是我国第一部道教总集,也是北宋历次校正道藏的结晶②。

庄子《南华真经》,由崇文院检讨杜镐等校定,于大中祥符元年六月,摹刻版本毕,赐辅臣人各一本。大中祥符五年四月,崇文院又上新印列子《冲虚至德真经》,诏赐亲王辅臣人各一本。太宗端拱元年(988年),命孔维等校正《五经》正义,即着国子监镂板印行。当年,《易正义》版成。次年十月《书正义》版成。《春秋》、《诗》、《礼记》正义则分别于淳化元年、三年、五年刻就。后又经校定,直至真宗咸平元年(998年)《五经正义》定版发行。太宗至道元年(995年)又将《二传》、《二礼》、《孝经》、《论语》、《尔雅》七经疏义摹印颁行。真宗于景德元年(1004年)亲临国子监视察时,国子祭酒邢昺对真宗问经书板片一事时答说:"国初不及四千,今十余万,经传正义皆具。"并说"臣少从师业儒时,经具有疏者百无一

---

① 《山西省古籍善本书目》图版二。

② 梁克家:《淳熙三山志》。

二。盖力不能传写。今板本大备,士庶家皆有之,斯乃儒者逢辰之幸也。"①这正反映宋初图书事业发展的一个侧面。

史部书的刻印也有很大成绩。据《石林燕语》记载,"淳化中,以《史记》、前后《汉书》付有司摹印",但世无传本。景祐校《史记》有印本。《能改斋漫录》记政和年间,命将《史记》老子传升为列传之首,"其旧本并行改正",则北宋末年又似刊印。淳化五年(994年),选官校正《三史》并赴杭州镂板,刊印《汉书》。咸平时,晁迥、丁逊等复校前后《汉书》版本,即所谓景德监本。《三史》以外,《三国志》、《晋书》、《唐书》于咸平三年校成之后镂板刊刻,《唐书》后于嘉祐五年重刻,《南史》、《北史》、《隋书》校刻于天圣年间,《宋书》、《齐书》、《梁书》、《陈书》、《魏书》、《北齐书》、《北周书》校刻于嘉祐年间,统称"嘉祐七史"。司马光主编的《资治通鉴》,亦于元祐年间下杭州镂板。子部中医书刊刻最多。宋初之《本草》、天圣年间之《黄帝内经》、《素问》、《巢氏病源候论》及嘉祐年间校正医书局整理之各种医书,均镂板刊行。《文选》、《文苑英华》则系刻印集部书的代表。

此外,著名的《淳化阁帖》的摹刻印行,也是雕板印刷史上的大事。《庆历长沙帖》、《大观太清楼帖》、元祐刘次庄《临江戏鱼帖》、潘师旦《绛帖》等,均以淳化三年秘阁法帖为祖本翻刻模印。

北宋一代刻书事业的中心,主要在开封、杭州、四川。刻书中心形成,培养了大批经验丰富的刻印工人。而且北宋已经注意到刻书的字体。如赵安仁以学者书板,欧阳修印《集古录》也请书法家上石。当时经板似在国子监开雕,释经、道藏似在外地开雕,而印刷皆在京师进行。史书之雕板多在杭州,有些书没有说在何处雕板,仅云下崇文院雕板,唯《大唐六典》之雕板,又仍在禁中。历日等书,则由太史局下之印历所负责雕印。

---

① 《宋史·邢昺传》。

（二）活字印刷术的发明

雕板印刷板片笨重，费时费工，保管不便，宋代文献中往往有印板库的记载，便是专门藏板的地方。以活字印刷代替雕板印刷，无疑是历史的需要。据沈括《梦溪笔谈》卷一八所记内容可以推知：第一，泥活字印刷术发明于宋仁宗庆历年间（1041—1048 年）比德人谷腾保的活字印刷早四百多年。第二，此项发明权属于布衣毕昇。毕昇是当时一能工巧匠，生活于北宋板刻中心的开封。第三，活字以泥作成，平时按韵排列，放在格子里，其单位名称叫做"帖"。第四，印时排版，用后拆版。第五，常用字备有数十枚。冷僻字则按需要烧制后付排。第六，在发明泥活字的过程中，可能试作过木活字，尚不完善，未能最后成功。第七，毕昇确实用泥活字印过书，不然无法体会到"若印数十百千本，则极为神速。"第八，毕昇卒后，这套泥活字由沈括的子侄辈所得而宝藏至沈括撰写《笔谈》的年代。可惜毕昇这项发明，除《笔谈》以外，不见他书记载。第一套泥活字到底曾印过些什么书也难以了解了。

五、图书形态与流通

宋初，处于写本书向印本书全面转化的时代。印本书的普及，使图书形态也发生明显变化。北宋盛行的册叶制度是雕板印刷普及的产物。欧阳修《归田录》称："唐人藏书皆作卷轴，其后用叶子，其制似今策子，凡文字有备检用者，卷轴难数难舒，故以叶子写之。"看来，"叶子"就是册子，所以有册叶之称。册叶单位称"纸"又称为"版"，故册叶背面二十一纸也可称二十一版，面是正面（前半叶），背是反面（后半叶），"背"、"面"的分界线是版心。北宋版的书，一般在版心处记本版字数、书名（有时为书的简名）、卷数及刻工姓名。册叶装订成册时盛行的是蝴蝶装。这种装订方法，是将一版一版印好的册叶，以印字的一面为准，面对面地相对折齐，再把中缝的背口用糊粘在包背中的厚纸上。书展开时，似展开双翅的蝴蝶,故谓之"蝶装"。蝶装书合起来时,版心前半叶向下,后半页向上,故前者称"背"而后者称"面"。蝶装以粘为主,也有以线订的,但不如粘叶完善。粘叶沿用古法用楮树汁、飞面、白芨三物调和,"以之粘接纸缝,永不解脱,如胶漆之坚"①。由于图书的粘背接缝,故宋代文献中有"装背"一词。

随着雕板事业大兴,印刷管理事业也应运而生,当时尚无完整、系统的出版法规。只有一些具体的禁令规定,如皇帝著作手书,不能擅自翻刻;涉及边防文字,禁止出版;禁止出版"肆毁时政"的文字;禁印国家法律;政府官员文集中有涉外嫌疑的,要审查后方能决定印板与否;国史、会要、实录,涉及国家最高机密,禁止印刷出版;"忘本尚华,去道愈远",无学术价值的文字禁印;禁止外国人在中国雇人开板;禁止将板运往国外;政治上"失败者",其文字也在被禁之列;天文历书,禁止收藏,也禁止翻印;兵书除见于正史者亦在被禁之列。总之,政治、边防、军事、学术、涉外、天文禁书,以及思想内容不健康的图书,或不允许出版,或需审查才能出版。如有违犯,一般都是重处。国史、实录,且不得传写。告发者有赏。

北宋时,国家藏书与私人藏书,都对读者开放。政府藏书或宫廷内府藏书,对高级官僚开放,在殿试时集贤书库负责提供工具书;平时,大臣子弟有在馆阁读书者,为了礼仪制度和政治外交的需要,到馆阁查阅资料更属常见,如沈括,在出使辽国以前,为外交谈判作准备,就详细查阅了有关宋辽边疆地带的历史文献。可见,书籍还可以外借。至于秘阁藏书专供御览,善本书画以及天文禁书,则是秘而不宣。然而在检讨礼仪故事、整理馆阁图籍时也可参校。这说明图书流通,是包括内府图籍和诸官司藏书在内的。馆阁图籍,为了应付流通阅览,专门有外借书库。外借书库以外的书

---

① 陶宗仪:《辍耕录》卷二九。

籍,不再出借。负责借书的人称作"库子"。借书手续有"单子",在"监门"处检查后放行①。国子监藏书也出借。《天禄琳琅后编》卷二,载宋版《大易粹言》卷末纸背有印记云:"国子监崇文阁官书,借读必须爱护。损坏缺损,典掌者不许收受。"可见国子监藏书的借阅,由书库——崇文阁典掌者负责。

地方州学藏书,也有借阅者。《天禄琳琅》卷三记静江路学所藏北宋刻大字《资治通鉴》卷六前有朱文长木记:"关借官书,常加爱护,亦士大夫百行之一也。"

政府藏书允许借阅,于是达官显宦也常传抄官方藏书。苏颂藏书便多传录自秘阁。这或许是合法的。另有不合法的,即所谓"私借"。馆阁藏书亡佚现象颇为严重,如沈括《梦溪笔谈》卷一称"官书多为人盗窃,士大夫家往往得之"。士大夫或私人藏书家之间,图书流通最典型的例子是宋敏求。朱弁《曲洧旧闻》载,宋敏求"居春明坊,士大夫喜读书者多居其侧,以便于借置故也"。当时春明宅子比他处租值常高一倍。欧阳修曾向宋敏求借《九国史》,"承不为难",非常感激。著名史学家刘恕,也富藏书,为了修撰《资治通鉴》,曾专门赴亳州宋敏求任所读书且抄,致患目疾。又,李公择曾留书九千卷于庐山僧舍,供士子阅读②。其它士大夫间互相传录书籍尚多。王明清《挥麈录》载:"先祖早岁登科,游宦四方,留心典籍,经营收拾,所藏书逮数万卷,皆手自校雠,贮之于乡里。汝阴士大夫,多从而借传。"士大夫与政府藏书之间的关系,不只是传录或借阅。作为图书流通运动的一个方面,士大夫藏书应捐献于国家,呈交新撰图书也是重要内容。私人藏书往往有政府藏书所无者。

---

① 《中兴典故汇记》卷三。
② 苏轼:《李氏山房藏书记》。

六、图书的编纂

宋代图书的编纂空前发展,最著名的是太宗时编纂的《太平御览》、《太平广记》、《文苑英华》和真宗时编纂的《册府元龟》。这些书是以崇文院为工作基地,以崇文院工作人员为骨干队伍编撰的四部大书,是中国古代图书事业史上的盛举,至今尚有重大的历史意义和参考价值。

《太平御览》 初名《太平总类》,太宗于太平兴国二年(977年)三月命翰林学士李昉、扈蒙等参据《修文御览》、《艺文类聚》、《文思博要》及诸书,分门编为一千卷。历时五年,约在太平兴国七年或八年间成书。又由太宗亲自审阅,经一年定稿,赐名《太平御览》①。《太平御览》多达一千卷。其资料来源,一为古代类书;一为唐五代古籍,即三馆所存古籍中之资料。引用书达一千六百余种,为后世保存了大量资料。宋代学者洪迈评论说:"国初承五季乱离之后,所在书籍印板至少,宜其焚扬荡析,了无孑遗,然太平兴国中编次《御览》,引用一千六百九十种,其纲目并载于首卷。而杂书古诗赋,又不及具录。以今考之,无传者十之七八矣。"②《御览》实际上是一部百科全书。全书共分五十五门,每门又分若干细目,大体按天、地、人、事排列,共有四千五百五十八类,前此类书,未有广博宏富如此者。且所引书大部已失传,所以有很高参考价值。

《太平广记》 始编于太平兴国二年三月,它以野史传记小说杂编为五百卷。此书与《太平御览》同时开始编撰,且编修班子亦同。由于它是随着《御览》搜检资料时所别出的一部分怪异资料,

---

① 王应麟:《玉海》卷五四;宋敏求:《春明退朝录》卷下;《续资治通鉴长编》卷二四。

② 《容斋五笔》卷七。

所以历时不及半年即成。全书九十二大类,一百五十多细目,引书四百七十余种,是一部历代小说异闻的汇编。所引用书今半数以上不存,存者也多为断简残编。因而其中保存着许多珍贵的文学文献,是研究古代文化的珍贵资料,亦是辑佚和校勘古小说的重要资料。

《文苑英华》 始编于太平兴国七年(982年)九月,太宗曾先后命李昉、扈蒙、吕蒙正、苏易简、王祜、王旦等二十余人"阅前代文集,撮其精要,以类分之为千卷"①,历时四年而书成,号曰《文苑英华》。所录文章,起于南朝梁末,编纂体例全仿《昭明文选》。所采梁陈隋唐诸家诗文二万余篇,选录作家二千二百余人。是广义性的文学类书,实际应属总集。此书价值首先在于保存了许多前代尤其是唐代的文学文献资料。当这部书编纂时,前代文集多在,因而采择较广,搜罗较富。对柳宗元、白居易、李商隐、权德舆、罗隐等人著作,几乎包罗无遗。且所据都是古本,每每注明当时版本的不同处。这就为辑佚校勘提供了重要条件。赵怀玉称《文苑英华》一可补遗,二可资校勘,三体例赅备,可供取法②。《四库全书总目提要》称:"考唐文者,惟赖此书之存。"其价值由此可见。

《册府元龟》 一千卷,宋王钦若、杨亿等奉命撰。真宗景德二年(1005年)九月开始,至大中祥符六年(1013年)八月完成,历时八年。先后参加的有钱惟演、杜镐、王希逸、陈彭年、刘筠、查道、王曙、夏竦,及内臣刘承规、刘崇超等。真宗在《御制册府元龟序》中说:"因太宗皇帝始则编小说而成《广记》,纂百氏而著《御览》,集章句而制《文苑》,聚方书而搜《神医》;次复刊广疏于《九经》,校阙疑于《三史》,修古学于篆籀,总妙言于释老。"于是亦"命群儒,共司缀辑",凡"君臣善迹,邦家美政,礼乐沿革,法命宽猛,官

---

① 《宋会要·崇儒》五之一。

② 《亦有生斋集文》卷七。

师议论,多士言行,靡不具载,用存典刑"①。《元龟》原名《历代君臣事迹》,是关于历代政事的百科全书。它在编纂上有几个特点:一、不改旧文,欲改者仅仅注释于原文下。二、取材为正经正史,凡异端小说,均所不取。三、为各部、门分撰大小序,言简意赅。虽然,宋人对《册府元龟》的评价不高,如说《元龟》"开卷皆目所常见,无罕觏异闻,不为艺林所重"。但事实上,《册府元龟》包括前《十七史》的全部资料,且保存采录书籍的原貌,所以价值不容否定。陈垣先生说,《册府元龟》可以校史,可以补史。如《魏书》卷三十八"刘芳上书论乐事"的缺文,清代辑佚名家卢文弨、严可均仅从《通典》和《魏书·乐志》中辑得若干字,而《册府元龟》第五百六十七卷却载有全文。

宋代除国家组织力量编撰类书外,不少儒林士子、达官显宦也编纂类书。较著者有《类要》、《事物纪原》等。

《类要》 六十五卷,晏殊撰。分门辑经史子集事实而成。曾巩称:《类要》上中下三帙,总七十四门,皆晏殊所手抄于六艺太史百家之书,骚人墨客文章,至于地志、族谱、佛、老、方伎之众说,旁及九州之外,蛮夷荒忽诡变奇迹之序录皆搜寻细绎。可见其取材极富。《避暑录话》卷二记晏殊纂修过程:"晏元宪公平居,书简及公家文牒,未尝弃一纸,皆积以传书。虽封皮亦十百为沓,炙时手自持熨斗,贮火于旁,香匙亲熨之。以铁界尺镇案上,每读书得一故事,则书以一封皮,后批门类,授书吏传录,盖今《类要》也。"可知《类要》的纂修,是公余时间用封皮纸作卡片积累资料而成的。

《事物纪原》 十卷,高承撰。承,元丰中开封人。赵希弁《郡斋读书志附志》说他自博弈嬉戏之微,鱼虫飞走之类,无不考其所自来。清《四库全书总目》称他"排比详瞻,足资核证",在宋代类书中,"犹有体要"。

---

① 《玉海》卷五四。

第二节　南宋的图书事业

一、典藏制度的重建和恢复

(一)图书事业机构的重建

靖康之乱,使北宋一百六十余年积蓄起来的图书,遭受惨重损失。官私藏书多毁于兵燹,所谓"中秘所藏与士大夫家者,悉为无有"①。以素富藏书的江浙地区,亦"藏书之家,百不存一;纵有在者,又皆零落不全"②。所以宋室南渡后,在图书事业方面,面临着重建国家主管图书事业的机构、恢复国家藏书的任务。

南宋绍兴元年(1131年)二月,恢复秘书省的建置,但其时只"有屋三间,秘阁三馆书藏焉"。所谓秘阁三馆,只是沿北宋旧名,并不实际。绍兴十三年十二月正式建秘书省,新省"东西三十八步,南北二百步"③。其中设右文殿、秘阁、道山堂、光馆库、各种书库、国史院、编修会要所等。其中秘阁,主要安放圣政、会要、日历、御札等。附属建筑,有道山堂,专藏秘阁四库书目。另有图画库,秘阁书库两处,共五间十六橱,橱绿色。

属于秘书省的书库。分经、史、子、集,库各五间七橱,橱绿色。另有印板书库三间,搜访书库五间,补写库、御书石刻库、瑞物库各一间。又有碑石库二间。加工辅助机构有楷书案与印书作,前者抄写,后者印刷。据《南宋馆阁录》载,印书作藏有《太平广记》、《乐府》板五千片,新刻馆阁录板一百五十四片,《中兴书目》板一

---

①　王明清:《挥麈后录》。
②　陆游:《渭南文集·跋京本家语》。
③　《南宋馆阁录·省舍》。

千五百八十片。属于秘书省财政方面的,有光馆库和公使库。光馆库盛光馆钱,是专门经费。可见南宋的秘书省已无四馆。较重要的著作藏于秘阁,一般书籍藏秘书省书库。北宋的集贤院、昭文馆等建置,都被取消。故南宋人偶尔提到"三馆",系历史的说法,并非实有所指。

孝宗淳熙二年(1175年),秘书省设秘书监、秘书少监,其后一百五十余年间,秘书省主持了国家的图书事业。

秘书省分五案:知杂案掌管本省官员升迁调动及行政事务;经籍案掌管秘阁书籍御前取降书籍及乐章祠祭等事;祝版案掌大中小祀祝版并分撰祝辞等事;太史案掌太史局历日;国史案纂修国史、实录、会要、日历等。除太史案下太史局属印历所"掌雕印历书"与印刷出版业有关外,主管图书事业的职能主要集中在经籍案。

宫廷藏书中,除龙图阁、天章阁、宝文阁、显谟阁、徽猷阁外,又建六阁,即敷文阁、焕章阁、华文阁、宝谟阁、宝章阁、显文阁,分别藏徽宗、高宗、孝宗、光宗、宁宗和理宗"御制"。

内府另一重要藏书处所为资善堂。所用书籍由国子监提供。资善堂一直为内廷书院或太子学宫。

政府机构中,国子监于南渡后属礼部,与秘书省关系极为密切,国子监袭用北宋制度,复设书库官,管石经阁。板刻印书,盛极一时。所谓书库官,又称"书库监官"。淳化五年前称印书钱物所,以"名为近俗",改称国子监书库官,负责"印经史群书,以备朝廷宣索赐予之用,及出鬻而收其直以上于官"①。书库官相当于国家出版事业的负责人。

秘书省在图书事业上的具体职能,可归纳为以下几点:搜访图书;整理藏书供阅览;编修目录;校理书籍;馆阁读书、编修史书和

_____

① 《宋史·职官》五。

新书;另有参与礼仪制度讨论及朝典、祭祀等活动。秘书省重建后,为搜集图书恢复国家藏书事业作了不少努力,而且促进了藏书建设理论的产生。

(二)国家藏书事业的恢复

南宋为恢复国家藏书,作了以下几个方面的努力:

(1)入藏太祖以来实录、会要、国史、宝训等书。从绍兴元年(1131年)开始,陆续有人呈送实录、会要。南宋求书首重此类,是因为实录、会要、国史、宝训等为当代官修史书,宋开国以来之国典朝章具载其中。但直至绍兴九年五月,史馆尚缺《神宗正史·地理》以下十三志及哲宗一朝纪志列传[①]。

(2)访求礼书。绍兴元年十一月,太常少卿赵子画列举当时急需访求的礼书有:陈祥道《礼书》、《开元礼》、《开宝通礼》、《三礼图》、《通典》、《六典》、《礼阁新编》、《太常因革礼》、《开元礼百问》、《太常新礼》、《曲台礼》、《五礼精义》等。后来各地献纳图书中,仍有不少礼书。

(3)访求兵书。宋代禁民间私藏兵书,但将帅的后代往往藏有兵书。绍兴五年七月,僧宝月(史珪后裔)进兵书三十九种。

(4)版本方面除一般书籍外,特别强调搜求北宋监本和印造黄本图书。绍兴十六年以后,又注重真迹和善本书的收藏,凡投献书籍,先下秘书省校对,确为善本时方许收下。可见此时秘书省藏书已有相当规模。

这一时期的求书方法有:

(1)求诸著名的藏书家。除赵明诚、陆实家藏书投献外,绍兴二年,贺铸家献书五千卷,曾旼家献书二千一百余卷。绍兴五年,大理评事诸葛行仁献《册府元龟》等万一千五百一十五卷。私人藏书在动乱中受到很大损失,其保存下来者,大多成了南宋国家藏

---

① 《宋会要辑稿·崇儒》四。

书的主要部分。

（2）求诸故执政家。绍兴二年，故相余深、赵挺之等以家藏国史、实录善本而奉命献纳。绍兴三年，故执政林摅家奉命送上道君皇帝御书七轴并实录、会要、国史及各种古文书籍二千一百二十卷。

（3）求诸旧秘书省长官。北宋规定，秘省图籍不准传录，而事实上多流传于外。绍兴三年七月，秘书省建议向本省前任官征集文献，办法是给纸札借本缮写。

（4）检索旧藏书机关遗留文献。绍兴九年，初复中原，史馆称现缺《神宗正史》地理志以下十三志，并缺《哲宗正史》全部纪志列传，请于恢复地区访求上列图书，特别注意检查国史院、秘书省等处可能残留的文字。

（5）求诸印刷出版业发达而又受战争破坏影响较轻之地区。如在四川、福建等士大夫寄居较多的地区。

（6）求诸寺庙。儒林士子常与佛林释子交往，文人墨客常寄居寺院读书，不少寺庙有藏书。绍兴三年，劝谕天圣寺、报本寺、开元寺等处献纳祖宗御书①。

（7）屡下求书诏。较著者如绍兴三年四月，右司员外郎刘岑言：今虽三馆之制具在，而向来之书尽亡。"乞诏四方，求遗书以实三馆"②。绍兴五年二月，下求书诏。绍兴十三年七月，诏求遗书。但还是十不得其四五。所以，要求监司郡守"各谕所部，悉上送官，苟多献于遗编，当优加于褒赏"。绍兴十六年又立"赏格"③。嘉熙十一年六月，诏求遗书并山林之士有著述者，许上进④。

---

① 《宋会要辑稿·崇儒》四。
② 《宋会要辑稿·崇儒》四。
③ 《宋会要辑稿·崇儒》四。
④ 《宋史·理宗纪》。

（8）以书目手段求访遗书。这项工作从两方面进行：一方面征集公私藏书目录，与国家藏书相较，决定取舍，按录索书。绍兴五年闰二月诏，"史馆秘书省四库书籍未备，令下诸州县学及民间，见收藏官书并开到出版，不以经史子集小说，异时仍具目录一本申纳秘书省"[①]。它要求各地所呈验书目，既包括官藏，又包括民间，既包括存书，又包括刻板，指包罗一切门类的图书。绍兴十三年十二月，又诏绍兴府取陆实家藏书目录交申秘书省，"据现缺数，许本家投进"。这"现缺数"，自然是秘书省目录与陆录比对的结果。另方面公布缺书目录，绍兴十三年十二月二十五日，权发遣盱眙军向子固建议：秘书省以唐艺文志及《崇文总目》所缺书公布于检封院，许外地臣民以所藏上项书投献，然而恐远方不知，而且难以抄录。希望秘书省注所缺书于唐艺文志及《崇文总目》之下镂板，下发诸州军，照单搜访。于是同意将缺书目录镂板公布，流传远近。这在图书事业史上是有意义的事件。

由于上述种种措施，南宋图书事业建立起来了。随着国家藏书的恢复，各项工作也相继展开，如绍兴二年，重申校雠之课；绍兴六年，重定校雠式；绍兴四年，秘书省开始建副本之藏，实录会要的编修与校勘，秘书省图籍的整理和补写所的重建，楷书功课的制定等。

随着藏书的发展我国历史上系统的藏书建设理论形成了。生长于两宋之交的郑樵，在其《通志·校雠略》中，提出了"求书之道有八论"，即：即类以求，旁类以求，因地以求，因家以求，求之公，求之私，因人以求，因代以求的八种方法。郑樵的"求书之道有八论"所形成的藏书建设理论，是出版物繁多，品类丰富，且出版方式多种多样的情况下产生的。郑樵生于宋代，既能看到唐以前遗留的残简旧篇，又遍观当代公私藏书，总结了当世的图书采访经验

---

① 《宋会要辑稿·崇儒》四。

188

和自己的采访体会,写成"求书八法"。这既是当时图书事业实践之需要,又是长期实践基础上的经验。

除国家藏书外,其它系统的藏书也逐渐恢复、发展。南宋的书院非常发达,约二、三百所,且多为理学名家主持,它富有藏书并且也雕印书籍。州县学藏书也逐渐恢复。有御书阁,专藏"圣人之经,天子所书"。有的在御书阁外另辟经史阁,并且印书已很普遍。私人藏书也有发展。随着宋室南渡,和议告成,文人学士又开始传录典籍,收藏图书,如叶石林藏书多达十余万卷。《郡斋读书志》作者晁公武藏书二万四千五百卷。

二、图书整理工作

宋自南渡后所收书,计先有四百九十二种,后有曾旼家献书二千六百七十八卷,量既多,故分四库入藏。这些书大多"未加校正"而需雠勘。当时秘书省少监王昂提出雠校规定是:一、分官日校二十一板。校书不以纸计,而以板为单位,显见印板书已占绝对优势。二、校定之后,"于卷尾亲书臣某校讫",以明责任而不没其功。三、设课程簿,"每月结押,旬申本省"。四、"入伏传宣住校"。至于底本,凡"有损坏脱落,大段错谬,不勘批凿者,许将别本参考,重新补写"。校勘整理典籍,有一些物质上的需要,如进账簿纸、装背物料、朱红雌黄颜料、纸札等,一律由秘书省通过户部下左藏库支取。

秘阁藏书,一律是黄本,旧制:"书用黆黄纸栏界书写,用黄绫装背,碧绫面签,黄绢垂签,编排成帙。及用黄罗夹复檀香字号牌子,入柜安顿。"①这些装订加工而成的书,称为太清本②。

朱红、雌黄系校书时必备的颜料。校书用红色圈点系自北宋

---

① 《南宋馆阁录》卷三。
② "太清本"非"太清楼本",《文献通考》误将二者混为一谈。

嘉祐始。但红色亦可能出现误点，又须用雌黄涂之，南宋即继承了这一办法。据《南宋馆阁录》卷五所记，朱黄二色并墨，每年发放两次。

楷书功课，即整理校订后书写文字或补写书籍的任务，每天定额为二千字，入冬书写一千五百字，比北宋少五百字。这可能由于印板书越来越多，故书写量减少。

校改方法，据《南宋馆阁录》卷三记称："诸字有误者，以雌黄涂讫，别书。或多字，以雌黄圈之；少者，于字侧添入。或字侧不容注者，即用朱圈，仍于本行上下空纸上标写。倒置，于两字间书乙字。诸点语断处，以侧为正。其有人名、地名、物名合细分者，即于中间细点。"这是积多少人校勘整理古籍的经验才形成的。

南宋在秘书省重建以前，校雠工作多由士大夫居家"勘读"、"详正"，由地方政府供给用品。这实际上是一种官校的变通办法。秘书省重建以后，雠正书籍，多在经籍案进行。

南宋整理典籍，已注意在校勘中修润文字。如绍兴二十七年，昭庆军承宣使致仕王继先上校定《大观证类本草》，有旨令秘书省官修润讫，付国子监刊行。当时仍为三十二卷。参加修润文字的有张孝祥、林之奇等。对于新修史书，包括国史、实录、会要、日历等，有在秘书省校勘者，但更多的是在史馆或国史院校勘。

除了政府机构校书，士大夫校书刻书风气也很盛。如楼钥叙述其整理《乐书》的过程说："近岁得陈礼部《乐书》……乐家之书，未有此比。而又苦其舛误，无所考证，闻建昌陈使君刊此书，与《礼书》并传。取而校之，赖以改定者甚众，又亦互有得失，并为质之经传者而是正之，尚三百余条。"并提出"校书如扫尘"等论点。这段论述记述了楼氏所采取的校书法。他既以版本互校知其得失，更"质之经传而是正之"以定是非。

雕板印刷在南宋时全面发展，除了政府、学者以外，民间书坊、书肆雕印书籍之先，亦有较认真的校雠。如北京图书馆藏建本

190

《后汉书》刊记称："本家今将前后《汉书》精加校证，并写作大字，锓版刊行，的无差错，收书英杰，伏望炳察。钱唐王叔边谨咨。"

南宋时私家校雠更盛于官方校书，现略举数例，

1. 朱熹和《韩文考异》

朱熹为理学大师，校订书籍很多，《韩文考异》更是整理韩文的结晶。《考异》以方崧卿《韩集举正》（十卷）为底本。《四库全书总目提要》谓崧卿《举正》"所据碑本凡十有七，所据诸家之书，凡唐令狐澄本、南唐保大本、秘阁本、祥符杭本、嘉祐蜀本、谢克家本、李昞本，参以唐赵德文录、宋白《文苑英华》、姚铉《唐文粹》，参互钩贯，用力亦勤"。然而朱熹又"恨其不尽载诸本异同，而多折衷于三本也"。所谓"三本"，即"祥符杭本，嘉祐蜀本，以及李谢所据馆阁本"。虽然"南安所刊方氏校定本号为精善"，但由于其"尤尊馆阁本，虽有谬误亦往往曲从，它本虽善，亦弃不得录"。而且《举正》"例多而词寡，览者或颇不能晓知"。因而，朱熹"辄因其书，更为校定。悉考众本之同异，而一以文势义理及它书之可证验者决之"。针对《举正》之失，朱熹在校韩文时，择善而从，"苟是矣，则虽民间近出小本不敢违，有所未安，则虽官本、古本、石本不敢信"①。这种重善本而不迷信善本，不主一本，择善而从的精神是值得肯定的。朱熹更认为"秘阁官书，则亦民间所献，掌故令史所抄，而一时馆职所校耳，其所传者，岂真作者之手稿？而是正之者，岂尽刘向、扬雄之伦哉?!"②这对于迷信官本，善本者，真可以振聋发聩了。

朱熹校韩文之谨严，还表现在他广备众本，先后检阅，参互审议上，把前人作过的工作，重新探讨一遍，而后又有新的建树。朱熹认为大书本文于上，悉注众本之同异于其下，因考其是非，以见

① 《昌黎先生集考异》卷第一。
② 《晦庵先生朱文公文集》卷七六《韩文考异序》。

定从今本之意,"万一考订或有未尽,取舍不无小差,亦得尚存他本别字,不遂泯没,以待后之君子"①。朱熹在校记中详细阐明了他的取舍之所以然,因而详细介绍了他校书所用的各种方法,这就又为研究朱熹校勘学和宋代校雠学留下了宝贵的资料。

2. 周必大和《文苑英华》之校刻

《文苑英华》为宋太宗时编定的大类书,但未刊行。真宗时,又作过"芟繁补缺"和复校工作,是否刊行,史无明文。南宋时,《太平御览》等书,闽蜀已刊,独"《文苑英华》,士大夫家绝无而仅有"②。周必大于庆元元年七十岁退休后与士友详议参定:一、遍求别本;二、疑则缺之;三、凡经史子集、传注、《通典》《通鉴》《艺文类聚》《初学记》以至乐府、释老小说之类,"无不参用"。参预其事的彭叔夏总结周必大的校书经验为"校书之法,实事是正,多闻缺疑"③。彭叔夏在周必大校书基础上,于嘉泰四年(1204年)十二月完成了《文苑英华辨证》一书,对宋代校勘学做出了重要贡献。

三、目录的编制与目录学研究

(一)国家藏书目录

南宋官方编制的目录有国史艺文志,即李焘等编的神、哲、徽、钦《四朝国史艺文志》和宋理宗淳祐年间编修的高、孝、光、宁《中兴国史艺文志》。原书已佚,《玉海》《文献通考》多引用其文。另有求书目录,如《续编到四库缺书目》等。至于《中兴馆阁书目》、《中兴馆阁续书目》则是国家藏书总目录。

《中兴馆阁书目》七十卷,《序例》一卷五十五条。孝宗淳熙四

---

① 《晦庵先生朱文公文集》卷八三《跋方季申所校韩文》。
② 周必大:《文忠集·平园续稿·文苑英华序》。
③ 彭叔夏:《文苑英华辨证序》。

年(1177年)至五年,秘书少监陈骙编撰。凡五十二门,著录四万四千四百八十六卷,多于《崇文总目》的一万三千八百十七卷,但不及徽宗时的藏书量。嘉定十三年(1220年),秘书丞张攀受命编《中兴馆阁续书目》三十卷。增添了一万四千九百四十三卷,达五万九千四百二十九卷,而且还不包括各政府机关及各州县藏书刻板未献者。二目均佚,有近人赵士炜辑本。

(二)晁公武与《郡斋读书志》

晁公武字子止,澶州清丰(今河南清丰)人,五世祖晁迥至父晁冲之,家富藏书。靖康之役,公武随父避乱入四川,后终于蜀。约绍兴十一年(1141年)至十七年(1147年)之间,晁公武任四川转运使井度的属官,井度于晚年将书籍五十箧赠予晁公武,这对晁公武帮助很大,去重复要得二万四千五百余卷。录其旨要成读书志。由于晁氏世居汴京昭德坊,而此书写于公武知荣州任内之郡斋,故书名《昭德先生郡斋读书志》。

《郡斋读书志》在分类体系上属四分法。经部十类,史部十三类,子部十七类,集部三类。从书目结构上说,每部有大序,亦称总论,每类有小序,但没独立列出而编在每类第一种书的提要内,这除晁志外,尚无采用者。每书有提要,多所考订。史部取消氏族类、岁时类、史评类、谱牒类。子部去艺术类、卜筮类、道书类,设神仙类、杂艺术类,合算术类、天文占书类、历书类为天文类及历算类。集部则为别集类设上中下三部,以容纳庞大的别集类图书。

《郡斋读书志》的目录体系和考订论辩,有较高的学术水平。陈振孙《直斋书录解题》称它"议论精博",后来陈振孙《直斋书录解题》和马端临《文献通考·经籍考》对它多有援引。

南宋时《郡斋读书志》有袁州刊四卷本和衢州刊二十卷本两种不同的本子。清王先谦依衢本分卷,将袁本与衢本合刊校勘,并附赵希弁《附志》。赵希弁是南宋末人。所附四百八十种书是后于《郡斋志》一百年中间世的书。

（三）陈振孙与《直斋书录解题》

陈振孙字伯玉，浙江安吉人，生于孝宗淳熙末，卒年无考。陈氏上代即有藏书。他则一边做地方官，一边收集图书。后有机会见到秘书省、国子监、宝章阁及许多私人藏书。周密《齐东野语》卷十二称："近年惟直斋陈氏书最多，盖尝仕于莆，传录夹漈郑氏、方氏、林氏、吴氏旧书，至五万一千一百八十余卷"。陈振孙正是在这样丰富的藏书基础上，用近二十年之努力，撰成本书。

《直斋书录解题》原五十六卷，著录图书三千零九十六种，五万一千一百八十卷。近《中兴馆阁书目》与《续目》之和。

《直斋书录解题》以经史子集四部类分图书，共分四录五十三类。在编制方面，大部类没有序，也无总序，仅七个类目有序，都是新增创或有变动的类目，对于传统的类目则无任何说明。显然是受郑樵泛释无义论的影响。他合《论语》、《孟子》创经部语孟类。从子部农家类别出时令，于史部置时令类，从史部起居类别出诏令书，在集部置章奏类。恢复子部阴阳类，重新明确小学类的范畴，并置音乐类。晚年"得郑子敬氏书目，其为说曰：仪注编年各自为类，不得附于礼，春秋则后之乐书固不得列于六艺"。可见他的分类思想分类体系实为参考当时官私书目经验的产物。

值得注意的是它首创的解题部分，其主要内容有：

（1）评论人物。卷四"史记"条认为，六艺以后，能著书立言者，唯左氏、庄周、三闾大夫及司马子长。他们的著述都是"前未有其比，后可以为法"。

（2）品评图书。卷四熊克"中兴小史"条说，往往疏略，甚多牴牾，"不称良史"。而卷五陆氏"南唐书"条则称赞陆游"采获诸书，颇有史法"。

（3）揭示图书内容。卷五"华阳国志"条说此书介绍"巴蜀地理风俗人物及公孙述、刘焉、刘璋、先后主以及李特等事迹"。

（4）记述选材范围。卷八"太平广记"条说此书由李昉等"取

194

野史传记故事小说撰集"而成。

（5）志藏书时间。卷五"历代年号并宫殿名"条说：丞相饶阳李昉明叔在朝苑时所纂。

（6）记版本异同。卷四"高氏小史"条说"此书旧有杭本，今本用厚纸装褙夹面，写多错误，俟求杭本校之"。

（7）注重当代图书著录。如歌词类绝大部分为宋人词集，唐五代作品很少。

《直斋书录解题》也是私家目录书中之杰出者，对后世目录学的研究影响很大。

（四）尤袤和《遂初堂书目》

《遂初堂书目》是我国版本目录学之祖。

尤袤字延之，无锡人，绍兴十八年进士，官至礼部尚书，曾任馆职。一生嗜书，尤注意版本著录。他将所闻所见的不同版本汇编成书目。其分类体系虽未标经史子集四部之名，然就其所著录三千一百五十余部图书之部次看，实系四分法。在四十四个类目中，经部九类，取消孝经类而并入论语类，将子部孟子并入经部论语类。设经总类，以聚合刻九经及善本各经。史部十八类，取消岁时类而入农家类，新设国史、本朝杂史、本朝故事、本朝杂传、史学五项，又仿新唐志设故事类。子部十二类，并墨、名、法、纵横入杂家类，仿《七略》合天文、历仪、阴阳、五行、卜筮、形势为数术家，对后世史志目录影响较大。取消《崇文总目》的道书类而设谱录类，以分金石图谱，此又与郑樵相仿。集部五类，不设楚辞而设文史类，又设章奏和乐曲两类。

此目分类体系的特点是：一、崇奉理学，将神仙、道书统入道家，置于杂家之后。二、史部特别注重近代史书。三、创置乐曲类，并孟子入论语类，反映当时唐宋词的发展和南宋重四书、孔孟并提的现实。史部设史学类，使长期以来无所归属的这一类书籍有了合适的位置。子部设谱牒类，这比郑樵在《艺文略》以外专设《图

《谱略》妥当得多。所以《四库全书总目提要》称"为例最善"。能够根据学术思想的发展变化及时调整创设类目,这是尤袤的过人处。

尤袤著录版本有科学的标准:一、以时代分,有旧监本、旧杭本及新杭本之别;二、以刻书地域分,如江西本、湖北本、池州本等;三、以刻书机构分,有监本、家刻本、官刻本等区别;四、以刻板行款分,有川大字本、川小字本等;五、以国别分,有宋本、高丽本等。

(五)高似孙和专科目录学

高似孙字续古,浙江鄞人。淳熙进士,庆元五年(1199年),除秘书省校书郎。嘉定十六年(1223年)五月,除秘书郎。十七年为著作佐郎。著有《子略》、《史略》、《纬略》、《骚略》、《蟹略》、《郯录》、《砚笺》、《文苑英华钞》、《疏寮小集》,删定《兰亭考》等。

《史略》是史书专题目录。卷一、二著录自《史记》到新旧《五代史》的纪传体史书,卷三著录历代实录、起居注、时政纪和会要等,卷四著录史典、史表、史略、史抄、史详、史赞、史草、史例、史目和通史、通鉴等,卷五为霸史、杂史,卷六为古代历史书籍。每一书下,都有解题和评论类的说明,有的详举版本,有的记述校勘整理过程。

《子略》、《经略》、《纬略》、《诗略》、《骚略》则是其它有关学科的专科书目。高似孙是目录学史上对专科目录学的发展有重大贡献的人。这些贡献反映了宋代目录学的重要成就。

(六)郑樵的目录学思想和成就

郑樵字渔仲,莆田人,学者称夹漈先生。平生嗜书,遇藏书家必借留,读尽乃去,著述达八十四种,可惜多散佚不传。郑樵的主要成就是开创目录学理论研究,编制新的图书分类法。他的目录学理论集中在《通志·校雠略》中,而实际分类则体现在《艺文略》和《金石略》、《图谱略》中。其目录学思想有以下几个特点:

第一,认识到图书分类要以学术分类为基础,因而特别强调剖析学术源流。而目录学"必究本末,上有源流,下有沿袭,使学者

196

易学,求者易求"。他要求图书分类,必须达到"观图谱者可以知图谱之所始,观名数者可以知名数之相承,谶纬之学盛于东都,音韵之书传于江左,传注起于汉魏,义疏成于隋唐,睹其书可以知其源流"的目的。他认为:"类例既分,学术自明","类例不明,图书失纪"。"学之不专者,为书之不明也;书之不明者,为类例之不分也"。"书籍之亡者,由类例之法不明也。类例分则百家九流各有条理"。他所谓的类例似是指图书分类,如此则似乎过分夸大类例功用。但郑樵强调学术源流,详明图书类例,对中国图书分类理论和目录学发展所起的影响是不能低估的①。

第二,制定全新的分类体系。郑樵重视类例,重视分类体系。他认为,定出一好的分类法,书籍就部伍分明,即可"世有变故而书不亡","人有存没而学不息"。由于图书分类建立在考镜源流的基础上,所以图书分类体系便表达了学术源流状况,以至于"观其书可以知其学之源"。而为了达到这个目的,就必须在图书分类体系中贯彻会通的思想。可见,郑樵分类法的标准是:从分类体系体现学术交流的总面貌,使古今学术流变、当代文化面貌、古今图书存佚都能准确地反映出来。他为此作出了巨大的努力,在其所著《群书会记》中简别类例,而《通志·艺文略》则本着会通的精神著录图书十一万九百七十二卷,比北宋三部国史艺文志著录的总和还多四万卷。为了综括古今而类例分明,他创造了一个庞大的全新的十二类分类法。其特点是:(1)突破传统分类法的框框,不受四分法、五分法、六分法、七分法、九分法的约束而新创体制。(2)调整传统分类法的各级类目归属,按照新的体系层层展开,类例分明,井然有序。经部的礼、乐、小学各立一类,与经类并列,这是思想解放的一个标志。保存了诸子类,但把天文、五行、艺术、医方及类书各成一类,与诸子并列,反映了他按学术分类的努力。改

---

① 《通志·校雠略·编次必谨类例论》。

集部为文类,他说:"总十二类百家四百二十二种,朱紫分矣。散四百二十二种书,可以穷百家之学,敛百家之学,可以明十二类之所归。"(3)分类细到第三级类目。第一级类目为十二个,第二级类目为一百五十七个,第三级类目为二百八十二个。分别称为类、家、种。分类表分到第三级类目,是我国目录学史上的一大进步。

第三,提出图书分类以及目录学的一些原则,大都是历代及当时经验的总结,相当可贵。这些原则是:(1)主张图书著录,通录古今,即"纪百代之有无";要求更多地注重近现代文献。(2)编次图书,宜用众人之长,通力合作为之。(3)归纳历史上编次图书的失误为"编次失书论"、"见名不见书论"、"编次之讹"、"编次不明"等,是图书分类编目工作中应注意的事项。(4)主张以书名为主要著录标目,即所谓以人类书,而反对以著者为主要著录标目的以书类人。因为以著者为主要著录标目,同一著者的不同类书可能混在同一类之中,违反按内容分类的原则。(5)解题的有无要视需要而定,主张"泛释无义"。(6)重视金石、图谱,专立《图谱略》、《金石略》。总之,郑樵的目录学思想非常丰富,许多观点,至今还有借鉴意义。他的成就是超越前人的,对后世也有很大影响。但是这些成就又是前人经验或郑樵自己以及同代人经验的总结。他卓有成效的工作,标志着目录学理论研究达到一个新的水平,《通志·校雠略》更是我国第一部系统的目录学专著。章学诚《文史通义·申郑》篇说郑樵生马班千载之后,"发凡起例,绝识旷论,所以斟酌群言,为史学要删"。后来的《续通志·校雠略》、《皇朝通志·校雠略》、《校雠通义》、《广校雠略》等,均以郑为宗。

四、官私刻书的繁荣

随着主管图书事业机构的恢复,南宋政府于绍兴九年(1139年)开始筹划刻书。但取到的旧监本书籍"多有残缺"。直到绍兴二十一年(1151年),才决心雕印经史,凡监中缺书,不惜重费,令

198

次第镂板,而各级地方政府和各地私人藏书家亦往往印书,而且多为善本。

南宋初,在大规模刻印经史之前,有释家经藏之雕印。如绍兴二年(1132年)湖州思溪王永从"谨发诚心捐舍家财,开镂大藏经板总五百五十函,永远印造流通"①。同年又重新刻印《景德传灯录》。绍兴二十六年、乾道五年、淳熙三年又三次修补增刻北宋镂板之《崇宁万寿大藏》,使此藏总计达六千六百七十卷。其它佛教书籍尚刻印多种。

经史子集各类图书,中央及各级地方政权、教育系统、民间、私人、书商、坊贾,无不刻印。发达的地区是浙江、福建和四川、江西。刻书地域广是南宋刻书事业发达的一个重要标志。

浙江的临安、绍兴、吴兴、衢州、宁波、温州、台州等地,都刻印过许多名著。如绍兴九年临安府雕印的《汉官仪》一卷;庆元六年(1200年)绍兴刻印的《春秋左传正义》六十卷,为《春秋左氏传》经注单疏合刻第一本;绍兴年间刻于吴兴的《新唐书》二百二十五卷;绍兴四年温州州学刻印的《大唐六典注》;淳熙间台州雕印的《荀子》二十卷等。

福建刻书称闽本。闽本以建安为最,而建安以余氏为最。建安刻书,也称建宁刻书,因绍兴三十二年升建州为建宁府②,治建安县。故此地所刻书亦称建本。建宁地处武夷山区,造纸业发达,为图书的刻印提供了物质基础。宋时,建本流传甚广。朱熹谓"建阳板本书籍行四方者,无远不至"③。建本中传世之较著者,有南宋初建阳坊本《周易注》,铁琴铜剑楼本据以影印。南宋建阳刊本《晋书》,百衲本《二十四史》本据以影印。建本《挥麈录》,汲古

---

① 《思溪藏》履字函长阿含经卷二二题。
② 北宋所称建宁,指建宁军而非南宋的建宁府。
③ 《晦庵朱文公文集》卷七八《建宁府建阳县学藏书记》。

阁影宋抄本据以影抄。建本《分门集注杜工部诗》,《四部丛刊》据以影印。

南宋时蜀刻中心渐由成都转向眉山。井宪孟所刻之《周礼》、《春秋》、《礼记》、《孟子》、《史记》、《三国志》以及《眉山七史》,以国子监本为底本,最为著名。

江西地区也刻印不少书籍。刻于吉安的,有《欧阳文忠公集》一百五十三卷,庆元二年刻;《文苑英华》,嘉泰元年刻;《汉书集注》,嘉泰十七年刻。刻于抚州的有《礼记注》、《春秋公羊经传解诂》、王荆公《唐百家诗选》等。

南宋刻印事业发达的第二个标志是刻书单位众多。国子监可说是中央刻书机构,各级地方政权,路州府军监县也刻书。各路转运使司、安抚使司、提刑使司和公使库等单位都印四部书籍。其教育系统自中央的国子监下至州县各学和公私书院也都大量刻书。

这些刻书单位的刻书涉及所有图书部类,其中子部书、集部书,尤其是当代文集、笔记的大量刊刻更值得注意,这又反映了南宋刻书事业发达的第三个标志。

南宋私人刻书事业也很有成就,如魏克愚刻《周易要义》、《仪礼要义》、《礼记要义》等。史部中如麻沙镇刘仲吉宅绍兴三十年刻印《新唐书》二百五十卷,乾道七年建溪三峰蔡梦弼刻印《史记》一百三十卷,建安黄善夫家塾刻印《史记集解索隐正义》一百三十卷等。子书如《管子》、老子《道德经》、文中子《中说》等。集部书更多,黄善夫刻《王状元集百家注分类东坡先生诗》二十五卷,庆元魏仲举家刻《新刊五百家注音辨昌黎韩先生文集》四十卷,又刻《新刊五百家注音辨唐柳先生文集》二十卷等。咸淳年间,廖莹中世綵堂刻《韩柳文集》,今藏北京图书馆。

私家刻书,既有正经正史,又有日用参考书(如建安曾氏家塾刻《文场资用分门近思录》二十卷、《后录》十四卷);既有大部头的类书(如嘉泰元年吉州周氏刻《文苑英华》一千卷),又有小说话本。私人或家塾刻书作过许多整理、编排、校订等加工工作，使书籍的内容和形式都有了新的变化和进步。如《史记》的《集解》、《正义》、《索隐》在北宋时单行，南宋时始则把《集解》与《索隐》合一，继而黄善夫本又将《集解》、《索隐》、《正义》合一，便于读者。又如经书，北宋时经的正文与注疏单行，南宋时绍兴工匠把经与注疏合刊，后来福建刘叔刚刻《礼记》更加进了《释文》。私人刻书中富有创造性，是南宋刻书事业发达的第四个标志。

坊刻书量大是南宋刻书业发达的第五个标志。书坊书肆主人以刻印书籍为职业，以图书流通为手段，以营利为目的，拥有写工、刻工和印工，且不断创新。较著名者，有建宁府黄三八郎书铺，乾道间刻《韩非子》二十卷及《重修广韵》五卷。临安府尹家书籍铺刻《续幽怪录》四卷①，字用柳体，目录后刻"临安太庙前尹家书籍铺刊行"，《四部丛刊》即影印此本。临安棚北大街睦亲坊陈解元或陈道人书籍铺尤有名。陈道人姓陈名起，字宗之，时称卖书秀才。陈解元系陈道人之子，名续芸。陈氏与儒士佛子多有交往。时人称他"诗刊欲遍唐"，可见其刻唐人诗集极多。但凡今存唐人诗集后有"临安府棚北大街睦亲坊陈道人书籍铺"或"陈宅书籍铺印行刊行"题记的，都是陈起刻本。陈续芸亦刻唐人诗集，如北京图书馆藏《王建诗集》，书后即有"临安府棚北睦亲坊巷口陈解元宅刊印"题记。陈氏也编书，《四库全书总目提要》著录陈起编集的书，有《江湖小集》、《江湖后集》等。

建安余氏为刻书世家，卡德《中国印刷术的发明和它的西传》称这个家族世代刻书，历数百年不衰。余氏编著和刊行的通俗小说，鲁迅先生在《中国小说史略》中曾给予高度评价。南宋时，余仁仲的万卷堂曾刻《尚书精义》五十卷、《春秋公羊经传解诂》十二卷、《春秋谷梁经传》十二卷、《事物纪原》二十六卷、《纂图互注重

---

① 《续幽怪录》即《续玄怪录》，避宋讳而改之。

言重意周礼》十二卷等。

如果把宋代刻书分作几个大的地区，便可发现它们各有自己的特点：

浙本板心多为白口，有上鱼尾，有下鱼尾者不多。左右双栏，上下单边。字体多为欧体，板心处多有刻工姓名。传世宋本书中，浙本建本刻板数量大，发行量大，字用柳体者多。早期刻本左右双栏者多，后期改为四周双边，早期为白口，中期转为黑口，先为小黑口，后期为粗黑口。建本在栏外左上角多有"书耳"，耳内刻篇名或小题，颇便读者翻检。黑口和书耳都始于建本，但多无刻工姓名。

蜀本多用颜体字。板心大多是白口，左右双栏，板心中下端多有刻工姓名，校勘较精。

宋本书尤其坊刻本刻有牌记。有的简单介绍刻书缘起，有的有商业广告气息。

装订形式，主要是蝶装。理宗朝末期，出现了包背装。

宋代木刻版画已从宗教画发展到应用于书籍插图，这是一个进步。南宋理宗景定二年（1261 年）重刻《梅花喜神谱》，说明专题性木刻板画集已经问世，在版画艺术史和雕板印刷事业史上，具有重要意义。

五、类书和丛书的编纂

北宋时曾汇刻佛藏道藏，可视为早期之丛书。

南宋俞鼎孙、俞经编辑、校刻的《儒学警悟》为正式丛书之始。刊于宁宗嘉泰元年（1201 年），凡七集，四十卷。计《石林燕语编》十卷、《演繁露》六卷、《嬾真子》五卷、《考古篇》十卷、《扪虱新语》上下集八卷、《莹雪丛说》一卷。《儒学警悟》的最后一种，为俞成所编之《莹雪丛说》。缪荃孙说，是举"已开后人以己撰编入丛书之例"①。至于命书之旨，则俞成跋中说"为儒学设，为警悟用"。《儒学警悟》经缪荃孙推荐，由陶湘校刊印行。陶湘说："俞书虽合诸家成帙，究系专收时代近接学派相同之作。且另撰目录统排卷次，并非各还各书。乃宋儒鸣道集合编濂溪、涑水、横渠诸书之比。""与后来丛书不分部类，不计年代者微有不同。"陶湘认为，《宋史·艺文志》列《儒学警悟》于类事类为"最得其实"。

比《儒学警悟》成书晚七十余年的另一部丛书是左圭辑的《百川学海》。左圭字禹锡，自称古鄞山人，自序《百川学海》题"昭阳作噩"，即南宋度宗咸淳九年(1273 年)。书凡十集，每集收书不等，有七八种者，有十余种者。以唐宋人著述为主，间及晋与六朝。据傅增湘考定，宋本《百川学海》十集，每集十种。每集种数多少不等，则系通行本之讹②。陶湘认为，《百川学海》"搜采宏富，逾俞氏十倍"。自左氏书流行，后代编印丛书者遂多。

南宋又是类书编纂的繁荣时期，著名的类书也有由个人编撰的。

《群书考索》　即《山堂先生群书考索》，一百卷，元明续有所增。章如愚撰。如愚字俊卿，浙江金华人，庆元中进士。这部书资料丰富，长于考据，关于政治制度源流沿革叙述较细，是研究宋代制度的参考书。

《皇朝事实类苑》　简称《类苑》或《皇朝类苑》、《事实类苑》、《宋朝类要》。编者江少虞，常山人，政和进士。书成于绍兴十五年(1145 年)。全书二十四门，记太祖至神宗一百二十年间事。书中所引宋代史书，如《两朝宝训》、《三朝训鉴》、《三朝圣政录》等已失传，赖此书保存不少资料。且引书多注出处，是其长处。

《锦绣万花谷》　前集、后集、续集各四十卷。撰者不详。书

---

① 《校刻儒学警悟七集序》。
② 《藏园群书经眼录》卷一一。

前有淳熙十五年(1188年)十月一日叙,则南宋孝宗时书。书中资料,已及南宋,续集卷三十八且见孝宗初年事,故作者当亦孝宗时人。《续集》卷三十九记宇文虚中使金忠节事,并称事具《三朝北盟集》,此当指《三朝北盟会编》。是书南宋光宗绍熙五年(1194年)编成,则作者尚及于光宗时。《锦绣万花谷叙》:"余为童稚时,适当胡马蹂践之间",指靖康建炎间事,其时为童稚,至光宗(1194年)前后,共六十余年。总之,作者可历徽、钦、高、孝、光五帝或更多。《四库全书总目》谓书中"纪年类载理宗绍定端平年号,帝后诞节类载宁宗瑞庆节、理宗天基节诸名,并称理宗为今上,是当时书肆已有所附益"。按建炎由童稚至端平年间约一百二十岁左右,恐作者无此高寿,《总目》所疑甚是。又《四库全书总目》说是书"创立名目,博引繁称,俱不免榛楛杂陈,有乖体要。特其中久经散佚之书,如《职林》、《郡阁雅谈》、《雅言系述》、《云林异景记》之类,颇赖此以存崖略"。评论尚称公允。

《事林广记》 陈元靓编。是一部颇具特色的百科全书型的类书。原书宋本已不可见,现存元明刊本,均经增删。中华书局一九六三年九月影印元至顺建安椿庄书院刊本,前集十二卷十六类,后集十三卷十九类,续集八卷八类,别集八卷八类,共四十二卷五十一类。胡道静认为,《事林广记》的主要特征有二:一是包含着较多的市井状态和生活顾问的资料;二是开类书附载插图之始。续集卷六、七、八文艺类载有当时种种娱乐活动的方式和方法,如投壶、双陆、打鸟等;又别集卷六载有当时民间运用的各种称法及民间工匠所用营造尺度,也为其它文献所不载。附载插图,帮助读者了解古代器物形制、生活状况,在古代类书中,是别开生面的[①]。

《玉海》 二百卷,王应麟撰。王应麟(1223—1296年)字伯厚,号深宁,鄞人。南宋末任秘书监。入元后,杜门不出。《玉海》

---

① 胡道静:《事林广记序》,见《农书与农书论集》,农业出版社1987年版。

是他编纂的一部体例特殊的类书。《四库全书总目》卷一三五《子部类书类》著录:《玉海》二百卷,二十一门,二百四十余类。并称"与他类书体例迥异","所引自经史子集、百家传记,无不赅具。而宋一代之掌故,率本诸实录、国史、日历,尤多后来史志所未详。其贯穿奥博,唐宋诸大类书未有能过之者"。《四库全书总目》所说的《玉海》体例迥异之处,在于专立"艺文"一门,打破了唐宋以来类书不记图书目录的传统,这是《玉海》编制方面又一特殊的地方。王重民将《玉海》的特点归纳为:一、每个大类和编题的内容,都是用历史文献资料和图书目录组成的。在"艺文"一门,以图书目录为主,附以与图书目录有关的历史文献资料,在其它二十门中,以历史文献资料为主,附入有关的图书目录。二、艺文四十四个子目基本上按经史子集排列而又有相当变动,为适应类书性质和博学宏词科也。三、图书著录以编题为著录单位,《玉海》是用编题组织资料的类书,其结果是把《玉海·艺文》带向了主题目录的新方向。总之,《玉海》是把历史文献和图书目录结合起来编题的,既提供了历史文献资料,又提供了代表这些文献来源的图书目录。这就使《玉海》成了特殊体例、特殊内容的类书,具有特殊的价值,既运用了目录学的方法,又促进了目录的发展①。

第三节　辽、夏、金的图书事业

一、图书的搜集与典藏

(一)辽、西夏的图书事业机构

公元 946 年辽太祖入汴,取后晋图书,辽始有图书事业。辽国

---

① 王重民:《中国目录学史论丛》。

史院,设有监修国史、史馆学士、史馆修撰、修国史等职。另有观书殿学士、昭文馆直学士和崇文馆大学士等官。例之以唐宋制度,可能都与图书事业有关。辽中央政权中还有秘书监,内设秘书郎、正字、校书郎、著作郎、著作佐郎等职,当与修写校雠有关。辽在五京设学,道宗清宁五年(1059年),颁经及传疏,置博士助教各一员①,既称颁发书籍,可能有印书机构,并可证地方教育机构已拥有藏书。辽校勘佛典较多。沙门志延称"校勘法师",沙门觉苑,历兴宗、道宗两朝,校勘《大藏经》。佛经的校理是辽国图书事业的重要组成部分。

西夏的国家机构,大体模仿唐宋官制并分设对汉人和夏人的两套机构。元昊时设有蕃学和汉学,相当汉人的国子监。"并令诸州各置蕃学"②。中央和地方教育机构中,无疑会有一定数量的藏书。西夏官制中有翰林学士院,学士的任务之一是"修实录"。据后世藏书家所见,不仅夏有实录传世,且有夏文国史流传③。可见夏是有图书编修机构及人员的。这些国家编书机构必然会有较大量供参考采录的藏书。

(二)金图书事业机构及图书搜集

金章宗时设宏文院、有知院、同知院事、校理等职官,专掌译校经史。当与图书事业有关。

金史馆除藏日历、实录和有关政事的议论文字外,也刊刻文字。

金中央藏书机构主要是秘书监。设有监、少监、丞、秘书郎、校书郎,专掌文籍。教育兼出版发行机构则是国子监,设有国子校勘,掌校勘文字,另有书写官,掌缮写实录。另外,国子监设有雕字

---

① 《辽书·百官志》四。
② 《西夏书事》卷一三。
③ 钱谦益:《牧斋有学集》卷二六《黄氏千顷斋藏书记》、柯劭忞:《西夏记序》。

匠人,人数不详,但有作头、副作头等名称,当已有相当规模①。金宫中经常讲《尚书》、《通鉴》、《贞观政要》等书。另有稽古殿,则是藏书处所。

金初书籍的大宗来源有二:一自辽,一自北宋。金在进攻汴京的前夕,刘彦宗曾向金攻宋统帅宗翰、宗望建议,效法萧何及辽太宗,入汴梁后应搜集图书②。及汴梁陷落,随宗翰伐宋的宗宪"独载图书以归"③。赴汴劳军的完颜勖,"宗翰等问其所欲,曰:'惟好书耳'。载数车(书)而还"④。此后,金人频频南下,掠取物中皆有图籍和书板。

(三)辽金的私人藏书

辽藏书家中最著名的,当推阿保机长子东丹王耶律图欲。图欲汉名倍,藏汉籍至万卷,藏于医巫间山顶之望海堂。辽太宗耶律德光继位后,耶律图欲以争夺帝位的失败者徙居南京,又命王继迅起书楼于西宫⑤。后唐明宗遣人跨海密召,"载书浮海而去"。

宦官王继恩,不喜权利,好清谈,每得赏赐,用以市书,积至万卷。《焚椒录》的作者王鼎,幼好学,曾居太宁山数年,博通经史。肃韩家奴少好学,弱冠入南山读书,博览经史。均可见藏书之富⑥。

金人藏书,见于史传者不多。宋士大夫入金者,率有藏书,对金颇有影响。一般士大夫也多有藏书,如杨伯沫喜收古书,许国忠"倾家资市书",张邦直"束脩惟以市书"⑦。

---

① 《金史·百官志》四。
② 《金史·刘彦宗传》。
③ 《金史·宗宪传》。
④ 《金史·始祖以下诸子传》。
⑤ 《辽史·义宗倍传》。
⑥ 《辽史》有关本传。
⑦ 《归潜志》卷五。

辽人入金,亦有重视文献者。范承吉原为辽秘书省校书郎,入金后为御前应承文字。当宗翰克宋,承吉负责管理所得金珠珍宝。当其还日,犊车仅载书史。

二、辽、夏、金的写本与刻本

(一)辽的写本与雕板事业的成就

山西应县佛宫寺木塔中发现的辽代三十件写经,其中杂抄是佛教徒为传播佛教所作的功德。其他还有科制文、寺院经济史料和相当于敦煌变文的讲经文和俗曲。这三十件写本书中,书写材料为硬黄纸的二件、麻纸入潢的五件、皮纸一件、麻纸二十二件。其中乌丝栏五件,有的在硬黄纸上,有的在麻纸上。其中卷轴装占二十四件。这为辽代写本书提供了实物。

关于辽代刻书,过去只知道刻过一部六千余卷的契丹大藏。应县木塔中所发现的《契丹藏》,是我国现存最早的大藏经刻本。此外,还有刻经、刻书、杂刻、木刻版画等雕板印刷品六十一件,其精美程度,比当时中原地区毫不逊色。

从这些发现的实物中可以看到,辽的雕板印刷业可分官刻、私刻和坊刻。如《释摩诃衍论通赞疏科卷下》有"燕京弘法寺奉宣校勘雕印流通",卷末题有"句当"、"校勘"、"提点"等职官名和沙门名衔及雕印时间。这当然是官刻本。私刻本则有题"燕京仰山寺前杨家印造"、"燕京檀州街显忠坊门南颊住冯家印造"、"大昊天寺福慧楼下成造"等,也有的仅题"燕京"、"燕台"字样。刻造经卷的寺院,有昊天寺、仰山寺、天王寺、悯忠寺、弘业寺、圣寿寺等。私人工匠除杨家、冯家外,还有穆家、赵家、李家、樊家等。《妙法莲华经卷第四》题"燕京雕历日赵家俊并长男次第同雕记",这是一个专雕日历的家庭手工业者,又是刻印经卷的个体户。辽的南京也有较大型的雕刻手工业作坊,《法华经玄赞会古通今新抄卷第六》署"赵俊等四十五人同雕记",《法华经玄赞会古通今新抄卷第二》题"孙守节等四十七人同雕",已经不是仅以子弟作帮工的个体户了。

在六十一件雕板印刷品中,有目前世所仅有的辽版书唐李翰《蒙求》残本,为坊刻本①。

《蒙求》是辽代南京童生启蒙汉字课本,白文,无注。上中下三卷,与带注的三卷本分卷不一致。每页二十行,行十六字,左右双边,上下单线,板心刻有板码。楷书,工整但略呆板。避辽讳。附有音义——是唯一有音义的《蒙求》。辽本《蒙求》在文字上与早于它的版本一致,而异于晚于它的版本,也因袭了一些早于他的本子的错误,说明辽本渊源较早。辽本《蒙求》校刻不精,错字较多且明显,排版挤狭以图节省版面,这些都带有坊刻的特征。

辽版《蒙求》为蝴蝶装。木塔雕板印刷品中,《契丹藏》和多数刻经为卷轴装,《佛说八师经》、《佛名集》、《燕台大悯忠寺新雕诸杂赞一策》亦为蝶装。《妙法莲花经卷第一》则由卷轴装改为经折装。可见在装订形式方面,与中原地区相同。

辽刻佛经大多是楷书大字,刀法圆润有力。行款疏朗整齐,格调清新。纸张、墨质、防蛀、颜料等,都有很高的工艺水平。沙门即满《妙行大师行状碑》记重和十三年(1044 年)志智和尚造经一藏,"以糯米胶破新罗墨,方充印造,白松木为轴,新罗纸为幖,云锦为囊,绮绣为巾,织轻霞为条,苏枋为函"②。用糯米胶调墨印书,是辽工匠在雕板印刷业上的创造。辽出版的其他印刷品,也很讲究。《契丹大藏》版式统一,行格疏朗,排列整齐。均为硬黄纸,光洁坚韧,入潢避蠹,未见虫蛀。卷首多有精美的木刻佛画。曾赠送高丽。朝鲜和尚宓庵说:"念兹大宝,来自异邦,帙简部轻,函未盈于二百,纸薄字密,册不满于一千",惊异其"殆非人力所成,似

---

① 毕素娟:《世所仅见的辽版书籍——蒙求》,见《文物》1982 年 6 期。
② 《全辽文》卷一〇。

借神功而就"①。可见辽代印刷品质量很高。

应县木塔发现佛教木刻版画，也表现出很高的工艺水平。《南无释迦牟尼佛像》三幅，在印刷方法上属于丝漏印刷。似是以两套版印刷，先漏印红色，后漏印蓝色，字地上的黄色，则是用笔刷染的。由于漏印方法不易印出精细的线条，因而以笔勾画眉、目、口、鼻、手、足和服领等细部，而身形穿着反不甚清晰。制版时只制半幅画的漏版，印时将绢对折，印后再打开成为整幅，因而画面左右对称，而对折处则有一条较重的线。《炽盛光九曜图》是迄今所发现的最大立幅木印着色佛教画幅。是以雕板方式印出通墨线条后，再经毛笔着色。着色处有晕染，颇具笔墨风。它继承了五代时期雕板印刷线条而后着色的办法，画面细腻生动，逼肖原作。木塔所出辽代版刻佛画，说明辽在木刻版画方面的成就。

(二)西夏的写本和刻本

俄国的柯兹洛夫曾在清末自哈拉浩特劫走大量西夏文物，内有西夏文刊本和写本达八千种，即使其中有复本，数量也很可观②。西夏文刊本中，有《二十国》一书，可视为春秋十二国的历史汇编。又有《类林》一书，刊于乾祐十五、六年，系译自汉籍的人物传记，以武将、忠臣、贤臣、良吏、豪杰、忠信、明智、节妇、巧妇、幻术、医者、文士、游侠、显贵、巨富、赤贫、寒士、弓手、匠艺、武士等类目统之，俨然为西夏文刊本类书，惜已残缺。

斯坦因曾于 1914 年到哈拉特(黑水城)发掘文物，劫掠去许多西夏文的佛教写本和刊本典籍。以及一些用汉文、西夏文、回鹘文以及突厥字体的各种记载的残纸③。可见在西夏流行的有西夏文、汉文、西藏文、回鹘文等典籍，有刻本，也有写本。

① 《东方文选》卷一一二释宓庵《丹本大藏庆赞疏》。
② 黄振华:《评苏联近三十年的西夏学研究》。
③ 《斯坦因西域考古记》。

西安市文物管理处现藏有西夏写经和刻经等多种实物,如:

泥金写经《金光明最胜王经》 二页。高 30 厘米,宽 11.4 厘米,上下双栏,框高 21.6 厘米,每页六行,行十七字。西夏文以赤金楷书写成,字体工整。末有西夏文神宗皇帝遵顼的御制发愿文。

写本《大般若波罗密多经》 原经六百卷,西安仅藏两卷,西夏文书写。西夏写经很多,俄国柯兹洛夫盗走的八千余件西夏文献中,手写本《大般若波罗密多经》占一千多个编号。西安写本与玄奘译汉文本一致,且各卷末或背面往往有"校过一遍"四字。

刻本《大方广佛华严经》 卷九末有一木刻押捺印记,说明是西夏印佛经。汉文,书法秀美,刻印精细,足与当时宋朝刻印的汉文佛经媲美。另据印记,知此次共印制大藏经十二部,华严经五十四部,可知西夏刻经,既有西夏文,亦有汉文。

(三)金的刻书事业

宋高宗南渡后,汴梁书肆和雕板工人,一部分南下,另一部分则移居金的刻书中心平阳(又称平水,今山西临汾)。这里是晋南经济、政治、文化的中心,"故书坊时萃于此"①。金刻图书今可见者有多种,如:

《大方广佛华严经合论》 原书卷数不详,现仅存第六卷、第四十一卷。经尾刻"太原府榆次县仁义乡小郊村都维那敦旺、副都维那敦仲",并题"当乡小冀村施板人李展"。金皇统九年(1149年)刻本。每页六行,行十六字,经折装藏经纸印刷。字体略板滞,不及《赵城藏》精良。现藏山西省图书馆。

《增注礼部韵略》 平水书籍(官称)王文郁所定②。金大定六年(1166年)刻于平水。王文郁并旧韵二百零六部为一百零六部。

<hr>

① 叶德辉:《书林清话》卷四《金时平水刻书之盛》。

② 钱大昕:《跋新刊礼部韵略》。

《壬辰改证吕太尉经进庄子全解》　宋吕惠卿撰，金大定十二年（1172年）平水翻刻本。半页十三行，行二十三字至二十七字不等。现藏北京图书馆。

《铜人腧穴针灸图经》　五卷，金大定二十六年（1186年）书轩陈氏平水刻本。据《经籍访古志》，此书序后有"书轩陈氏印行"木记。半页十行，行二十字。其书以铜人为式，历来为医家所重。

《重刊增广分别类林杂说》　十五卷，平阳王朋等撰，金大定二十九年（1189年）平阳李子交刻。瞿镛《铁琴铜剑楼藏书目录》、莫友芝《邵亭知见传本书目》均著录。

《南丰曾子固先生集》　宋曾巩撰，金平水刻本。此本源出北宋旧椠，其诗文多出《元丰类稿》外，《圣宋文海》、《南丰文粹》诸文，皆备见于此本。"字画刚劲，世无二峡，堪称平水本之上乘"。现藏北京图书馆。

《新修累音引证群籍玉篇》　三十卷，金邢准增广补充删改而成的字典。《版刻图录》定为金平水刻本，现存北京图书馆，半页十四行，行二十一字。

《刘知远诸宫调》　《中国版刻图录》鉴定为金平水坊刻本。系西夏遗址出土文物。是当时刻书流传到那里的佐证。《刘知远诸宫调》为古代民间说唱文学名著，也是现在传世的最古的诸宫调之一。据此，可知金代平水公私刻书很盛行，水平很高。

除平水外，金代刻书中心以中都（北京）、南京（开封）和宁晋等地为盛。中都和南京为建都之地，为政治、文化中心，平阳和宁晋二地则系书坊中心。金代官书中，首称国子监本。如果将国子监和崇文院合并计算，出版的中文书籍不下三十种，女真文书籍不下十五种。而且，国子监除古代经史外，还刻印当时人的作品。

金的印刷品，数量相当大。其中有不少是女真文印刷品。①

------

① 《金史·徒单镒传》。

212

金有译经所之设，大定二十三年（1183 年）九月，译经所进所译《易》、《书》、《论语》、《孟子》、《老子》、《文中子》、《刘子》及《新唐书》，金世宗特命颁行之①。当时文人著述大多镂板，上层统治者的作品有更多的机会出版。太师完颜勗的《射虎赋》诗文等篇什，皇帝特命"镂板行之"②。事实上，金人文集及文字著作多由民间刊行，甚至佛寺也刻印文人作品，这是前此所未见的。刘祁《归潜志》卷九记载《闲闲外集》便是少林寺刊行的。佛家历来只刻佛经，此时忽又刻印文集，也可见此时印刷事业之普及。

《赵城藏》系金代民间集资雕刻的一部藏经，以原藏山西赵城县广胜寺而得名。是一部珍贵的孤本佛经，存四千九百多卷，卷轴装。历来公私书目均未见著录。这部藏经以千字文编号，以当时所存经卷与编号估计，全部经文应有七千余卷。始刻于皇统九年（1149 年）以前，毕于金大定十三年（1173 年）以后，前后历时约三十年。原板纯为私人募刻。1942 年，侵华日军曾突然向广胜寺进攻，妄图劫夺，经驻赵城之八路军藏入山洞中。解放后移藏于北京图书馆。

金除刻印佛教经典外，还因崇尚道教而雕印《大金玄都宝藏》，共六千四百五十五卷，六百零二帙。

三、图书的形态与流通

辽夏金都重视汉籍的翻译与输入。如萧韩家奴欲帝知古今成败，译《通历》、《贞观政要》及《五代史》。耶律倍工辽汉文章，尝译《阴符经》③。辽圣宗亲以契丹字译《白居易讽谏集》。北宋张芝叟使辽，寓幽州馆中，有题苏轼诗于壁者，闻范阳书肆亦刻苏诗

---

① 《金史·世宗本纪下》。
② 《金史·始祖以下诸子传》。
③ 《辽史·宗室传》。

数十篇①。

宋朝虽严格限制书籍文字出口,但禁而不止。因贩书入契丹,"其利十倍"。而辽与宋相同,亦禁文字出境,违者处死刑②。但也是禁而不止,如《龙龛手鉴》便流入宋朝。

辽统一北方,大量输入汉文典籍,传播了汉族文明。

西夏的汉文典籍也很丰富,《宋史·夏国传》、《辽史·夏国传》都称夏的统治者通蕃(按谓吐蕃)汉文字,案上常置法律书籍,经常参读《太乙金鉴诀》及《野战歌》等书。

西夏的部分汉文书籍,来自北宋。仁宗嘉祐七年(1062年),西夏曾拟用五十匹马的代价,向宋求太宗御制诗章草隶书石本,及国子监印本《九经》、《册府元龟》、《唐书》。次年,宋以《九经》、《孟子正义》和医书相赠而却其马。南宋初,宋夏关系断绝,西夏转而通过金搜求汉籍。

西夏自制文字后,有计划地编译了不少汉文典籍。见于《宋史·夏国传》的译书有《孝经》、《尔雅》、《四言杂字》等。其他一些经史和子部书籍也有不少西夏文刊本。

在夏文的图书中,有一个重要内容,就是为汉文书籍作注。西夏文《论语》的注释大致以汉文注为据,而不同于汉文原注,当为西夏人所作。

西夏流行的书籍为政治、军事、法律、诗歌、文字等类,这与当时政治生活和人民生活密切相关。西夏文字书和蕃汉文对照字书的出现,在当时也起了重大作用。公元1132年编成的《音同》收字六千多个。是用西夏文编写的同音字典,也是现存最早的西夏字书。公元1190年编成的《蕃汉合时掌中珠》是汉夏、夏汉对译字典,在夏字旁注汉字读音和汉字释义,汉字旁注夏字对音,译语

---

① 《渑水燕谈录》卷七。
② 《梦溪笔谈》卷一五。

214

两两相对,极便检阅,对沟通民族间的文化交流有重要作用。

　　西夏尊崇佛教,因而也很注重佛经的流通。西夏的《大藏经》主要来自北宋。宋曾多次应西夏之请,赠送《大藏经》,有时收受马匹,有时则馈赠。西夏人将《大藏经》译成西夏藏经三千六百二十余卷,包括汉藏经、律、论全部,而《八千颂般若》及《守护大千国土经》则是从西藏语重译的。西夏还曾送佛经给辽。

　　金的典籍来源于辽和北宋。金世宗完颜乌禄是阿骨打的嫡孙,是女真文化的拥护者。然而对于汉文化也不一概拒绝。他重视用女真语翻译汉文典籍,在宏文院中设译经所。从大定四年(1164 年)开始,以女真大小字译经书颁行①,至大定二十三年(1183 年)所译所进《易》、《书》、《论语》、《孟子》、《老子》、《扬子》、《文中子》、《刘子》及《新唐书》等书,都由世宗下令颁行。章宗明昌二年(1191 年)四月,学士院又进唐杜甫、韩愈、刘禹锡、杜牧、贾岛、王建和宋王禹偁、欧阳修、王安石、苏轼、张耒、秦观等集二十六部的女真文译本。五年,翰林侍讲学士徒单子温进所译《贞观政要》、《白氏策林》等书。六年,复进《史记》、《西汉书》。章宗自幼便学习汉字经书。在位期间,不仅置弘文院专门机构,以女真文译汉文典籍,还规定亲军年三十五岁以下的要学习《孝经》与《论语》。

　　在宋金交往中,图书也互相流通。如宇文懋昭《大金国志》卷八记金天会十二年(1134 年)宋遣章谊使金,即附带赠送《资治通鉴》等书。宋人在宋金互市中曾得到金人刊印的司马光《潜虚》版本②,陈振孙藏书中有大定二十七年刊行的《释书品次录》。可见,书籍在宋金间可以互相销行。

　　总之,辽、夏、金对图书事业区域性的贡献,而与两宋图书事业

---

① 《金史·选举志》。
② 《晦庵朱文公文集》卷八一。

一起,构成全国性的图书事业。当时,各区域虽各有自己的文字,但汉文仍是流行的文种。辽、夏、金都翻译和翻印了大量汉籍,它与两宋的图书交流虽有某些法令规定的障碍,但实际上却从未停止过交流。

第四节　元朝的图书事业

一、图书的搜集与典藏

(一)元初图书来源

元初的图书主要来源于宋、金、辽。其中从南宋得到的图书尤多。如:

(1)元世祖至元十三年(1276年)二月,伯颜在受宋降后遣宋内侍王埜入宫收图籍。又命秘书监焦友直"括宋秘书省禁书图籍"。三月,伯颜入临安,又遣郎中孟祺籍"秘书省、国子监、国史院、学士院、太常寺图书"。是年冬,秘书监,"两浙宣抚使焦友直以临安经籍、图画、阴阳秘书来上"①。

(2)宋国史悉数入元。当伯颜命董文炳入临安,收礼乐器及诸图籍时,董文炳说:"国可灭史不可没,宋十六主,有天下三百余年,其太史所记具在史馆,宜悉收以备其典礼。"当时收得宋史及各种注记共五千余册②。

(3)括取书版。世祖至元十二年九月,括江南诸郡书板。十五年,又遣使至杭州等处取官书籍板至京师,由兴文署掌管。江南书板北行,无疑有利于北方刻书事业的发展。

① 《元史·世祖纪》。
② 《元史·董文炳传》。

（4）元于攻城略地之余多收当地图书。统一全国后，中央政府官吏南下，也多于江南买书。如刘容奉使江西，及还，载书数车，献诸皇太子①。后来，元购遗书，又是江南献书为多。

元代大规模求书有两次：一在世祖至元十年（1273 年）秘书监初建时②；二在惠宗至正年间（1341 年以后）修辽金宋三史时。求书重点在江南。但据《辍耕录》等书记载，求书的成效不大。

（二）主管图书事业的机构和职官

钱大昕《补元史艺文志序》曾概述元代图书事业说："元起朔漠，未遑文事，太宗八年始用耶律楚材言，立经籍所于平阳，编集经史。世祖至元四年，徙置京师，改名宏文院。九年置秘书监，掌历代图籍，并阴阳禁书。及大兵南伐，命焦友直括宋秘书省禁书图籍。伯颜入临安，遣郎中孟祺籍宋秘书省、国子监、国史院、学士院图书，由海道舟运至大都。秘书所藏，彬彬可观矣。唐以前藏书，皆出钞写，五代始有印板。至宋而公私版本流布海内，自国子监、秘阁刊校外，则有浙本、蜀本、闽本、江西本，或学官详校，或书坊私刊，士大夫往往以插架相夸。世祖用许衡言，遣使取杭州在官书籍板及江西诸郡书板，立兴文署以掌之。诸路儒生著述，辄由本路官呈进，下学林看详，可传者，命各行省檄所在儒学及书院以官钱刊行。"由这段记载可知，元太宗八年（1236 年）由耶律楚材倡导所设平阳经籍所是当时的印刷出版中心之一。这是因为金元之际，平阳为文人学士荟萃之地。建立经籍所可使大批文人安居，有利于这一地区的文教风尚。元世祖至元三年（1266 年），徙平阳经籍所于京师。四年二月，改经籍所为宏文院，以马天昭知院事。平阳经

① 《元史·刘容传》。

② 《元史·赵璠传》附记赵秉温至元八年"授秘书少监，购求天下秘书"。但《世祖纪》称至元十年正月立秘书监。又《滋溪文稿》卷二二《赵秉温行状》作十年、为秘书少监。当以十年为准。

籍所虽不复存在,但整个元代平阳刻印图书事业仍占相当重要地位,它正如耶律楚材传所说:"置编修所于燕京,经籍所于平阳,由是文治兴焉。"①

秘书监建立于世祖至元十年(1273 年)。按《元史·百官志》载,秘书监,秩正三品。掌历代图籍阴阳禁书。设卿(正三品)、太监(从三品)、少监(从四品)、监丞(从五品)、典簿(从七品)、令史、知印、奏差、译史、通事、典书、典吏等。属官则有著作郎、著作佐郎、秘书郎、校书郎、辨验书画直长等。及平宋、金后,"典章图籍,皆归秘府"②。

元初,集贤院与翰林国史院合称翰林国史集贤院。至元二十二年(1285 年)复分。在翰林国史院之下,原有兴文署,系专门出版机构,后来废而不设。

与图书事业有关的另一机构是奎章阁,虽然初设时,奎章阁的大学士为正三品,由翰林学士承旨兼领,似是翰林国史院的下属机构,但后升为正二品,与翰林、集贤两院地位相同,其职掌多与当时图书事业关系密切。《元史·百官志》记其机构与职司略如下表:

奎章阁学士院
├ 群玉内司,掌奎章阁图书宝玩
├ 艺文监,以国语译儒书,校勘儒书
│ ├ 艺林库,掌藏贮书籍
│ └ 广成局,掌刻印书籍
└ 鉴书博士,鉴定书画

奎章阁成立后,在图书事业上颇有活动。如文宗天历二年

① 《元史·耶律楚材传》。
② 《元史·阿图鲁传》。

（1329年）三月，设奎章阁授经郎二员，秩正七品。以勋旧、贵戚子孙及近侍年幼者肄业。九月，敕翰林国史院官同奎章阁学士采辑本朝典故，按唐宋《会要》体例，著为《经世大典》。至顺元年（1330年）二月，以修《经世大典》久无成功，专命奎章阁阿邻帖木儿、忽都鲁都儿迷失等译蒙古语所纪典章为汉语，由赵世延、虞集等任纂修。至顺三年（1332年）四月，命奎章阁学士院以蒙文译《贞观政要》，镂板模印，以赐百官。因此，奎章阁系统的职司，主要集中在编撰、翻译、校勘、出版图书等方面，与以往图书之府不同之处是另设有鉴书博士司。

顺帝元统年间（1333—1334年），群玉内司并入艺文监[①]。当时元的大臣曾议罢奎章阁学士院及艺文监诸属官，巙巙认为"民有千金之产，犹设家塾、延馆客，岂有堂堂天朝，富有四海，一学房乃不能容耶？"[②]奎章阁虽得保留，但权力被削弱了。顺帝至正元年（1341年），旧奎章阁被改为宣文阁。它的下属机构艺文监先改为崇文监，后即改属翰林国史院。曾修辽、金、宋三史。

（三）书院和私家藏书

元政府对于书院采取鼓励政策，宋末儒士入元不仕，多退而建立书院讲学，也有些儒士致仕后兴办书院。据曹松叶《元代书院概况》统计，元代新建书院一百四十三所，兴复五十六所，改建十九所，共二百二十七所。主要分布在长江流域，其次为黄河流域的河南、河北、山东、山西、陕西等省。书院在元代是教育机构，元代的书院以朱氏理学为主要讲学内容。早期提倡理学的姚枢、杨惟中等，也正是最先创办书院的人。杨惟中、姚枢在德安从俘虏中选用赵复后，即为之谋建太极书院，并选取遗书八千余卷作为书院藏

---

① 杨瑀：《山居新话》卷三。

② 《元史·巙巙传》。

书①。所谓遗书,当指兵燹后的宋代典籍。

书院不仅仅藏书丰富,还编制了书目。如河南辉县的共山书院即编有藏书目录②。

元的书院一般都刊行书籍,最著者为西湖书院,即宋国子监旧址。元接管南宋图书时,虽有印板北去,但国子监板片未北行。至元二十八年后,这些板片重新整理,增补刊行。所刻有《国朝文类》等。

元代私人藏书家多为汉人,间或有蒙古人。如:宋宗室赵孟頫字子昂,号松雪,又号水晶宫道人。入元后,任翰林学士承旨,卒赠魏国公,谥文敏。由于生活条件优裕而富藏书。庄肃,字恭叔,号蓼塘,居松江府上海县青龙镇,原为宋秘书小吏,宋亡后浪迹海上,性嗜书,聚书至八万卷。他亲自抄书,自经史子集至稗官小说。至正年间,诏求遗书,特差危素至其家选书,后人恐藏书干禁(元禁天文兵书),于是全部焚毁。宋亡不仕的藏书家张雯字子昭,先代开封人。移居杭州,构楼蓄书,自经传子史逮稗官百家,无不具备。《杭州府志》和《苏州府志》均有传。《天禄琳琅》、《铁琴铜剑楼书目》均著录其藏书。耶律楚材好藏书,《元史》本传称其卒后留“古今书画、金石、遗文数千卷”。这数千卷当指藏书。汪惟正的祖父原仕金,入元后有军功,藏书二万卷。张文谦洞究术数,精义理之学,家有藏书万卷。申屠致远其先汴人,入元,聚书万卷,名曰墨庄。张思明其先获嘉(今河南获嘉县)人,后徙居辉州(今河南辉县),收书三万七千余卷。元的武臣也多有藏书。如张柔及贾辅二家藏书皆万卷③。一些著名学者尤能着意藏书,如苏天爵字伯修,为元代大手笔,“独任一方文献之寄”,世代积累图书,最多一

---

① 《元史·赵复传》。
② 《柳待制文集》卷一六《共山书院藏书目录序》。
③ 参《元史》有关本传。

次在江南获书万余卷①。袁桷家藏书编有新书目和旧书目②,及元修宋辽金三史,而桷孙"以书数千卷上",可见袁氏藏书甚富。

二、图书的整理与编目

(一)目录学著作

元代的目录编著远不如宋。官修目录有《秘书监志》,史志目录有《文献通考·经籍考》、《宋史·艺文志》等。私人编撰的书目则以钟嗣成《录鬼簿》为最著名。

《秘书监志》纂修于至元二年(1342年),作者是著作郎王士点、著作佐郎商企翁。士点字继志,东平人。企翁字继伯,曹州人。《秘书监志》有书目二卷,无书名卷数,只按在库书、先次送库书、后次发下书、继发下书等入库次序登录,各有若干部、若干册,在库书又分经、史、子、集、道书、方书、类书、小学、志书、阴阳书、农书、兵书、释书、法帖等类。可据以略知元秘书监图书分类之大概,而对于收到尚未入库的书,则仅记总册数。书目中记至元十年(1273年)入藏阿拉伯文数学书籍三十余部,惜均失传。

史志目录有脱脱主持编纂的《宋史·艺文志》。其序称:"宋旧史自太祖至宁宗,为书凡四。志艺文者,前后部帙有亡增损,互有异同。今删其重复,合为一志。盖(益)以宁宗以后史之所未录者。"

《文献通考·经籍考》,马端临撰。端临字贵与,宋饶州乐平人。咸淳九年(1273年)漕试第一。宋亡,为慈湖书院、柯山书院山长、台州儒学教授。著《文献通考》三百八十四卷。《经籍考》七十六卷,主要依据晁公武《郡斋读书志》和陈振孙《直斋书录解题》,并博采公私目录及有关著述分书辑存。前有总序,下列四部

---

① 宋本《滋溪书堂记》,见《国朝文类》卷三一引。

② 详见《清容居士集》。

五十七类,各类有小序,各书有解题。博采众说,汇辑群书,成为辑录体书目的代表作。

私人编目有《录鬼簿》二卷,钟嗣成撰。嗣成字继先,自称古汴钟继先,可知为开封人。元代作曲家。《录鬼簿》在每一作家之下,列其作品,对作者则"传其本末,吊以乐章"。为研究元代戏曲的重要资料。《录鬼簿》开我国通俗文学戏曲专题目录的先河。保存了元人见到的元代公演剧目,成为研究元代戏曲文学史的仅见文献。纪一代作家及作品是其一大特色。丰富了我国目录学的内容,奠定了戏曲目录的基础。

其它尚有危素《史馆购书目录》、毛文在《上都分学书目》,均见钱大昕《补元史艺文志》。但书已久佚,无从了解其内容,可能为国家藏书目录。《补元史艺文志》另著录有《陆氏藏书目录》,姓名卷数不详。袁桷《清容居士集》记有《袁氏旧书目》和《袁氏新书目》,然其藏书及编制则不详。《黄文献公集》卷五有吴郡《陆氏藏书目录序》,仅言吴郡陆君藏书凡若干卷,亦欠详尽。

(二)元代佛藏整理与佛录编制

元代刊刻《大藏经》,主要有三,即杭州路南山普宁寺大藏,杭州路大万寿寺奉敕雕造河西字大藏,平山路碛砂延圣寺大藏。

普宁寺《大藏经》,始刻于南宋祥兴元年(1278年),成于元世祖忽必烈至元之末。诸经有祥兴元年、二年、元至元十六年、十八年、十九年、二十一年等题记。大德三年(1299年)普宁寺比丘如莹为撰目录四卷。普宁藏在版式、音释、装帧、目录等方面,多仿思溪藏。全藏五百五十八函,六千零十卷,梵夹装。虽版式较宋本微狭小,但雕工甚精。

碛砂为南宋平江府(今苏州)城东陈湖中州名,建有延圣禅院,南宋中即有经坊,于嘉熙、淳祐年间已出版佛经多种。元大德九年、十年以后,延圣禅院刻印大藏经典,全藏五百九十一函,六千三百六十二卷,梵夹装。可知碛砂藏始雕于南宋而成于元。

杭州路大万寿寺奉敕雕造河西字大藏,即西夏文《大藏经》共三千六百二十余卷,大德六年(1302 年)毕工,司其事者为松江府僧录管主人。

元代编制佛录中,影响最大的是庆吉祥等撰的《至元法宝勘同总录》十卷。庆吉祥序称,在录者凡一千四百四十部,五千五百八十六卷,自世祖至元二十二年(1285 年)始编,至二十四年完成。《总录》分四大部分:第一部分说明自东汉明帝永平十年(67 年)至至元二十二年(1285 年)分别译出经藏、律藏、论藏部帙数目;第二部分分记历代传译经藏数目;第三部分记历代佛录(经录)著录经律论部帙卷数;第四部分主要表彰大元译经的成就。参加编撰的都是当时高僧。以汉文藏文两大藏经对勘,用功甚巨。每经题下加藏文译者,是前此所未有的。

三、雕板与活字印刷

(一)刻书事业

元初的官刻由兴文署掌管。这是政府机构中最著名的刻书机关。据元刻《资治通鉴》的王磐序中说:"京师创立兴文署,署置令丞并校理四员,咸给廪禄。召工剞劂诸经子史版,布天下,以《资治通鉴》为起端之首。"最早且好的是至元二十七年(1290 年)刻的胡三省《音注资治通鉴》二百九十四卷和《通鉴释文辨误》十三卷。其它中央机关也多有刻书。

各地方政府刻书也很多,各路、府、州、郡、县儒学都刻了不少书。其中,太平路儒学大德九年(1305 年)刻《汉书》百二十卷,宁国路儒学刻《后汉书》百二十卷,瑞州路儒学刻《隋书》八十五卷,建康路儒学刻《新唐书》二百二十五卷,池州路儒学刻《三国志》六十五卷,信州路儒学刻《北史》一百卷、《南史》一百卷,杭州路儒学刻《辽史》一百六十卷、《金史》一百三十五卷、《宋史》四百九十六卷。此外,中兴路、赣州路、绍兴路、无锡路、武昌路、临江路、龙兴路、嘉兴路、庆元路、扬州路等儒学及南京路转运使等也都有刻书，但地方刻书都要经中书省同意后才能刻印。

元代书院发达，书院有学田收入，可作为刻书之资；书院山长又多为有学问的人，故元时书院刻书很多。如泰定元年（1324年），西湖书院刻马端临《文献通考》三百八十四卷，字体优美，行款疏朗，刻印俱精，诚为佳品。大德三年（1299年），铅山广俊书院刻辛弃疾《稼轩长短句》十二卷，行书写刻，圆润秀丽。庐陵兴贤书院刻王若虚《滹南遗老集》四十卷，宗文书院刻《经史证类大观本草》三十一卷、《目录》一卷，梅溪书院刻校正《千金翼方》三十卷、目录一卷，园沙书院刻《大广益会玉篇》三十卷，屏山书院刻陈傅良《止斋先生文集》五十二卷，临汝书院刻杜佑《通典》二百卷等。元代刻书有非一家所成者，胡助《纯白类稿》卷二十《玉海序》便是征费于浙东郡县学书院岁入之余而成的。

元代刻印医籍较多，官刻如《圣济总录》、《得效方》、《风科集验方》和《世医得效方》等。书坊及私家所刻医书更多。

元代以刻书名家者也不乏其人。元初义兴岳氏刻《春秋经传集解》，板心上端记字数，下端记刻工姓名，左上角书耳记"某公某年"字样，卷后有隶书"相台岳氏刻梓荆溪家塾"两行牌记。此书今存北京图书馆。平阳府梁宅于元元贞二年（1296年）刻有《论语》注疏二十卷，平水许宅于大德十年（1306年）刻《重修政和经史证类备用本草》三十卷，平水进德斋曹氏于大德三年（1299年）刻《尔雅》郭注三卷，麻沙刘通判宅仰高堂刻《荀子》二十卷，建安刘承父刻《百一选方》二十卷，吉安王常于大德五年（1301年）刻《王荆公诗笺注》五十卷，福建魏天祐刻《资治通鉴》（现存六十四卷于北京图书馆），东平丁思敬刻曾巩《元丰类稿》五十卷等。叶德辉认为元时私宅刻书之风，不让天水（赵宋）。

元代有许多书场，其中又以福建地区为多。书场刻书，超过两宋。其著者有：叶日增广勤堂，自元至明刻书最多。同时，他还得

224

了建安余氏许多板片，而将余氏木记剜去，别刻广勤堂新刊木记，如《千家注分类杜工部诗集》二十五卷、《王叔和脉经》十卷等。至其子叶景逵时，又改广勤堂木记为"三峰书舍"。至明，叶氏书板又归汪谅，汪氏又将三峰书舍木记改为"汪氏重刊"印记。又如虞氏（平斋）务本堂刻《赵子昂诗集》七卷，目录后有黑地白文"至元辛巳春和建安虞氏务本堂编刊"一行，辛巳为至元十八年（1281年），刻有花鱼尾。刘锦文日新堂刊虞集《伯生诗续编》三卷，目录后有识语："至元庚辰刘氏日新堂刻书"。余志安勤有堂刻苏天爵《国朝名臣事略》十五卷，目录后有牌记："元统乙亥余志安勤有书堂"。刘君佐、刘应康翠岩精舍刻《广韵》，半页十三行，注文双行，行三十字，左右双栏，黑口，封面牌记："新刊足注明本广韵校正无误翠岩精舍五音四声切韵图谱详明至正丙申仲夏绣梓印行"。郑天泽宗文堂刻刘因《静修先生文集》二十二卷，卷末牌记："至顺庚午孟秋宗文堂刊"。

元代刻书多用赵体字，如嘉兴路儒学所刻《大戴礼记注》、丁思敬刻《元丰类稿》，字体神韵，酷似松雪。后来刻书亦有用草书上板者，如《伯生诗后编》、《朝野新声太平乐府》等。在版式方面，元初版式接近宋版，中叶以后行格渐密，多四周双栏，目录和文内篇名上常刻鱼尾。板心多作黑口，多为花鱼尾，板心字多草书。书坊书贾刻书中，医书、通俗读物相当多。如虞氏务本堂刻《全相平话五种》（即《乐毅伐齐》、《七国春秋》、《前汉书平话》、《秦并六国》、《三国志平话》）由于是坊间刻书，又是通俗读物，故简体字颇多。

元朝通行的书籍形态是包背装。即将板心折叠，把有字的一面完全露在外面，这样板心便成了书口，而把散开书边粘在书背的纸上，克服了蝶装的不便处。但书叶粘在包背纸上，并不牢固。

（二）活字印刷

元姚燧《牧庵集》载姚枢曾令其弟子杨古按沈括所记毕昇泥

活字版法作活字刻印《近思录》、《东莱经史说》诸书，流传四方[①]。当时，距毕昇发明活字印刷已约二百年。此后五十年左右，元王祯亦用活字印书，并写了一篇《造活字印书法》附在《农书》之后。王祯字伯善，山东东平人，著名农学家和机械学家。元成宗元贞元年（1295年）任安徽旌德县尹，在任六年，捐薪俸，修学校，治桥梁，教民种植树艺，施药救人。元成宗大德五年（1300年），调任徐州永丰县尹（今江西广丰县）。所著《农书》三十万言，系其多年心血的结晶。当他在旌德任内时，感到这部书部头大，字数多，雕印困难，因而请工匠造木活字三万多个，历时二年而成。但这批木活字并未用来印刷《农书》，因为当他调任江西时，虽然带去了全部木活字，而江西已把《农书》雕板，故未用上。只是在大德二年（1298年），用以印王氏纂修的《旌德县志》。全书六万字，未期月而百部齐成，证明效率极高。沈括记毕昇试验未获成功的木活字由王祯试制成功。王祯还在排字技术上有独创贡献。他写的《造活字印书法》，包括写韵、刻字、锯字、修字、造轮、取字、印刷，是印刷史上的珍贵文献。据王祯记载，当时还有泥活字（陶活字）和锡活字流行。

在王祯以后二十多年，马称德亦曾用活字印书。马氏字致远，广平人，延祐六年（1319年）任奉化知州，镂活字版至十万字。至治二年（1322年）曾用活字版印真西山《大学衍义》等书。可见木活字曾流行于皖南、浙东。

法国伯希和于公元1907年12月在敦煌石室曾发现元代维吾尔文的木活字数百枚，硬木制成，大小不等。维文系拼音文字，这些木字不是字母而是单字。字母有多有少，故每一单字大小各不相同，显然，此种木活字制法受汉字木活字影响。这批木活字被伯希和盗去。1961年，北京博物馆从敦煌艺术研究所调到五个，据

---

① 《牧庵集》卷一五《中枢左丞姚文献公神道碑》。

说是杜木雕成,乃伯希和劫余之物。据此,则活字已流行于边陲少数民族地区。

四、图书的翻译与流通

(一)翻译

元代翻译汉文书籍较辽金西夏为多,世祖至元元年(1264年),曾敕选儒士,译写经书。十九年又刊行蒙古、畏吾儿字《通鉴》。加鲁纳答思曾以畏吾儿字译西天、西蕃经论,译成后,世祖命锓板赐诸王大臣。这些译书当是佛经。耶律楚材曾召名儒直译《九经》。察罕及曹之用曾译《贞观政要》。察罕还受命译《帝苑》。世祖又命以汉语译《脱必赤颜》名曰《圣武开天纪》及《纪年纂要》、《太宗平金始末》等书[1]。可见翻译工作受到政府重视。钱大昕《补元史艺文志》有译语表,载有蒙古语《孝经》、《大学衍义节文》、《尚书节文》、《忠经》、《皇图大训》、《贯通集》、《联珠集》、《选玉集》等,是汉译蒙工作已超出经史的范围。译者安藏是当时著名的翻译家。

佛经的翻译工作更为活跃,如必兰纳识里曾运用各种文字译经,汉字有《楞严经》,西天字有《大乘庄严宝度经》、《乾陀般若经》、《大涅槃经》、《称赞大乘功德经》,西番字则有《不思议禅观经》等。

元代译书,其文种之繁、数量之多、范围之广,都超越前代。

(二)流动图书馆——秘书监分监

元秘书监有分监,可视为图书馆的分馆,也可视为流动性的图书馆,这是前此所没有的。王士点《元秘书监志》卷三"分监"条下说:"车驾岁清暑上京,丞相率百官各奉职分司扈从。秘府亦佩分监印,辇图籍在行间,所以供考文备御览者,视他职为华要。"据此

---

① 参《元史》有关纪传。

书所载,元大德五年(1301年)四月,用站车载赴上都分监书有《通鉴》、《太平御览》、《通典》等。大德七年(1303年)三月分监上都书籍有《太平御览》、《通史》、《事文类聚》、《播芳大全》等。延祐二年(1315年),分监上都书籍有《通鉴》、《播芳》、《太平御览》、《春秋》、《周礼》、《礼记》、《通典》、《尚书》等。当时载书籍赴上都,既有专门包装(柳箱、苇席等),又有人管押。秘书监分监表面是临时分支机构,但年年如此,便形成了制度。分监所需书籍,主要是政书和类书。政治参考书有指定的需索书目,有包装和专人押送,所以秘书监中存在着事实上的图书分馆和流动图书馆。

秘书监的藏书,可在一定范围内流通,但要求读者身份高,阅读手续较严。

(三)私藏的流通

元代私人藏书是可借阅的。如张柔从睿宗伐金,入史馆取金《实录》并秘府图书,当时金旧臣元好问以为"国亡史作,己所当任"①,而金国实录在张柔家,于是求借,后虽未实现,但可见私人藏书可以参阅。

藏书家搜求异书,也是图书流通的一个重要方面。《皕宋楼藏书志》著录《啸堂集古录》载《千文传跋》说:"有沈景春者,酷好收书,人有挟书求售者,必劳来之,饮食之,酬之善价,于是奇书多归沈氏。"这对促进图书在社会上的流通也有一定的作用。

---

① 《金史·元好问传》。

第五章 图书事业的全盛阶段——
明清时期(1368—1840年)

第一节 明朝的图书事业

一、图书的搜集与典藏

（一）官府藏书

朱元璋在推翻元朝创建明朝的过程中，由于复杂的军事、政治斗争的锻炼以及投奔在他周围的知识分子的影响，认识到图书的重要性，因而注意读书并重视求书、藏书。早在正式建立明朝之前，就曾"命有司访求古今书籍，藏之秘府，以资览阅"①。洪武元年(1368年)大将军徐达率军破元大都(今北京)时，即"收其秘阁所藏图书典籍"、"致之南京"②，从而使明朝把宋、辽、金、元的国家藏书，全部承袭下来，奠定了自己的藏书基础。建文继位后，"购遗书，申旧典，日惟汲汲不遑逸"③。成祖永乐四年(1406年)有一次问起南京文渊阁藏书情况，学士解缙回答："经史粗备，子集尚

---

① 《明太祖实录》卷一六，《明经世文编》卷七六丘濬《访求遗书疏》。
② 《万历野获编》卷一"访求遗书"；《明史》卷九六。
③ 《明书》卷七五。

多阙。"成祖听后说:"士人家稍有余资,皆欲积书,况于朝廷,可阙乎?"遂召礼部尚书郑赐,令其派人"四出购求遗书"。并说:"书籍不可较价直,惟其所欲与之,庶奇书可得。"而后,他又对解缙等说:"置书不难,须常览阅乃有益。凡人积金玉欲遗子孙,朕积书亦欲遗子孙。金玉之利有限,书籍之利岂有穷也!"①

明成祖在迁都北京后,于永乐十七年(1419年)三月派侍讲陈敬宗至南京,起取文渊阁所贮书籍。坐镇南京的皇太子遣修撰陈循赍送一百柜,余者仍封贮在南京②。为了存放这些图书,明成祖特于午门之东另建了一个文渊阁贮藏③。宣宗也喜爱读书,曾"临视文渊阁,亲自披阅经史"。宣德八年(1433年)四月,为便于览阅,命少傅杨士奇、杨荣于馆阁中择能书数十人,取五经四书及《说苑》之类,"各录数本,分贮广寒、清暑二殿及琼花岛"④。当时秘阁贮书约二万余部,近百万卷,刻本十三,抄本十七。正统六年(1441年),杨士奇等人通过清理文渊阁所贮书籍,编出《文渊阁书目》,收书七千多种,多系"宋元所遗,无不精美,装用倒摺,四周外向,虫鼠不能损"⑤。真是琳琅满目,珍贵之极。

正统末,国家藏书开始走下坡路。正统十四年(1449年)南京宫殿火灾,所藏宋元以来秘本焚毁俱尽。正德五年(1510年)五月,大学士邱濬在《访求遗书疏》中说:国家藏书,"数十年来,在内未闻考校,在外未闻购求"。要清查文渊阁的藏书,"或有缺本,则行各直省访求;有者,借官抄录,以增未备"。除文渊阁外,还要增加两京国子监的藏书。文渊阁存书凡有副本者,均应分一本送两

---

① 《典故纪闻》卷六,《明会要》卷二六,《明史·艺文志》序。

② 《明会要》卷二六。

③ 《西园闻见录》卷八"藏书"条载高拱语。但据《万历野获编》卷一"访求遗书"条载,这些北运的图书最初存放在左顺门北廊,直至正统六年才移入文渊阁中。

④ 《明宣宗实录》卷一〇一,倪灿《明史艺文志序》。

⑤ 《明史·艺文志》序。

京国子监,以便"藏贮而有异所,永无疏失之虞"。孝宗虽表示赞成,但未实行①。嘉靖中,御史徐九皋上疏:"查历代艺文志书目参对,凡经籍不备者,行士民之家,借本送官誊写",被世宗拒绝②。

由于皇帝不关心,国家藏书不仅不再增加,而且管理不善,损坏严重,盗窃成风,数量日见减少。如正德年间,主事李继先曾借整理文渊阁藏书的机会,窃取精本③。内阁大学士们更是混水摸鱼,"假阅者,往往不归原帙"④。万历三十三年(1605年),大理寺左寺副孙能传、中书舍人张萱等奉命清理文渊阁藏书,编出《内阁书目》八卷。所载图书,与文渊阁书目相较,"十不存一","其它唐宋遗编,悉归子虚乌有"⑤。《万历野获编》的作者曾辛辣地讽刺说:"更数十年,文渊阁当化为结绳之世矣!"⑥

(二)图书的机构和职官

明仍元制,洪武三年(1370年)设专门掌握国家图书的独立机构秘书监,职司"内府书籍"。十三年七月,又"罢秘书监,所藏古今图籍改归翰林院典籍掌之"⑦。翰林院典籍共有二员,从八品⑧。由于官卑品下,对于内阁大学士之偷窃图书,不敢谁何;他们自己"皆贤郎幸进,虽不知书,而盗取以市利者实繁有徒"⑨。明代中叶

---

① 《明会要》卷二六,《明经世文编》卷七六,倪灿《明史艺文志序》,《明孝宗实录》卷六三。

② 《万历野获编》卷一"访求遗书"。

③ 《万历野获编》卷一"先朝藏书"。

④ 倪灿:《明史艺文志序》。

⑤ 张钧衡:《内阁书目》跋,《曝书亭集》卷四四《跋重编内阁书目》,倪灿;《明史艺文志序》。

⑥ 《万历野获编》卷一"先朝藏书"。

⑦ 《明会要》卷三六,《明太祖实录》卷一三二,万历《明会典》卷二二一,《明史》卷九六。

⑧ 《明史》卷七三,《明经世文编》卷七六丘濬《访求遗书疏》。

⑨ 倪灿:《明史艺文志序》,《万历野获编》卷一"先朝藏书"。

以后国家藏书状况之日趋败坏,与独立的国家藏书机构之被取消有很大关系。

明代中央各部院、国子监、府州县学等各级官署、学校和各藩王府都有藏书。其中有许多是朝廷颁发的。如洪武十四年(1381年)曾"颁五经四书于北方学校"①,永乐十五年(1417年)曾"颁五经四书、《性理大全》于两京六部、国子监及天下府、州、县学"②。

(三)私人藏书

1. 嘉靖隆庆前最著名的藏书家

宋濂(1310—1381年),字景濂。浦江(浙江浦江)人。官至学士承旨、知制诰,卒谥文宪。祁承㸁《澹生堂藏书约》记其"聚书万卷"。

叶盛(1420—1474年)字与中,昆山人。官至吏部左侍郎,卒谥文庄。生平爱书,"手自雠录,至数万卷"。编出《菉竹堂书目》六卷,著录图书四千六百多册,二万二千七百多卷。藏书虽不算太多,但多奇书秘本。开后世吴派藏书。

杨循吉(1456—1544年),字君谦,苏州人,曾任礼部主事,藏书十余万卷③。

李开先(1501—1568年),字伯华,章邱(山东章丘)人,官至太常少卿,性好蓄书,"藏书之富甲于齐东"④。

王世贞(1526—1590年),字元美,号凤洲,太仓人,官至南京刑部尚书。其藏书处名"小酉馆",藏书三万卷。另有"藏经阁"专藏释道经典,"尔雅楼"专藏宋版书,逾三千卷⑤。

---

① 《明史·太祖本纪》二。

② 《明会要》卷二六。

③ 《澹生堂藏书约》。

④ 叶昌炽:《藏书纪事诗》卷二。

⑤ 胡应麟:《少室山房笔丛》卷四甲部《经籍会通》四;《五杂俎》卷一三《事部》一;叶昌炽:《藏书纪事诗》卷三。

项元汴(1525—1590 年)字子京,号墨林,嘉兴人,精于鉴赏,其天籁阁藏书,皆精妙绝伦。又凭借雄厚的资力,"购求法书名画,三吴珍秘,归之如流"[①]。

2. 范钦和天一阁

范钦(1506—1585 年)字尧卿,一字安卿。鄞县(浙江宁波)人。嘉靖十一年(1532 年)进士,累官至兵部右侍郎。嘉靖四十年(1561 年),在家乡月湖之西创建天一阁藏书楼,所藏达七万多卷,为浙东藏书最多的一家。据说,这个藏书楼初建时,"凿一池于其下,环植竹木,然尚未署名也"。及阅古代碑帖,见《龙虎山天一池记》中引有汉人郑玄注《易经》"天一生水"、"地六成水"之语,于是将藏书楼命名为"天一阁",而阁前所凿水池称"天一池",希望得到避火的"吉利"而有利于图书的保存。天一阁楼上不分间,以体现"天一生水"之说,楼下分六间,以应"地六成水"之义,甚至连藏书橱的制作,也使之在尺寸上合六一之数。这虽然是一种迷信,但却体现了范钦保存图书的强烈欲望和苦心[②]。

范钦藏书与一般只注重版本的藏书家不同。他比较重视明代人著述和明代新刊古籍的收藏。所藏明代方志、政书、实录、诗文集等尤多,其中明代方志二百七十一种,有百分之六十五是海内孤本,登科录、会试录和乡试录有三百八十九种,也大部分是仅见之本。是研究明代政治、经济、人物、科技的珍贵资料。这是他比其它藏书家高明处。不过,他的藏书思想也没有完全摆脱封建士大夫的思想局限,对于更接近下层人民并为之服务的一般通俗实用书等很少收集。

3. 万历后最著名的藏书家

---

① 姜绍书:《韵石斋笔谈》。

② 叶昌炽:《藏书纪事诗》卷二;王欣荣:《范钦和天一阁藏书楼》,见《光明日报》1979 年 3 月 21 日。

陈第(1541—1587年)字季立,号一斋,福建连江人。官至游击将军。他出身于小官僚地主家庭,家中原有一些藏书,但因他"惟书是癖","遇书辄买","不择善本,亦不争价值"。后又在南京藏书家焦竑等处抄过书。经过三、四十年的积累,藏书达万余卷①。明代武人藏书较多的还有涿州高儒。

赵琦美(1563—1624年),字玄受,常州人。官至刑部郎中。是明末常熟三大藏书家之一。他网罗载籍,朱黄雠校无虚日。明清之际著名学者钱谦益称他"好之之笃挚,与读之之专勤,近古所未有"②,藏书于脉望馆。卒后其书尽归钱谦益的绛云楼。

徐𤊹(1570—1645年),字惟起,一字兴公,福建闽县人,著名诗人。他爱读书,曾自谓"淫嗜生应不休,痴癖死后而已"③。万历间三往吴越,一赴武林,大量购书。藏书达五万三千余卷④。

4.祁承㸁及《澹生堂藏书约》

祁承㸁(1563—1628年),字尔光,号夷度,又称旷翁、密士老人,浙江山阴(今绍兴)人。万历进士,官至江西右参政。青年时期曾因昼夜展读而"不成寐者数月","然而蠹鱼之嗜,终不懈也"。著有《澹生堂集》、《澹生堂外集·宋贤杂佩》、《澹生堂藏书约》、《澹生堂书目》等。初藏书逾万卷,中经火灾,焚毁殆尽,又重新收集,终于藏书达十万余卷。他还在丰富的藏书基础上,提出了当时比较系统的藏书建设理论——《澹生堂藏书约》。此书除前言外,"读书训"和"聚书训"是抄录古人聚书、读书的事迹;"藏书训略"分"购书"和"鉴书"二节,是他对自己平生购书经验的总结,也是古代藏书建设的重要文献。《藏书训略》提出"购书三术"和"鉴书

---

① 王重民:《中国目录学史料》四,载《吉林省图书馆学会会刊》1981年第5期;叶昌炽:《藏书纪事诗》卷三。

② 《初学集》卷六六《刑部郎中赵君墓表》。

③ 《藏书纪事诗》卷三。

④ 《红雨楼家藏书目序》。

五法"。购书三术即"眼界欲宽,精神欲注,而心思欲巧"。所谓
"眼界欲宽",是指要放开视野,"知旷然宇宙,自有大观",购书时
不局限于某一类。所谓"精神欲注",是指养成读书的嗜好。他要
求购书者要逐渐移种种嗜好于嗜书。所谓"心思欲巧",是指多动
脑筋,多想办法,他在郑樵提出的求书八法外,设想了三种搜求书
籍的途径:一为辑佚,二为将某些书一分为二,三为搞待访书目。
"鉴书五法"包括"审轻重"、"辨真伪"、"核名实"、"权缓急"和
"别品类"。所谓"审轻重",是指根据各类图书之刊刻、亡佚与时
代推移的关系给予不同的重视。所谓"核名实",是指搞清书籍的
内容,以不被前人在书名上搞的种种花样所迷惑。关于书籍的名
实,他认为有五种情形应予注意:"有实同而名异者;有名亡而实
存者;有得一书而即可概见其余者;有得其所散见而即可凑合其全
文者;又有本一书也,而故多析其名以示异者"。所谓"权缓急",
是指根据实用价值的大小,对各类图书给予不同的重视。所谓
"别品类",是指搞好图书分类。他认为书籍分类甚难,应该"博询
大方,参考同异"。

祁承爜提出的藏书建设理论,有的已经不适用了,有的甚至原
本就属于应予剔除的糟粕。如他主张将某些书一分为二,这在图
书馆分析资料、以便利读者从多种角度加以利用上有些好处;但将
之用于藏书、刻书,就不足为训。这只能破坏原书的完整性,造成
混乱。不过,从总体上看他提出的上述命题都是有参考价值的。

(四)书院藏书

明太祖洪武元年(1368 年),曾立洙泗、尼山二书院,其后各地
亦有创立书院者。成化之后,书院渐有发展。但自嘉靖至明末,明
朝当权者为了钳制舆论,或为了打击政敌,曾先后四次下令废毁书
院。与历代相比,明代书院不太发达,可是绝对数字也不太小,据

统计,共有 1239 所,遍及十九个省①。关于明代书院藏书的资料,散见于正史、方志、野史、文集中。

书院藏书的来源,一为私家捐置。如江西吉水县之仁山书院,"洪武初,邑人刘惠庭建,聚古今图书,以待来学者"②二为书院购买。如濬县黎公书院,弘治年间知县刘台建,"置田百亩,收所入以供祠事,储其余以备补葺之费,使可续处以守,购书史以待士子愿藏修于其间者"③。三为朝廷颁发,如嘉靖九年(1530 年)正月初一,应长沙知府孙存之请,皇帝曾"颁《敬一》诸箴于湖南岳麓书院"④。

书院藏书的数量尚不太少,如襄城人李敏,"里居时筑室紫云山麓,聚书数千卷,与学者讲习,及巡抚大同(按,时在成化十三年),疏籍之于官,诏赐名紫云书院"⑤。又据雍正《陕西通志》记载,西安府有正学书院,弘治中提学王云凤"建书楼","广收书籍,以资诸生诵览"。明代有些书院还收藏有书板,如江宁县尊经书院,即贮有"二十一史"等板⑥。

(五)图书保护技术的新成就

1.防蠹技术

明代藏书家在前人经验的基础上,采用了自认效果最佳的措施。如"范氏天一阁藏书甚富,内多世所罕见者,兼藏芸草一本,色淡绿而不甚枯,三百年来书不生蠹,草之功也"⑦。芸草即芸香

① 参见曹松叶:《宋元明清书院概况》,载《中山大学语言历史研究所周刊》第 10 集第 111—115 期。
② 光绪《江西通志》卷八一。
③ 正德《大名府志》卷 5《公宇志》。
④ 《明会要》卷二六《学校》下。
⑤ 《明史·李敏传》。
⑥ 嘉庆《江宁府志》卷一六。
⑦ 谢坤:《春草堂集》。

草,又名"七里香",它能分泌抗虫杀菌物质,但时间一久,效用会逐渐消失。现在天一阁中还保存着芸草三本,虽已因年代久远而失效,然尚可作为研究资料。

福建藏书家谢肇淛重视翻阅、通风。他说:"书中蠹蛀,无物可辟,惟逐日翻阅而已。置顿之处,要通风日,而装潢最忌糊浆厚裱之物。宋书多不蛀者,以水裱也。日晒火焙固佳,然必须阴冷而后可入,若热而藏之,反滋蠹矣。"①毛晋注意在裱糊时采取防蠹措施,清人孙庆增在《藏书纪要》中叙述其措施说:"毛氏汲古阁用伏天糊裱,厚衬料,压平伏。裱面用洒金墨笺,或石青、石绿、棕色紫笺,俱妙。内用科举连裱里,糊用小粉、川椒、白矾、百部草细末,庶可免蛀。"防蠹技术中最突出的成就是广东南海(佛山一带)发明了防蠹纸"万年红"。即将铅丹(红丹)涂在纸上。铅丹的主要成分是四氧化三铅,具有毒性,可以毒死蛀书害虫,而在空气中化学性质稳定,因而防蠹纸的防蠹作用具有持久性。当时,广东所出的线装书,往往在扉页和封底里各装一张防蠹纸作为附页,用以防蠹。直到现在,修补古书还有用这种方法的②。

2. 注意防范灾变的藏书楼室设计思想

明人在建筑藏书楼室时防范灾变的思想相当明确,而且考虑得非常周到细致。如浙江藏书家胡应麟的藏书室,"屋凡二楹,上固而下隆其阯,使避湿,而四敞之可就日"③,显然是要防潮、防霉和防蠹。祁承㸁于天启三年(1623 年)在给其子的家信中曾讲到藏书楼的建筑应是"既欲其坚固,又欲其透风"④。可以看出祁承㸁对藏书楼要注意防范灾变的重视。

---

① 《五杂俎》卷九"物部"一。

② 中国历史博物馆防蠹纸研究小组:《对明清时期防蠹纸的研究》,载《文物》1977 年第 1 期;刘启柏:《古籍防蠹》,载《四川图书馆学报》1979 年第 3 期。

③ 吴晗:《江浙藏书家史略》。

④ 转引自黄裳:《澹生堂二、三事》,载《社会科学战线》1980 年第 4 期。

天一阁的建筑尤其值得注意,它墙圃周回,远离灶火,阁前又有池蓄水备用。坐北朝南的两层木结构楼房,前后皆开窗户,楼内书柜也都前后设门,以利通风;楼顶起脊,有利于防止漏雨和隔热;楼前楼后有廊,对于防光、隔热和防尘都有好处。可见天一阁的构造对于火灾外的霉变、虫蛀等多种灾变,也都注意了防范。

二、图书目录的编制

(一)《文渊阁书目》及其他官书目录

1.《文渊阁书目》

正统六年(1441年)由大学士杨士奇主持编修的《文渊阁书目》,在明代官书目录中最为著名。它不按经史子集的四部法分类登载,而是首先以藏书的千字文排次为序,自天字至往字,分成二十号,每号下包括若干橱,二十号共五十橱;号和橱之下才按图书的内容划分类别,而后依类登录图书。特辟"性理"、"经济"二类,"类书"不附于"子",韵书不附于"经"等,编排均极合理,表现出编者的特识。但也有不少缺点,如"史"、"子"等的分类即嫌漫无界限。全目著录图书七千二百余部,"多不著撰人姓氏,又有册数而无卷数"①等。该书"旧本不分卷数",《四库全书总目》的编撰者将之分为四卷。黄虞稷《千顷堂书目》记作十四卷。鲍廷博为"便于展阅",分成二十卷。

关于《文渊阁书目》,有如下三种评价:一为苛责,以清人朱彝尊为代表。他认为:"其目不详撰人姓氏,又不分卷,俾观者漫无考稽,此牵率之甚者。"②二为曲谅,以清人钱大昕为代表。他说:"此目不过内阁之簿帐,初非勒为一书,如《中经簿》、《崇文总目》

---

① 《四库全书总目》卷八五。

② 《曝书亭集》卷四四《文渊阁书目跋》。

之比。必以撰述之体责之，未免失之太苛矣。"①三为批评缺点，肯定价值。以《四库全书总目》为代表。它一方面指出："今以《永乐大典》对勘，其所收之书，世无传本者，往往见于此目。亦可知其（指明初文渊阁藏书）储庋之富。士奇等承诏编录，不能考订撰次，勒为成书，而徒草率以塞责，较刘向之编《七略》、荀勖之叙《中经》，诚为有愧。"另方面，它也指出：《文渊阁书目》编成后，书渐散失，后人"惟藉此编之存，尚得略见一代秘书之名数，则（此书）亦考古所不废也。"这一评价是适当的。

2. 其它官书目录

据黄虞稷《千顷堂书目》、焦竑《国史经籍志》等书所载和各图书馆所藏，明代的官书目录尚有：佚名撰《明内府经厂书目》二卷，马瑜撰《秘阁书目》二卷，钱溥撰《内阁书目》一卷，佚名撰《宁献王书目》一卷，张萱等撰《新定内阁藏书目录》八卷，佚名撰《国子监书目》一卷，佚名撰《南雍总目》一卷，佚名撰《御书楼藏书目》一卷，佚名撰《都察院书目》不分卷，佚名撰《行人司书目》二卷。上述官书目录的名称可说是五花八门，这是由于当时的国家藏书，除文渊阁这一主要处所之外，还有另外许多处所而造成的。这些目录有的已经失传，现存而价值较高的是《新定内阁藏书目录》。

《新定内阁藏书目录》编于万历三十三年（1605年），编者除张萱（时为中书舍人）外，还有大理寺左寺副孙能传及中书舍人秦焜、郭安民、吴大山等人。它也是根据文渊阁的现存书籍编成的。全书分八卷十八部，第一卷圣制、典制，第二卷经、史、子部，第三卷集部，第四卷总集、类书、金石、图经，第五卷乐律、字学、理学、奏疏，第六卷传记、技艺，第七卷志乘，第八卷杂部。这一分类法很不科学，有人说它"部类参差，殊鲜端绪"。不过，它对登录各书，"略

---

① 《潜研堂文集》卷二九。

注撰人姓名、官职、书之完阙"①,并间或加有解题,虽文字简略,原书卷数也未全著,而与《文渊阁书目》相比,显然有所改进。可惜的是万历年间文渊阁书所剩已"寥寥无几"②,这个书目的实际作用大受限制。

(二)焦竑的《国史经籍志》

焦竑(1541—1620年),字弱侯,江宁人。万历十七年(1589年)以殿试第一,官翰林修撰。"自经史至稗官、杂说,无不淹贯"。万历二十二年(1594年),大学士陈于陛建议修纪传体本朝史,请焦竑"专领其事","竑逊谢,乃先撰《经籍志》"③。万历二十五年(1597年),宫内发生火灾,编修本朝史的活动难以继续④,因此仅完成《国史经籍志》。《国史经籍志》的部类设置别具特色,正文分五大类,即制书、经、史、子、集。在每类下分若干小类,每一小类登录书目后,又加序言叙述该类学术源流。所收录图书,通记古今,不以明代为限,不问存佚。正文后面附有"纠谬"一卷,条举《汉书》、《隋书》、《唐书》、《宋史》各史艺文经籍志及唐《四库书目》、宋《崇文书目》、《通志·艺文略》、晁氏《读书志》及《通考·经籍考》诸家分类上的谬误。《国史经籍志》既基本上采用了"隋志"的大类与小类的分类法(只是略有变通),又继承了《通志·艺文略》在大小类目之后再细列子目的优点。这反映了焦竑对于分类学研究的成就。

由于《国史经籍志》志在包举千古,因而工作量甚大,一人实难胜任,便不免存在只据旧书目、未加实地调查和遗漏甚多的缺点。清宋定国、谢星缠曾撰《国史经籍志补》对之重加增补。

---

① 《曝书亭集》卷四四《文渊阁书目跋》。
② 《适园丛书》本《内阁书目跋》。
③ 《明史》本传。
④ 《明会要》卷三六。

（三）私家目录

明代的藏书家大多撰有目录，据《千顷堂书目》等考之，总数不下四、五十种，至今仍存者也有二十种以上。明代私家目录不仅数量多，而且扩大了收录范围，大体可划分为藏书目录和专科目录两种，著名的藏书目录有：

《菉竹堂书目》 叶盛撰。撰成后由其子叶晨抄出。共六卷，其中经、史、子、集各一卷，卷首一卷，专载制书，后录一卷，专载"其家所刊及自著书"。其分类"大率本之马端临《经籍考》"，不自由立类。但它对著录各书，只著卷数册数，"不载撰人姓名"，反映了《文渊阁书目》对它的影响。此书至少在乾隆编纂《四库全书》时尚存。隆庆年间，出现一不分卷的伪本《菉竹堂书目》，后来这个伪本又被分为六卷，刻入《粤雅堂丛书》；伪本是抄撮《文渊阁书目》，改头换面而成，它是《文渊阁书目》的节本，与叶盛的藏书实无关系①。

《宝文堂分类书目》 晁瑮撰。瑮字君石，号春陵，四川开州人。嘉靖二十年（1541 年）进士，官至国子监司业。家富藏书，故所载多有其它书目不见或罕见的书名。全书三卷，"以御制为首"，上卷分"五经"、"四书"等十二目，中卷分"类书"、"子杂"、"乐府"等六目，下卷分"韵书"、"政书"等十五目。其"子杂"、"乐府"两目下，著录很多小说、戏曲方面的书。所著录的图书，有时"注明某刻"，如卷中"类书"目下著录的《玉海》书名下注"元刻一部"，《艺文类聚》书名下注"苏刻一、常州活字刻一、闽刻一"等。是了解明代版本源流的重要史料。

《百川书志》 高儒撰。儒字子醇，自号百川子，涿州人。他虽是武人，但喜读书，家有藏书万卷。他用六年时间对家藏图书进

① 参见王重民：《中国目录学史料》一，载《吉林省图书馆学会会刊》1981 年第 2 期。

行整理研究,三易其稿,最后于嘉靖十九年（1540年）成《百川书志》二十卷。这个书目的大类划分采用四部法,是明代少数沿用四部分类法的目录之一。四部之下,细分九十三门,其详明程度超过以前任何一部依四部分类的书目。该书著录了许多小说、戏曲方面的书,并将之列入史部,表现了作者对这些书的独特看法。书中对所收录的图书,多写有简明的解题、介绍作者概况、掌故以及其它有关内容,颇便参考。

《赵定宇书目》和《脉望馆书目》 《赵定宇书目》是藏书家赵用贤撰。用贤(1535—1596年),字汝师,号定宇,常熟人。隆庆五年(1571年)进士,官至吏部侍郎。其编写形式为帐簿式,虽有分类,但极不精密。不过它所著录的内容则有的甚有价值。如明清之际有一丛书《稗统》,后失传,其内容遂不为世人所知。但《赵定宇书目》中却载有《稗统》全部二百四十四册的详细目录,还载有《稗统后编》和《稗统续编》的目录。根据这个记载,可知《稗统》为一部很大的笔记小说丛书,为研究古代文学艺术发展史提供了宝贵资料。该书目原未见刻本,1957年古典文学出版社将传世旧写本影印。《脉望馆书目》是赵定宇之子赵琦美所撰。他按家藏图书的存放位置加以登录分类,并未详为勘酌。他首先把藏书分为三十号,按千字文排列,然后分经、史、子、集,不全宋元版书(按,指残缺本)、旧版书、佛经、墨刻、书画、古玩杂物、碑帖等类,末附万历四十六年"续增书目"。这部书目除登录不少文学艺术书外,还在"暑"字号"子类"八下设有"太西人著述"小类,登录《几何原本》、《泰西水法》等七种西方传教士译著的书籍,这是值得注意的。

《世善堂藏书目》 陈第撰于万历四十四年(1616年)。本书分"经"、"四书"、"子"、"史"、"集"、"各家"六部,部下再分小类。立类较详,也颇具创造精神,如"集部"的分类兼用时代、人物、体裁三个标准,"史部"设"明朝纪载"、"四译载记"、"类编"等,皆足称道。但世传抄本及《知不足斋丛书》刻本,据考证,系其曾孙(一说孙)陈元钟(字孝受)于康熙年间改动过的本子,其所增收书籍,乃抄自《文献通考·经籍考》及某种福建地方目录①。

《澹生堂书目》 祁承㸁撰。他重视对图书的分类,他提出了系统的"因"、"益"、"通"、"互"四点图书分类主张。所谓"因",是指图书分类要沿用经、史、子、集的四部成例;所谓"益",是指根据需要在四部之下,增加必要的小类;所谓"通"是指附载于其它图书之中的图书,在著录之时,应"悉为分载",并将其原来附载于其它图书中的情况清楚地注出;所谓"互",是指著录图书时,凡一书内容涉及两类或两类以上时,即应在有关各类中均加著录。后两点,实发前人所未发,对于搞好图书分类极有价值。《澹生堂书目》即按经、史、子、集四部,下分四十多类,类下再设子目。他首创"约史"、"丛书"、"余集"等类,其中"丛书"类在分类学上贡献尤大,类下子目也处理得很精审,如"史评"类中分辨考据、评论及研究史法的不同,将"族谱"、"年谱"、"书目"等合为"谱录"类;不把"杂家"类当成无类可归者的总汇:这都是以前的目录书所没有办到的。子目之下实地采用了分析著录和互见著录的方法,同一书而卷数、册数、版本不同时,以"又"字另著一条;对有上下、正续区别的图书,则一律分条著录;目成以后续收各书,皆续录于各类之末。可见《澹生堂书目》分类颇精、著录得法,是相当完善的一部目录书。

《红雨楼书目》 徐㶿撰于万历三十年(1602 年)。该书虽采用了《通志·艺文略》和《文献通考·经籍考》的四部分类法,但小类、子目则大有不同。其经部之下有"易"、"书"等十三类,史部之下有"正史"、"旁史"等五类,子部之下有"诸子"、"传奇"等十八

---

① 参见王重民:《中国目录学史料》四,载《吉林省图书馆学会会刊》1981 年第 5 期。

类,集部之下有"集类"、"总集"等九类。"集类"指别集,其下又依朝代分目,唐以前依实际藏书著录图书,宋、元、明三代依朝各拟为选集而列其目,不一定实有其书。该书目采用了裁篇别出的著录方法,这是它的一个特点。另外,它著录文艺书很多,卷三子部"传奇类"收元明杂剧和传奇一百四十种,这是它的另一个特点。

（四）著名的专科目录

《古今书刻》 二卷,周弘祖撰。这是关于出版和石刻的专科目录。弘祖,湖广麻城人,嘉靖三十八年进士,曾任福建提学副使、安顺判官等职。该书分上下编,上编载各直省所刊书籍,下编录各直省所存石刻,实际上是一部出版目录和金石目录,对研究目录学、文化史很有价值。如关于都察院刻本的著录中有《水浒传》,这是小说史上有关这个版本的唯一记载。

《医藏书目》 殷仲春撰。殷仲春,字方叙,自号东皋子。浙江秀水人。精于医。收藏医书颇多,又曾涉猎江西朱、饶二氏所藏医书。在此基础上,将所见医籍编成《医藏书目》。该书采用佛经中名词设二十函（类）,每函有小序,所录各医书分函归属。由于套用佛经名词,造成归类多有牵强不妥之处,且有重复。但集医籍于一编,颇便检索。它是现在所见最早的医籍专科目录书。

《曲品》 二卷,吕天成撰。天成字勤之,号棘津,余姚人。精音律。本书评论明传奇。卷上评作者,卷下评作品,在作品名下附有简单解题。

《道藏目录详注》 四卷,道士白云霁撰于天启六年（1626年）。云霁字明之,号在虚子。上元人。他以道藏之文,分门编次,大纲分三洞（洞冥部、洞元部、洞神部）、四辅（太元部、太平部、太清部、正一部）、十二类（上述七部之下,各分本文、神符、玉诀、灵图谱录、戒律、威仪、方法、众术、记传、赞颂、表奏等十二类）。所收各书,皆有解题,虽不能甚详,但"亦颇具崖略",对于研究道藏很有参考价值。

244

三、图书的刊印

(一)刻书业的基本状况

明初因长期战乱，出版事业不甚发达。中叶以后，封建经济进入繁荣时期，城市经济空前发达，城市居民对出版物的要求日甚，印刷的工艺水平也有了提高。于是不仅前代的各种著作大量出版，而且当代的著作也纷纷付印。明代继承隋唐以来的科举制度，用八股取士，科举考试以四书五经命题，儒家经典及有关书籍成为出版物中的大宗。此外，为了推行政令，进行统治，政府的法令和记载典章制度的书籍成为当时最重要的出版物。而以营利为目的的书坊，大量印刷销路广的书籍，尤其文学书籍的出版，数量大、品种多，翻刻宋版文集视为风尚，各种文学选本相继出现。《京本通俗小说》、《清平山堂话本》等话本集先后出版。大部头的小说《三国志演义》、《水浒传》等陆续刻印出来。《顾氏文房小说》、《古今说海》等小说丛书也纷纷问世。建安余氏双峰堂、杭州客与堂，都以刊印精图小说著名。金陵唐氏富春堂、陈氏继志斋，则擅长刊印插图戏曲。苏州的出版家叶昆池等也以刻印《醒世恒言》、《石点头》、《列国志》等著名小说而获得很高的声誉。大量文学书籍的出版，在明中叶以后的出版史上占有重要地位，形成这一时期图书出版的特色。

明代刻书地点分布很广，所有省区都刻书。如嘉靖、万历时人周弘祖撰《古今书刻》登录各地刻书情况，连海南岛的琼州府也刻了《琼台吟稿》等书三种。新兴的刻书中心有南京、北京、苏州、徽州、湖州等地。仅据《古今书刻》统计，苏州府刻书一百七十六种，南京刻书二百七十四种，建阳书坊刻书三百六十八种。明代学者胡应麟曾指出：“余所见当今刻本，苏常为上，金陵次之，杭又次之。近湖刻、歙刻骤精，遂与苏常争价。"①与胡应麟约略同时的谢肇淛也说："宋时刻本以杭州为上，蜀本次之，福建最下。今杭刻不足称矣，金陵、新安、吴兴三地，剞劂之精者，不下宋版。"②

（二）官、私刻书

1.官刻书

在官刻图书中，重要的是内府刻书、监本和藩刻本。内府刻本指宫廷刻书。主持其事的是宦官衙门司礼监，其下设有经厂，专司刻书。嘉靖年间，司礼监所属有刊字匠三百十五名、刷印匠一百三十四名、黑墨匠七十七名③，可见规模相当大。内府刻书主要供宫内书房学习、小内监诵读和颁赐群臣等，所以大多是政令典制和经史读物。周弘祖《古今书刻》载有内府刻书八十三种的目录，刘若愚《明宫史·内板书数》载有经厂明末存板书籍一百五十八种的目录（另有佛经、道经等若干种）。内府刻书版式宽阔，行格疏朗，字大如钱，纸墨皆精。但系宦官主持，而藏书家出于对宦官的鄙视，对内府刻本多所指斥。

监本分南监本和北监本。因南京和北京皆设国子监，都曾刻印书籍，南监刻书尤多。元灭宋时，把宋国子监的书板都集中于杭州西湖书院，元代西湖书院又刻了一些书板。明初，南京国子监除接收了西湖书院所藏书板外，还接收了元集庆路儒学旧藏的各种书板，因而"南监多存宋监元路学旧板，其元正德以后修补者，品不亚于宋元"④。明梅鷟撰有《明南雍经籍考》，分制书、经、子、史、文集、类书、韵书、杂书、石刻等九类，记载南监嘉靖年间所藏书板状况。《古今书刻》分经书、子书、史书、诗文集、杂书、本朝书（即

---

① 《少室山房笔丛》甲部"经籍会通"四。
② 《五杂俎》卷一三"事部"一。
③ 万历《明会典》卷一八九。
④ 《书林清话》卷五"明时诸藩府刻书之盛"。

《明南雍经籍考》的"制书"）、法帖等七类,登录南监所刻书二百七十多种。这两个记录基本上反映出南监本数量。南监所藏书板中,有著名的"二十一史",其中《宋书》、《南齐书》、《梁书》、《陈书》、《魏书》、《北齐书》、《北周书》七种为宋代所刻,辽、金二史翻刻元版,宋、元两史出自明刻,其余十种全系元雕,因而有"三朝本"之称。这套书板直至清代嘉庆年间才因火灾被毁,其中七种宋代所刻书板存世几达七百年之久。北京国子监刻书"多据南监本重刻"①,著名的有《十三经注疏》和"二十一史",均刻于万历年间,周弘祖《古今书刻》所录仅四十一种,可见北监本大大少于南监本。

藩府刻书量多是明代官刻本的突出特点。明初,为防止藩王形成地方割据势力,在政治上对藩王限制极严,其中有些人比较好学,就利用其优厚待遇把精力用在刻书上,于是形成藩刻书。《古今书刻》上登载有刻书的王府十五个,清末叶德辉所著《书林清话》载有刻书的王府二十个。藩王们既有财力、时间,能够精校细刻,又有宋元善本的赐书可以据以翻刻,所以藩刻本的质量都较高。在藩府刻书中最有名的是蜀王府,自洪武年间起几乎刻书不绝。《古今书刻》著录蜀王府刻书共二十八种。嘉靖以后,他如晋王、吉王、唐王、宁王诸府都有刻书。

此外,中央政府各部院,如礼部、兵部、工部、都察院等都有刻书,钦天监、太医院等部门也刻有本专业的图书,地方上各省布政司、按察司、府州县等官署、各地儒学书院及盐运司等则刻有方志和其它书籍。

2. 家刻书

明代私家刻书风气甚盛,大多集中在江浙一带。许多刻书家都是藏书家,他们因藏书而提倡刻书,在保存和传播古代典籍上作

① 《书林清话》卷五"明时诸藩府刻书之盛"。

出了可贵的贡献。除了刊印古籍之外，往往翻刻宋元版，这对提高刻书质量极为有利。其精良刻本附表举例如次：

地 区	姓 名	书 名	刻书年代	备 注
丰城	游 明	《史记索隐集解》	天顺、成化间	翻刻元中统本
江阴	涂 祯	《盐铁论》	弘治十四年	复刻宋本
苏州	顾元庆	《顾氏文房小说》四十种	正德十二年	历时 16 年校刻精审
锡山	安 国（桂坡馆）	《颜鲁公文集》	嘉靖二年	
	安 国（桂坡馆）	《初学记》	嘉靖十三年	复宋本，后被多次翻刻
震泽	王延喆（恩褒四世之堂）	《史记集解索隐正义》	嘉靖六年	复宋黄善夫本，刻工精细
苏州	金 李（泽远堂）	《国语韦昭解》	嘉靖七年	复宋本
苏州	袁 褧（嘉趣堂）	《世说新语》	嘉靖十四年	据陆游刊本重刊
苏州	吴元恭（太素馆）	《尔雅注》	嘉靖十七年	仿宋刻
上海	顾从德	《黄帝内经》	嘉靖二十九年	复宋本
常熟	赵用贤	《管子》、《韩非子》	万历十年	
苏州	陈仁锡（阅帆堂）	《陈白阳集》、《石田先生集》	万历四十三年	写刻甚精

248

3. 汲古阁刻书

汲古阁主人常熟人毛晋，是明末清初由藏书而大量刻书的著名人物。

毛晋（1599—1659年），初名凤苞，后更名晋，字子九，别号潜在。毛晋酷爱书籍，不惜高价买书，在门口贴榜文："有以宋椠本至者，门内主人计叶酬钱，每叶出二百；有以旧钞本至者，每叶出四十；有以时下善本至者，别家出一千，主人出一千二百。"于是，"湖州书舶云集"其门。经多年搜求，藏书达八万四千册。特建"汲古阁目耕楼以庋之"。

毛晋刻书的规模相当大，"汲古阁后有楼九间，多藏书板，楼下两廊及前后，俱为刻书匠所居"①，除自己组织人刻板之外，还收购其他刻书家的书板，如他编纂印行的《津逮秘书》，其中有一部分原为胡震亨所刻《秘册汇函》毁于火后的残板。

毛晋印行的书籍数量很大，仅天启四年（1624年）至崇祯六年（1633年）的九年间，刻书即在二百种以上②。其中最著名的有《十三经》、《十七史》、《津逮秘书》、《六十种曲》以及唐宋元人别集等。所刻"六十家词"开汇刻词集的先例③。毛晋所刻书籍运销全国各地，甚至"滇南官长万里遣币以购毛氏书"④。当时，有"毛氏之书走天下"之誉⑤。

毛晋刻书讲求质量，多用宋刻本作底本，因此许多宋本因翻刻而流传下来。为了保证质量，毛晋很注意校勘。除亲自校勘外，"又招延海内名士校书"⑥。毛晋还为不少所刻典籍写了题跋，或

---

① 《履园丛话》卷二二"汲古阁"。
② 李谷：《汲古阁书跋·叙》。
③ 《书林清话》卷七"明毛晋刻六十家词以后继刻者"。
④ 《书林清话》卷七"明毛晋汲古阁刻书之二"。
⑤ 《牧斋有学集》卷三一"隐湖毛君墓志铭"。
⑥ 钱泳：《履园丛话》卷二二"汲古阁"。

考其源流，或辨其真赝，或提要钩玄，为读者阅读指示门径，具有很高的学术价值。毋庸讳言，毛晋所刻书也有不少校对草率、错误甚多者。

毛晋刻书所用纸张由江西特别制造，厚的称"毛边"，薄的称"毛太"。

4. 坊刻书

明代书坊刻书进一步发展，分布地区较前广泛，数量也更多。人们日常所需的各种医书、科技书、经史书等纷纷由书坊出版发行，文学作品和通俗读物也主要是书坊的产品。有些书坊始于宋元，历史悠久，在古代文化史上占有光辉的一页。

福建建宁是书坊最发达的地区。建阳县书坊独盛，集中于麻沙、崇化两镇。崇化镇"比屋皆鬻书籍，天下客商贩者如织，每月以一、六日集"①。这种卖书的集市，为当时全国所仅有。建宁府的书坊不下六、七十家，建宁府有许多宋元以来的老书坊，如建阳刘氏翠岩精舍、建安刘氏日新堂、叶氏广勤堂、郑氏宗文堂、虞氏务本堂等，均为元代老铺。建安余氏先后在宋代有余仁仲的"万卷堂"、元代有余志安的勤有堂、明代有余文台的双峰堂等，万卷堂的牌号一直到明代仍在使用。明代刻书最多的两个书坊刘洪慎独斋与刘宗器安正堂，也都在建阳县。慎独斋所刻大抵以史部书居多，而且卷帙浩繁，"其版本校勘之精，亦颇为藏书家所贵重"②。正德十三年（1518 年），除刻《十七史详节》二百七十三卷外，又刻一百五十卷《宋文鉴》。由于这两种卷帙极繁的书均于一年之中刻成，《书林清话》的作者叶德辉曾为其"勇于从事"的精神而赞叹不已。安正堂所刻多为集部及医经类书，如弘治十七年（1504 年）刻《针灸资生经》，正德十二年刻《类聚古今韵府群玉续编》，正德

① 嘉靖《建阳县志》卷三。
② 《书林余话》卷下。

十六年刻《象山先生集》，嘉靖三年（1524 年）刻《宋濂学士文集》及其《附录》①。

长江下游的南京、苏州等地也有许多书坊。南京书坊数字比建宁少，但也近六十家，其牌号多标明"金陵书林"或"金陵书坊"、"白下"或"建业"等字样。最早的是"金陵王举直"，于明初刻《雅颂正音》。南京书坊以唐姓和周姓所经营者为多。所刻书籍与建宁相较，医书、杂书及小说数量较少，而戏曲方面则超过建宁。整个明代南京书坊所刻戏曲达二、三百种。其中唐对溪富春堂所刻最多，据说上百种，现存者尚有《管鲍分金记》等三十种。该书坊的刻书在板框四周加有花纹图案，打破了宋元以来单调的单边或双边的呆板式样②。苏州书坊著名者有龚少山、叶昆池及席氏扫叶山房等。所刻《十七史》、《四朝别史》、《东都事略》等，板心均有"扫叶山房"字样。

北方地区书坊最多的是北京，可考者有永顺书堂（也作永顺堂）、金台鲁氏、国子监前赵铺、正阳门内大街东下小石桥第一巷内金台岳家、刑部街住陈氏、宣武门里铁匠胡同叶铺等。1967 年在上海嘉定县发现了永顺书堂刻印的十一种说唱词话和一种南戏《白兔记》③。铁匠胡同叶铺于万历十二年（1584 年）刊有《真楷大字全号缙绅便览》及《南北直隶十三省府州县正佐首领全号宦林便览》，开清代琉璃厂书铺刊印《缙绅录》的先河④。

5. 佛道藏经的官私刻本

佛教和道教都被明代统治者视作维护封建秩序的思想武器，得到保护。所以佛道藏经在明代都有刻印，直到现在许多印本还

---

① 《书林清话》卷五"明人私刻坊刻书"、《书林余话》卷下。

② 参见张秀民：《明代南京的刻书》，载《文物》1980 年第 11 期。

③ 《文物》1972 年第 11 期。

④ 参见张秀民：《明代北京的刻书》，载《文献》1979 年第 1 辑。

有留存，在历史上发生不小的影响。

佛道藏经主要是官刻本，有南藏、北藏、番藏和道藏。

洪武五年（1372年），太祖命集众僧在蒋山校刻佛教《大藏经》，约至永乐元年（1403年）刻成。因刻于南京，后人称为"南藏"。收佛教著作一千六百十部，六千三百三十一卷，分装六百三十六函。字为欧体，刚劲有力，书作梵笑装，与一般书籍有别。后板藏南京大报恩寺，成化、万历时均有修补。

成祖朱棣迁都北京后，另刻一部《大藏经》，称为"北藏"。始刻于永乐十八年（1420年），成于正统五年（1440年）。卷首正统五年御制序称：共六百三十六函，六千三百六十一卷。万历时又增刻四十一函，四百十卷，称"续大藏经"。梵笑装；楷体字，近似虞世南书法。北藏曾广为颁赐。

番藏即西藏文《大藏经》。据说番藏在元代即已有刊本。至明成祖永乐年间又重新刊印。此书底本系中官侯显等奉成祖之命自西藏取回，刊于司礼监统属的番经厂。万历时又据永乐本重刻，并增刻续藏四十二帙。据《明宫史》记载，该书共"一百四十七函，十五万七十四叶"。

忽必烈曾兴佛灭道，道教经典几乎全部销毁。成祖朱棣命四十三代天师张宇初纂修《道藏》，以适应恢复道教的需要。正统年间，《道藏》雕板印行，共五千三百零五卷，四百八十函。万历时，五十代天师张国祥又受命续刊道藏，共三十二函。明道藏刻板保存至清末，最后被八国联军烧毁。

私人刊印的宗教典籍远不如官刻本多，主要的只有佛教的《径山藏》。由于佛教典籍多为梵笑装，翻检不易，因而嘉靖年间杭州昭庆寺道开和尚提议把梵笑改为方册（即线装）。万历七年（1579年）紫柏和尚等重提此议，在山西五台山妙德庵创设募刻方册藏经的组织，至万历十七年实施。不久，刻成数百卷。但因五台山气候不利于刊刻，迁到杭州径山的寂照庵和兴圣万寿寺继续进行。万历三十七年刊印受挫。后由贵州赤水继庆和尚与云南姚安陶铤等人的努力，于清康熙十六年（1677年）刻完正藏。接着，又刻了续藏和又续藏。藏经刻成后，规定凡需该书者，到嘉兴楞严寺接洽，但板片存于径山，印刷也在径山，因此称《嘉兴藏》或《径山藏》。正藏收录佛教著作一千六百五十四部，六千九百五十六卷，线装六百七十六函。续藏十九函，又续藏四十三函。《径山藏》开始以方册形式大量流传佛经，在佛教史上引人注目。

（三）印刷装帧技术的进步

1. 多种活字的应用

自北宋毕昇发明活字印刷术之后，由于工艺难度大，活字印刷长期以来没有得到广泛应用。而到了明代，活字印刷成风，遍及江苏、浙江、福建、江西、云南、四川等省，尤以江苏为盛。经史子集皆备，而集部为多。质料有铜、铅等金属活字，还有木活字。活字印刷的广泛应用，标志着中国印刷术走向了更加成熟的阶段。

过去有人以为宋元时代、甚至五代时期即已有铜活字，但其说很难确认。真正的铜活字印刷，应自明中叶无锡华燧会通馆算起。还有无锡华坚兰雪堂、安国桂坡馆等。华燧（1439—1513年），字文辉，号会通。少时于经史多所涉猎：中年后好校刊古籍，后来用"铜字板"印书，"名其所曰'会通馆'，人遂以会通称"①。他用铜活字印书的动机，是为了减少手笔抄录的麻烦，后来乃"公行天下"②。他的铜活字印刷大约成功于弘治三年（1490年），刊印了《宋诸臣奏议》。这部书因缺乏经验印得并不太精，墨色不佳，模糊邋遢，正文和小注不分大小，每行内双排，参差不齐，校对也不精细，脱文误字比比皆是。但它是目前国内见到的最早的一部金属活字印本。以后他继续印书，一直印到正德时期。所印书板心下

---

① 《书林清话》卷八"明华坚之世家"。

② 弘治三年，华燧：《宋诸臣奏议序》。

253

方多有"会通馆活字铜板印"字样,是明人铜活字印本中数量最多的一家。其中最著名的有《锦绣万花谷》、《百川学海》、《记纂渊海》、《古今合璧事类前集》、《九经韵览》、《十七史节要》、《君臣政要》、《文苑英华辨证》等①。

华燧有一叔伯名华珵,也曾用铜活字印过书。所印有《渭南文集》和《剑南续稿》,都印于弘治十五年(1502 年),比会通馆的早期印本稍晚。

华坚是华燧之侄,字允刚,其书坊称"兰雪堂"。他用铜活字印书在正德年间,印有《白氏文集》、《元氏长庆集》、《蔡中郎文集》、《艺文类聚》、《春秋繁露》等。华坚印书多有"锡山兰雪堂华坚允刚活字铜版印行"的书牌或刊语,又有"锡山"两字圆印及"兰雪堂华坚活字铜版印"篆文小印。其书因一行内排印两行,被称为"兰雪堂双行本"。

安国(1481—1534 年),字民泰,其书坊称为"桂坡馆"。为东南巨富。居于无锡胶山,喜爱桂树,在胶山后岗种桂树绵延二里多,因自号桂坡。他以铜活字印书始于正德七年(1512 年)左右。正德十六年曾印《东光县志》,这是我国唯一用铜活字印的方志,惜已失传。今可考知的有十种,数量仅次于华燧。其著名者除《东光县志》外,有《吴中水利通志》、《重校魏鹤山先生大全集》、《颜鲁公文集》、《初学记》等,多成于嘉靖初年,版心上方往往有"锡山安氏馆"五字。安国印书比较认真,错误较少。

---

① 今人潘天祯在 1980 年第 1 期《图书馆学通讯》上发表题为《明代无锡会通馆印书是锡活字本》的论文,文中根据光绪三十一年存裕堂义庄木活字印本《勾吴华氏本书》卷三十一"三承事南湖公、会通公、东郊公"传、嘉靖十一年华从智刻隆庆六年华察续刻《华氏传芳集》卷十五所载的两篇华燧传记(一为邵宝撰《会通华君传》,一为乔宇撰《会通华处士墓表》)、清初刻华允诚修《华氏传芳集》卷四所载《会通府君宗谱传》,断定华燧会通馆印书所用活字是锡制不是铜制。这一与传统说法不同的新说法值得注意。

铅活字印书,见于陆深弘治、正德间所撰《金台纪闻》,书中说明中叶铅活字印书已经开始了。遗憾的是它未记明印有何书及其它情况。

明代木活字比元代更为流行,有书名可考的约有一百多种,多印于万历年间,著名的有弘治年间碧云馆刊《鹖冠子》、弘治十七年(1504年)吴门刊《文心雕龙》、隆庆三年(1569年)海虞黄美中刊《凤洲笔记》、万历元年(1573年)鄞人包大烔刊《越吟》、万历初蜀人张佳胤刊《东巡杂咏》、嘉定徐兆稷刊《世庙识余录》、万历四年福建朱仁敬刊《新刻史纲历代君断》及万历十四年刊仁和卓明卿编《唐诗类苑》等。藩府本也有采用木活字的。嘉靖二十年(1541年)蜀王府印《栾城集》、万历二年益王府印《辨惑编》和《辨惑续编》。除了把木活字用于刊印一般书籍外,还有用以刊印家谱的,如隆庆年间刊印的《东阳卢氏家乘》。尤其值得注意的,是明朝末年木活字已被应用于邸报的印行上。清初顾炎武曾说:"忆惜时邸报,至崇祯十一年方有活版。自此以前并是写本。"[1]以活字印邸报是新闻史上的一大进步。

2.绘图书籍和套版、饾版、拱花技术

明代盛行带有图画的书籍。仇英《绘图列女传》、顾鼎臣《状元图考》、众芳书斋校刻本《增编会真记》等,都是绘图精本。《三国志演义》的一种刻本,绘图竟多至二百四十幅[2]。这些精美的绘画成为吸引读者购买书籍的重要手段。

1967年在上海嘉定县明代宣姓墓中发现的成化年间刊印的一批书,其中《刘智远还乡白兔记》的整页插图,又是新的发展[3]。万历以后所刻戏曲、小说等,几乎无书无图。在数量增多的情况

---

① 《亭林文集》卷三"与公肃甥书"。

② 《书林清话》卷八"绘图书籍不始于宋人"。

③ 参见王红元:《三十年来的考古发现与书史研究》,载《文献》1979年第1辑。

下,不同的风格流派逐渐形成。如建宁派壮健粗豪,古朴简率,多采用上图下文的旧式;金陵派线条秀劲,布局疏朗,人物生动,为整版半幅,或前后页合并成一大幅;新安(安徽歙县)派布景缛丽繁富,人物刻画精细,刀法圆活,生动流利,甚至能助画家笔触,栩栩如生。

　　套印是为使图书能利用不同颜色以区别内容的不同作用而出现的。在进行这种印刷时,必须使逐次加印的各版版框严密吻合,所以叫做套印,也叫套版。早在元顺帝至元六年(1340年)中兴路(今湖北江陵)资福寺即刻有无闻和尚的《金刚般若波罗密经注解》,经文红色,注文黑色,卷首灵芝图朱墨两色套印。这是已知的现存最早的木刻套印本。但这部经注之后,套印术在一、二百年中并未盛行起来,直到明代后期才又广泛流行。明代在万历前期即已采用套印术。已知现存明代最早的套印本是万历三十年至三十五年之间刊印的《闺范》。天启、崇祯年间,吴兴闵氏、凌氏不仅有两色套印,而且有三色套印、四色套印。套印术在明代后期的广泛流传,是当时印刷术提高的主要表现之一。

　　饾版是复制美术图画的一种办法。饾版发明以前,人们印刷美术图画的办法是涂色,即用几种颜色涂在一块雕板的不同部位后上纸刷印。但由于相邻的颜色容易相混,故所印不太美观。明代后期发明了饾板,即把同一个画面分成若干块版,每块版只是整个画面的一部分,将它们分别刷上不同的颜色后,按适当的位置逐个印在同一张纸上,于是复杂色彩的画面就可印刷出来。此外,还发明了"拱花",即用凹凸两版,将纸夹在中间,互相嵌合,使纸被压出凸起的花纹,以表现白云、流水和花叶的脉纹,极为精美。最有名的是休宁人胡正言于天启七年(1627年)所印制的《十竹斋画谱》。崇祯十七年(1644年)他又兼用饾版、拱花二法,印出《十竹斋笺谱》,其中有商鼎周彝、古陶汉玉、山水人物、花卉羽虫等,达到了很高的艺术水平。

256

3. 版式、字体等刻书风格的演变

明初印书的版式基本上沿袭元代之旧，多是黑口，赵（孟頫）体字，行界紧密。

嘉靖时期追模北宋风格。盛行白口，字体采用欧、颜，也有手写行草上版的。版心上方往往刻有字数，下方刻有刻工姓名，有时还有写样人的姓名。

万历以后，黑口本渐多，字体复趋方整，终于在明末发展成横轻直重的样式，即所谓"宋体字"，实际上完全不是宋体的本来面目。版本学家称之为"明匠体"。

用纸方面，嘉靖以前多用绵纸，万历以后多用竹纸。用墨大多数品质低劣。尤其万历以后多用煤代替，往往脱落成为"大花脸"，令人生厌。

4. 由包背装到线装

明初书籍的装订继南宋、元代之后而行包背法。但与过去把各书叶粘在包背的纸上不同而改在书叶边栏外的空白处打孔，穿上纸捻，然后加上封面。包背装的缺点之一是不便于裁切书背。这导致了明中叶即十五世纪线装法的出现。即把包背装的封面裁成两半，连同书身一起打孔穿线、装订。用线装法装订的书籍，即使装订线断了，书叶也不易散乱，外观形式也好。虽书口易于断裂不如蝴蝶装，但从总体上看，线装的出现，是中国古代书籍装帧技术发展到最进步阶段的表现。

（四）明刻本的评价

明代刻书往往受到后世的批评与抨击。其主要缺点表现在以下几个方面：

一是有的书籍校勘不精，致使脱文讹字比比皆是。如王国维曾得到明抄本《张说之文集》二十五卷，用它校对该书的明嘉靖刻本，发现该刻本脱掉二页，卷二十三内脱文一篇，又脱落一行者共十处，改正讹字不可胜计。特别是当时官吏奉使出差，回京必刻一

书,馈送长官,即所谓之"书帕本",讹谬尤多①。

二是有的刻书家随意改动、删略原书。有的改动题目,如《大唐新语》被改为《唐世说新语》,《岩下放言》被改为《蒙斋笔谈》,《释名》被改作《逸雅》,叶德辉对此曾痛加斥责说:"全属臆造,不知其意何居!"②有的窜改作者姓名,如郑若曾所撰《筹海图编》,胡宗宪于隆庆时因藏版漫漶,重为翻刻,把作者窜改作自己的姓名。宋阮阅所撰《诗总》,被一个号月窗道人的宗室在刊刻时改为"阮一阅"。有的还改动原书结构,如月窗道人在刊刻《诗总》时,曾据己意重加"汇次"③。有的窜入他书文字,如《说文》中窜入《五音韵谱》,《通典》中窜入宋人议论,《夷坚志》窜入唐人事迹,"与原书迥不相谋"④。有的改动若干文字,如明人杨慎《丹铅续录》卷三曾指出,苏州所刻《世说》,"右军清真"被妄改为"右军清贵","兼有诸人之差"被妄改作"兼有诸人之美","声鸣转急"被妄改成"声气转急","皆大失古人语意"。删节内容者多出于书坊刻书,如福建书坊经常翻刻畅销书,其卷数目录虽与他处所刻该书相同,但篇中文字多所删减。明代所刻丛书,如《格致丛书》、《宝颜堂秘笈》等,其所收各书多半任意删节。

三是有的喜用古体字。如嘉靖年间"闽中许宗鲁刻书,好以《说文》写正楷"。海盐冯丰诸人喜用古体字刻书之癖尤其严重⑤。

四是有的喜好堆砌无用的序跋,这种情形且有日甚一日之势。

由于明代刻书有如上缺点,招致当时及后世许多人的批评。对这些缺点进行批评是应该的,但不能因此否定整个明代刻书事业。如说"明人好刻书,而最不知刻书","昔人所谓刻一书而书亡

---

① 《书林清话》卷七"明时书帕本之谬"。

② 《书林清话》卷七"明人刻书改换名目之谬"。

③ 《四库全书总目》"诗话总龟"条。

④ 杭世骏:《道古堂集》卷一八。

⑤ 《书林清话》卷七"明许宗鲁刻书用说文体字"条及"明刻书用古体字之陋"。

者,明人固不得辞其咎矣"①。这些批评都有欠公允,因为明刻尚有某些值得注意之处。如:

(1)从数量到印刷装订,都取得了可喜的成就;在质量方面,也有许多校勘印刷均佳的精品。

(2)明代刻书,由于不同地区、不同身份和不同时期而质量互有差别。一般说,坊刻本质量稍差而其它身份的人所刻出的书的质量较高。家刻本大多底本好、校印精、纸墨优良。从时期上看,一般说嘉靖以前所刻书较好而万历之后质量下降。清人丁丙《善本书室藏书志》的编辑条例中曾评论明代刻书是"嘉靖以前刻书多翻宋椠,正统、成化刻印尤精,足本孤本所在皆是"。又如不少精美的绘画书籍是出自书坊而且印于万历之后,尤其印刷装订技术的提高是印刷发展的重要里程碑。其庞大的印刷数量,使许多古籍得以流传于世,昔人不易见到者,明以后成为普通读书人案头之物。甚至有少数明本书籍优于宋本,可用于校正宋本。可见对明代刻书是不能简单地将之一概否定的。

(五)写本书

明代藏书家多半抄书,把抄书当成补充其藏书的重要手段。原因主要有二:一、当时印书虽多,但由于交通不甚发达和其它原因,购买图书仍不容易。谢肇淛在其抄本王禹偁《小畜集》中作跋说:"余少时得元之诗文数篇,读而善之。锐欲见其全集,遍觅不可得。既知有板梓于黄州,托其州人觅之,又不得。去岁入长安,从相国叶进卿先生借得内府宋本,疾读数过,甚快,因钞而藏之。"②二、一些珍贵罕见书,只有个别人有收藏,市场上没有出卖,藏书家只好借抄。明代著名藏书家祁承㸁有一次在河南抄到百余

---

① 《书林清话》卷七"明时书帕本之谬"及"明人不知刻书"条。
② 转引自方品光:《明代福建著名钞书家——谢肇淛》,载《福建省图书馆学会通讯》1981年第3期。

种图书,在家信中十分得意地说:"此番在中州所录书,皆京内藏书家所少,不但坊间所无者也。而内中有极珍贵重大之书,今俱收备。即海内之藏书者不可知,若以两浙论,恐定无逾于我者。"①

藏书家抄书十分勤奋刻苦,如前期的叶盛,做官数十年,未尝一日停止抄书,"虽持节边徼,必携钞胥自随,每钞一书成,辄用官印识于卷端"②。谢肇淛一次在北京借到一本内府藏书,"时方沍寒",而恰值"需铨旅邸,资用不赡",就不顾条件艰苦,自为钞写。"每清霜呵冻,十指如槌",但仍抄写完毕③。他一生抄书总数已不可知,仅今可见者即近二十种。

明代抄本最为后人珍贵的,有吴抄(长洲吴宽丛书堂抄本)、叶抄(昆山叶盛赐书楼抄本)、文抄(长洲文征明玉兰堂抄本)、王抄(金坛王肯堂郁冈斋抄本)、沈抄(吴县沈与文野竹斋抄本)、杨抄(常熟杨仪七桧山房抄本)、姚抄(无锡姚咨茶梦斋抄本)、秦抄(常熟秦四麟致爽阁抄本)、祁抄(山阴祁承爜澹生堂抄本)、毛抄(常熟毛晋汲古阁抄本)、谢抄(长乐谢肇淛小草斋抄本)等。这些著名的抄本书在用纸、版式上多有独特风格和标记,如吴抄多用红格纸,版心有"丛书堂"三字;叶抄多用绿墨二色格纸,版心有"赐书楼"三字;文抄于格栏外有"玉兰堂录"四字;王抄于版心有"郁冈斋藏书"五字;沈抄于格栏外有"吴县野竹斋沈辨之制"九字;杨抄于版心有"嘉靖乙未七桧山房"八字或"万卷楼杂录"五字;姚抄于版心有"茶梦斋抄"四字;秦抄于版心有"致爽阁"三字,或"玄览中区"四字,或"又玄斋"三字,或"玄斋"二字;祁抄往往用蓝格纸,于版心有"澹生堂抄本"五字;毛抄于版心有"汲古阁"三字,格栏

①　转引自黄裳:《〈天一阁被劫书目〉前记》,载《文献》1979 年第 1 辑。
②　《潜研堂文集》卷三一。
③　《小草斋集》卷二一;转引自方品光:《明代福建著名钞家——谢肇淛》,载《福建省图书馆学会通讯》1981 年第 3 期。

外有"毛氏正本汲古阁藏"八字;谢抄于版心有"小草斋抄本"五字。这些独特的风格和标记,是识别鉴定的极好依据①。

抄书家中最突出的是毛晋。他"家蓄奴婢二千指","入门僮仆尽钞书"②。凡用钱买不到的"世所罕见而藏诸他氏"的宋版书,毛晋就设法借来,"选善手以佳纸墨影抄之",字体点画,行格款识,一如原式,名"影宋抄"③,精美绝伦,有"古今绝作"之誉④。今仍有不少传世品,北京图书馆藏有毛抄《西昆酬唱集》⑤,天津市人民图书馆藏有毛抄《五代名画补遗》⑥。

明政府也组织过抄书活动。如《永乐大典》编成之初,因字数太多只抄了一份清稿。嘉靖、隆庆之际,为防止散失损坏,又组织人员重抄一份。

四、西学翻译与图书流通

（一）耶稣会士东来和西籍翻译活动的展开

明嘉靖年间,耶稣会士圣方济各沙勿略开始来中国传教。他于嘉靖三十一年(1552 年)死于广东上川。万历年间,意大利人利玛窦始将天主教传入内地。其后来传教的耶稣会士,有艾儒略、金尼阁等二十多人。

耶稣会士为了传教,除了口头宣传外,还非常注意书面宣传。据记载,耶稣会士金尼阁于万历四十八年(1620 年)曾将七千部西方书籍由欧洲运到澳门⑦。但是,对于西方图书,当时几乎没人能

---

① 参见《书林清话》卷一〇"明以来之抄本"。
② 《书林清话》卷七"明毛晋汲古阁刻书之二"。
③ 见《东湖丛记》。
④ 《藏书纪要》第三则"抄录"。
⑤ 毛春翔:《古书版本常谈》。
⑥ 陈瑞铭:《试谈抄本》。
⑦ 方豪:《明季西书七千部流入中国考》,载《文史杂志》第 3 卷第 1、2 期。

读懂,因而耶稣会士开始译书活动。除了翻译外,还编译出一些介绍性的书籍。和他们协同工作的一些中国知识分子,也利用这一条件独立编写过一些介绍西方学术的书籍。万历十二年(1584年),耶稣会士意大利人罗明坚在广州出版《天学实录》,后改名《天主圣教实录》,宣扬"天地有一生造万物之主宰","人之灵魂永不死灭","人欲救灵须服事天主而入其所立之教"①等等。这是耶稣会士在中国出版的第一本书。此后,大量图籍翻译出来。近人徐宗泽《明清间耶稣会士译著提要》附"明清间耶稣会士译著书名表"所列明亡前翻译的书籍多达九十部,其中绝大部分是关于宗教方面的。为了取得中国人士的信任,也翻译了不少关于哲学和自然科学的书②。

(二)利玛窦、徐光启及其译书

明代后期来华的耶稣会士以利玛窦的影响为最大,与之合作译书最为著名的中国知识分子则数徐光启。

利玛窦(1552—1610年),别字西泰,万历九年(1581年)始至中国澳门(或记为万历十年)。十一年与耶稣会士罗明坚同至肇庆,居住近十年。其后转往韶州等地。二十四年(1596年)任中国区耶稣会会长。万历二十八年(1600年)后一直住在北京,继续翻译书籍,奠定了天主教日后在中国进一步传播的基础。利玛窦译书约二十种,著名的有《天主实义》和《几何原本》等。《天主实义》二卷,宣扬天主始创天地万物,鼓吹灵魂不灭。《几何原本》由利玛窦口译,徐光启撰文,原书本十五卷,但万历三十五年(1607年)译完前六卷后利玛窦就不肯再译下去,因而最早的刊本只此

---

① 徐宗泽:《明清间耶稣会士译著提要》卷一。

② 清韩霖、张赓合著《圣教信证》,载明清之际耶稣会士的姓名及其著述,这是耶稣会士译书的目录。晚清王韬辑《西学辑存六种》,内《泰西著书考》也详列了来华耶稣会士的姓名及其著述。

六卷。剩余部分,直到清代后期方才译出。利、徐译本虽非全本,但毕竟介绍了系统的欧洲平面几何学知识,明清的许多数学工作者学习过这部书,并在论证方法等方面受到影响。这个译本中所使用的点、线、直线、曲线、平行线、角、直角、锐角、钝角、三角形、四边形等名词便一直沿用下来。

徐光启,字子先,上海人。万历三十二年进士。官至礼部尚书。明末科学家。为了学习西方科学,他与耶稣会士交往甚密。万历三十一年(1603年)入天主教。徐光启与耶稣会士合作,把许多西文图书译成中文。除《几何原本》外,还有《测量法义》、《勾股义》、《泰西水法》(与耶稣会士意大利人熊三拔合作)、《灵言蠡勺》(与耶稣会士意大利人毕方济合作)及《崇祯历书》①等。

除利玛窦与徐光启的译书外,明末还出现了一部专门收辑关于耶稣会士翻译书籍的丛书,这就是李之藻的《天学初函》。李之藻,字振之,又名我存,浙江仁和人。万历三十八年(1610年)入天主教。《天学初函》共分"理"、"器"二编,各收书籍十种,明末"流传极广,翻板者数次"②。

(三)耶稣会士译书活动的作用

耶稣会士的译书活动持续约六十年,传入的西方哲学和自然科学知识有可供借鉴和参考之处。

在哲学方面,葡萄牙人傅汎际与李之藻合译了《名理探》,于崇祯四年(1631年)出版。内容为亚里士多德的逻辑学。约崇祯六年,意大利人高一志出版《空际格致》,论述了火、气、水、土为宇宙四大原素的说法。

在天文历算方面,利玛窦与李之藻译的《乾坤体义》是讲天体的书,是公元前四世纪至二世纪以后流行欧洲的亚里士多德——

---

① 王重民:《徐光启》第六章;徐宗泽《明清间耶稣会士译著提要》第六卷。

② 陈垣:《重刊灵言蠡勺序》。

托勒密体系。《天问略》于万历四十三年（1615 年）由葡萄牙人阳玛诺出版，"末载矇影刻分表，并注解晦朔、弦望、交食浅深之故，亦皆具有图说，指证详明"①。《圜容较义》由利玛窦和李之藻译，刻于万历四十二年（1614 年），是一部比较图形关系的几何学。《同文算指》由利玛窦与李之藻译，出版于万历四十一年（1613 年），这是介绍欧洲笔算的第一部著作，对后来的算术有很大影响。

在物理学方面，《远镜说》为汤若望于天启六年（1626 年）出版，是传入西方光学的第一部书。《泰西水法》为熊三拔、徐光启、李之藻所译，"皆记取水之法"。《远西奇器图说》为邓玉函与陕西人王微所译，刻于天启七年（1627 年），讲述重心、比重、杠杆、滑车、轮轴、斜面等原理以及应用这些原理的机械。

在地理学方面，《职方外纪》为意大利人艾儒略等于天启三年（1623 年）译成。介绍五大洲各国的风土、民情、气候、名胜等。

在枪炮铸造技术方面，《火攻挈要》（又名《则克录》）汤若望与宁国人焦勖译，刻于崇祯十六年（1643 年），介绍各种火器的制造、使用方法等。

在人体学方面，《泰西人身说概》为邓玉函所译，约译成于崇祯八年（1635 年），这是西方人体学传入中国的开始。

耶稣会士把介绍西方科学的译书活动当作取得中国官府和各阶层人士好感的手段，其根本目的是以此为传教创造条件。如利玛窦在筹划翻译《几何原本》时曾给罗马打报告说："现在只好用数学来笼络中国的人心。"②因而除译了一些自然科学方面的书外，更多地译了宗教神学方面的书籍，而自然科学书籍的翻译往往半途而废，而且译书所介绍的科学知识，多是中世纪甚至中世纪以

① 《四库全书总目》卷一〇六。
② 《玛窦通讯集》第二卷，转引自钱宝琮主编：《中国数学史》第 235 页。

前的旧货。如高一志《空际格致》所介绍的四大原素论,在该书于中国出版前十三年,早已被英国唯物论哲学的代表人物弗兰西斯·培根所批判。

(四)图书的国内流通

1.市场上的图书买卖

由于刻书业兴盛,产品需要通过市场买卖找到出路,因而图书买卖相当发达。刻书业最发达的地方往往设有专门的书市(如建宁)。有些地方虽然刻书业不甚发达,但由于是交通要道,或系政治、经济、文化的中心,图书的买卖也很盛行。当时书市最发达的地方是北京、南京、苏州和杭州。北京的书肆,"多在大明门之右门外,及拱宸门之西"。每会试举子,书肆主人即于场前卖书,一个月后试毕始归。每年二月花朝(旧俗以夏历二月十五日为百花生日,称花朝)后三天,书肆主人还在灯市"税地张架卖书",每月初一、十五和二十五三天,则在城隍庙设摊。但是北京市场上书价较高,"诸方所集者,每一当吴中二";当地所印者,"每一当越中三,纸贵故也"。南京的书肆,"在三山街及太学前";苏州的书市,"多在阊门内外";杭州的书市,"在镇海楼之外,及涌金门之内,及弼教坊,及清河坊",都是交通要道。由于书市的发达,书价遂形成规律,"本视其钞刻,钞视其讹正,刻视其精粗,纸视其美恶,装视其工拙,印视其初终,缓急视其用,远近视其代,又视其方。合此七者,参伍而错综之书之直之等定矣"①。

2.公私藏书的出借

明代因袭宋元以来制度,国子监及府州县地方学校可供生员阅览。这种官书,多印有"(× ×)学官书,许生员观看,不许带出学门"字样②。但官府藏书量最大的文渊阁藏书是不许一般读书

---

① 胡应麟:《少室山房笔丛》甲部《经籍会通》四。
② 《书林清话》卷八"宋元明官书许士子借读"。

人借阅的。这里的藏书,主要是为了方便皇帝,"欲有所考,立取立具",此外"独二、三元僚奉诏入门,参万几、备顾问者"。一般官僚也无资格阅读①。个别读书人,如《五杂俎》的作者谢肇淛曾经通过有私人关系的大学士,得见文渊阁的藏书。

私人藏书家的指导思想也多是藏重于用,除子孙可以阅读外,一般不肯示人。如金华藏书家虞守愚将藏书"贮之一楼,在池中央,小木为彴,夜则去之,榜其门曰:'楼不延客,书不借人'"②。天一阁的藏书也不许外人借阅,并订立严格的禁约。有的藏书家虽然准许外人借阅,但条件极严,与不准借阅差别不多。如祁承㸁对其澹生堂存书规定:"子孙取读者,就堂检阅,阅竟即入架,不得入私室。亲友借观者,有副本则以应,无副本则以辞,正本不得出密园外。"③但也有一些思想开通允许外人借阅的藏书家,如江阴李鹗翀"见图籍则破产以收,获异书则焚香肃拜",而且与朋友共用,"遇秘册必贻书相问,有求假必朝发夕至"④。认为"天下好书,当与天下读书人共之"⑤。吴县人杨循吉也是这样的开明藏书家。他有《题书厨诗》说:"奈何家人愚,心惟财货先,坠地不肯拾,断烂无与怜。朋友有读者,悉当相奉捐,胜付不肖子,持去将鬻钱。"但这类开明藏书家太少,没能改变私人藏书不肯借阅的风气。

(五)图书的输出

明代中国图书输出外国者甚多。当时中国在世界上特别是在亚洲各国中,不仅是大国、强国,而且文化发达。其高度的物质文明和精神文明,甚为外国特别是为亚洲邻国所羡慕,外国把输入中国图籍当作学习中国文化的重要途径,而明朝政府则输出图书以

---

① 《西园闻见录》卷八"藏书"。

② 《五杂俎》卷一三"事部"一。

③ 《澹生堂藏书约》。

④ 《藏书纪事诗》卷三。

⑤ 陈登原:《古今书籍聚散考》卷三。

266

扩大影响。

明朝政府在派遣使臣到外国时,往往带去若干书籍,如明朝行用的《大统历》。这种书籍的给予对象是向明朝臣服或明朝打算使之臣服的国家,其给予包含着政治意义在内。如洪武二年(1369年),明派使臣到安南(今越南),"赐(其王)日煃《大统历》"①。同年,遣使至爪哇,"赐以《大统历》"②。洪武四年(1371年),命僧人祖阐、克勤等出使日本,"赐(日本王)良怀《大统历》"③。

外国使臣访明回国时,也往往受"赐"而带回许多书籍。如洪武二年(1369年),高丽(今朝鲜)国王派成惟德出使明朝,明朝"赐以《六经》、《四书》、《通鉴》"④。洪武五年(1372年),琐里(今印度)"遣使奉表朝贡","乃赐《大统历》"⑤。永乐二年(1404年),暹罗(今泰国)有使臣来访,"赐《列女传》百册"⑥。

利用外国使臣来访的机会给予外国书籍,有的是应使臣的请求。如永乐元年(1403年),朝鲜国王派使"请冕服书籍。成祖嘉其能慕中国礼,赐金印、诰命、冕服、九章、玺玉、佩玉、妃珠翠、七翟冠、霞帔、金坠,及经籍、綵币、表里"。其中经籍包括《五经》、《四书》、《春秋会通》、《大学衍义》等。又如永乐五、六年(1407、1408年),日本屡次派使臣来,"使还,请赐仁孝皇后(按即成祖之皇后徐氏)所制《劝善》、《内训》二书,即命各给百本"。成化十三年(1477年)九月,日使妙茂"以国王意求《佛祖统记》等书,命以《法

---

① 《明史·安南传》。

② 《明史·爪哇传》。

③ 《明史·日本传》;《明会要》卷七七。按:"良怀"实际上是当时在九州主持征西府的后醍醐天皇的皇子怀良亲王。

④ 《明会要》卷七七。

⑤ 《明史·琐里传》。

⑥ 《明史·暹罗传》。

苑珠林》与之"①。

有的外国使臣以所带的货物换取书籍。如天顺元年(1457年)安南"遣使入贡","其使者乞以土物易书籍","从之"。

有的国家在使臣访明时,还有许多僧人、商人同来,归国时也带书回去。景泰年间访明的一个日僧曾在中国以一扇换得《翰墨全书》一部。另一僧人回国后,将带回的《清江贝先生文集》三册赠给别人②。

明代输出的图书,不仅品种全,而且数量多。如嘉靖二十年(1541年),明政府曾下令广西布政司,每年要为安南印《大统历》一千本。永乐二年(1404年)九月,礼部受命装印《列女传》,以"给赐诸番",其数量竟高达一万本③。

由于图书大量向国外输出,使明朝的先进文化传向国外,对传入国社会生活和科学文化的提高起了积极的推动作用,这是中外交往史上值得纪念的一页。

五、类书和丛书的编纂

(一)卷帙空前的大类书——《永乐大典》

1. 编纂

永乐元年(1403年)七月,明成祖命翰林侍读学士解缙等人负责编纂。成祖曾述其缘起和目的是:"悉采各书所载事物,类聚之而统之以韵,庶几考索之便,如探囊取物尔。"他不满过去某些类书的纪载太略而要求"凡书契以来,经、史、子、集百家之书,至于天文、地志、阴阳、医卜、僧道、技艺之言,备辑为一书,毋厌浩

---

① 《明史·日本传》。

② 木宫泰彦:《日中文化交流史》,北京商务印书馆 1980 年版第 578—579 页。

③ 各段引文参见《明史》有关外国传。

繁"①。

明成祖为这部类书的编纂体例和指导思想作了明确的规定。次年十一月,解缙等编成进上,成祖为之取名"文献大成"。但不久发现内容尚多有阙略,遂命重修,并命太子少师姚广孝、刑部侍郎刘季篪及解缙总其事,又命翰林学士王景等五人为总裁,翰林院侍讲邹辑等二十人为副总裁,"命礼部简中外官及四方宿学老儒有文学者充纂修,简国子监及在外郡县学能书生员缮写"②,"与其事者凡二千一百六十九人"。永乐五年(1407年)编成,共二万二千二百一十一卷③,一万一千九十五本,"更赐名《永乐大典》"并为制序。该书卷帙浩繁,总字数达三亿七千万。

2. 流传

《永乐大典》编成后只写了一部,本打算刻板印行,但以工程太大而不果。后因迁都北京,该书移储北京。世宗即位后,凡遇有疑,即按韵索览。嘉靖三十六年(1557年)皇宫内奉天、华盖、谨身三殿发生火灾,世宗曾连下命令抢运《永乐大典》。为预防不测,嘉靖四十一年(1562年)八月,命令重录一部,"贮之他所"。隆庆元年(1567年),重录工作完成,"当时供誊写官生一百八名,每人日抄三叶"④。录成的副本藏于皇史宬。正本在明末已下落不明,副本也有残缺。清雍正初,副本由皇史宬移翰林院敬一亭,所缺已近二千册⑤。光绪初又遗失一些,存者仅三千余册⑥。光绪二十年

---

① 《明太宗实录》卷二〇。

② 《明太宗实录》卷三二。

③ 关于《永乐大典》的卷数,此据《明太宗实录》。但《四库全书总目》卷一三七记作二二八七七卷,又有目录六〇卷,共二二九三七卷;《万历野获编》补遗卷一记作二二九〇〇余卷;《明史艺文志》记作二二九〇〇卷。一般认为,《四库全书总目》所记可能比较准确。

④ 刘若愚:《酌中志》卷一八。

⑤ 全祖望:《鲒埼亭集》外编卷一七"钞永乐大典记"。

⑥ 缪荃孙:《艺风堂文续集》卷四"永乐大典考"。

（1894 年），翁同龢查点，又发现遗失许多，存者仅八百余本①。光绪二十六年（1900 年）八国联军侵入北京，翰林院被焚，《永乐大典》几乎尽付一炬，幸存者也多被劫去。目前散藏世界各地的《永乐大典》原本约八百卷，仅为原帙的百分之三强。

3. 体例

类书为检寻方便，唐宋以来多采用以韵隶事的办法，唐颜真卿的《韵海镜原》、宋袁毂的《韵类选题》、钱讽的《回溪史韵》，宋元之际阴时夫的《韵府群玉》，都是这种类书。《永乐大典》继承和发展了这种办法，以《回溪史韵》和《韵府群玉》为蓝本，按《洪武正韵》韵目次序，在所列各字之下先注《洪武正韵》的音义，次录各韵书、字书的反切与解说，并列该字的楷篆各体，然后分类汇辑与该字有关的各种资料。材料据原书照抄，一字不改。书名和作者名用红字标出，甚为醒目。

4. 价值

《永乐大典》在以字系事时办法未能统一，"或以一字一句分韵；或析取一篇，以篇名分韵；或全录一书，以书名分韵"。这是一个缺点，但"元以前佚文秘典、世所不传者，转赖其全部全篇收入"而得以保存下来②。清初全祖望首先从《永乐大典》中辑佚古书。乾隆时，安徽学政朱筠建议从《永乐大典》中辑古书善本，遂导致了四库全书处的设立。经过十多年，共辑出古书数百种，多半刻入了聚珍版丛书。被《四库全书总目》著录的达三百六十五种，附存目的一百零六种，其中《旧五代史》、《续资治通鉴长编》、《建炎以来系年要录》、《水经注》诸书最著名。嘉庆中徐松又从中辑出《宋会要》五百卷、《中兴礼书》一百五十卷等，皆系大部头古书③。

---

① 《翁文恭公日记·甲午六月初十日》。
② 《四库全书总目》，卷一三七。
③ 缪荃孙：《艺风堂文续集》卷四"永乐大典考"。

尤其值得重视的是,《永乐大典》所收古书包括大量的为人们所喜闻乐见、对民生日用十分有益的农业、手工业、科技、医学和古典文学等方面的书籍,如《氾胜之书》和《齐民要术》。"二十九尤"韵的"油"字内,收有大量关于古代各种油质及其制法、用途的材料;"三未"韵的"戏"字内,包括《小孙屠》、《张协状元》、《宦门子弟错立身》等三种戏文,是研究古代戏曲的宝贵参考资料。可见,《永乐大典》不仅采摘数量,而且所采内容价值甚高。

（二）种类繁多的私修类书

明代私修类书数量很大,种类也多,《四库全书总目》著录十三部,存目一百二十多部。有的对前代类书加以重编,有的专辑一方面的内容,还有的图文并茂。

重编前代类书的有俞安期《唐类函》二百卷,分四十三部,把唐人所编类书合编在一起,删去重复,故名"唐类函"。主要取材《艺文类聚》、《初学记》、《北堂书钞》、《白氏六帖》。以《类聚》居前,不复加删;《书钞》删多于《初学记》;《白帖》删多于《书钞》。"至若《类聚》略而三书详,则取三书所详以足《类聚》之阙"。此外,还从杜佑《通典》、韩鄂《岁华纪丽》中选取了一些材料。俞安期在编纂《唐类函》时,曾对所取材料的"讹失"作了校勘。为检索唐以前的典故诗文,提供了方便。

卓明卿《藻林》八卷,是专门分类汇集写诗作赋所用的辞藻的类书。其"凡例"称"惟取音响明亮、词华绮丽、可入诗赋者录之,若古今故实,自有诸类书可考,兹不备"。所汇词藻,选自《易》、《诗》、《左传》、《礼记》、《庄子》、《文选》、《初学记》、《艺文类聚》诸书。分三十七类,每类所选辞藻,均列于原书书名之下。每个辞藻之下有双行小字注释,但未注出原书的篇卷名。有的所谓"书名",实非确切书名(如"诸史"、"六朝")。

徐元太《喻林》一百二十卷,是专门分类汇集"古人设譬之词"的类书。全书分十门,采撷经、史、子、集及道、释等书四百多种,多为隋唐以前书。所引语句，皆在下用双行小字注明原出何书及其卷第篇名。编辑态度比较严肃认真。但将明人伪书《武侯心书》列为诸葛亮撰，《天禄阁外史》列为汉黄宪撰，有些语句的出处，所注并非其最原始者，则是作者的疏忽。

凌迪知《左国腴词》八卷，是专取一书字句分类编排的类书。前五卷摘编《左传》字句，分四十类；后三卷摘编《国语》字句，分四十三类。该书质量不高，但专门摘编一书字句，对后人检索仍有一定用处。

王志庆《古俪府》十二卷，是专收骈体文辞藻的类书。分十八门，一百八十二目，分类编辑六朝唐宋骈体，足供词藻之用者。它注意保持原文篇章的完整性，并多从各总集、别集直接采录，在明代各类书中是编纂较好的一本。

图文并茂的类书有章潢《图书编》一百二十七卷，"凡诸书有图可考者，皆汇辑而为之说"。最初题名《论世编》，后改今名。明代带图书籍，以此书与王圻《三才图会》篇幅为最大。但王书所收琐屑冗杂，考证疏漏，不如本书之抓住要点、内容可靠。

（三）丛书的编纂

明代丛书编纂发展到兴盛时期。除普通丛书外，还有族姓丛书、自著丛书、地方丛书和各种专科丛书等。

《顾氏文房小说》顾元庆辑，刊于嘉靖年间，收有孔鲋撰《小尔雅》、王仁裕撰《开元天宝遗事》和乐史《杨太真外传》等汉至宋著作四十种，多据宋本翻雕，相当珍贵。《唐宋丛书》钟人杰等辑，按"经翼"、"别史"、"子余"和"载籍"四部收明以前著作一百零三种，绝大部分为唐宋人著作。《古今逸史》吴琯辑，五十五种，设"逸志"、"逸记"两门，"逸志"包括"合志"和"分志"两类，"逸记"包括"纪"、"世家"、"列传"三类。对所收诸书的部类安排难免有不恰当之处，但编排具有较强的逻辑性。《古今说海》陆楫辑，刊于嘉靖二十三年（1544 年），分类收辑历代著作一百三十五种，一百四十二卷,以唐、宋著作为多,分四部七类。《稗海》商浚辑,刊于万历年间,收有张华《博物志》、任昉《述异记》、刘肃《大唐新语》、岳珂《桯史》和蒋子正《山房随笔》等。《汉魏丛书》程荣辑,刊于万历年间,收《京氏易传》等三十八种。《津逮秘书》毛晋辑,刻于崇祯年间,共十五集,收书一百多种,编选质量也较高。

在族姓丛书中,有《震泽先生别集》王永熙辑,万历中刊印,收王鏊《震泽长卷》、《震泽纪闻》及王禹声《续震泽纪闻》和《鄞事纪略》四种。

在自著丛书中《俨山外集》陆深撰,刊于嘉靖二十四年(1545年),收《传疑录》等二十三种。《少室山房四集》胡应麟撰,刊于万历四十六年(1618年),收《少室山房笔丛》(包括《经籍会通》等著作十种)、《续笔丛》(包括《丹铅新录》等著作二种)、《诗薮》(包括内编、外编、续编及杂编)和《少室山房类稿》等。

地方丛书中的《盐邑志林》由海盐知县黄冈樊维城编辑,收历朝海盐县人的著作,自三国至明共四十余种,其中明人著作近四分之三。对于所收著作的处理间有误处,如将《玉篇》、《广韵》并为一书,甚属舛谬。它是按地域编辑丛书的较早范例。

专科丛书有诸子丛书(《六子全书》、《子汇》),医学丛书(《古今医统正脉全书》),军事丛书(《兵垣四编》),文学丛书(《唐诗二十六家》、《元曲选》)等。

丛书之辑印,有利于图书的保存和利用,而专科丛书的辑印为专科研究汇集了资料,并为科学文化发展提供了便利条件。

明代还出现了专门收集明人著作的丛书。如《金声玉振集》嘉靖年间袁褧辑刻,收书五十五种,其中五十四种为明人著作。另一种为元察罕的《帝王纪年纂要》,但也经明人黄谏订正。这些著作多记载明代的某一方面的情况,如关于明初统一战争的《平蜀记》,关于北方民族关系的《北征录》,关于中外关系的《海寇议》,关于水利的《向水集》,关于海运的《海道经》等。又《纪录汇编》

273

沈节甫辑,万历四十五年(1617 年)陈于廷刊,收书一百多种,共二百一十六卷,所收著作也多记叙明代某一方面的情况。如《鸿猷录》等是关于兵事的著作,《使琉球录》等是关于中外关系的著作,《江西舆地图说》等是关于地理的著作。

明代辑刻的丛书虽数量较多,但仍有一些缺点。如:一、所收著作多为"短书"、"小品";二、对所收著作多加删节,如历来评价较高的《古今说海》,亦不免对各书"略有删节";三、有的丛书对所收著作任意点窜,甚至改易名目;四、有的丛书在总目录中刻入某书之名,而实际上并未刻入该书。

第二节　清朝前期的图书事业

一、图书的搜集与典藏

（一）清朝前期的求书

1. 顺、康时期

明末清初的社会动乱,使政府藏书受到极大损失。因此,清政府入关后不久便开始征求遗书。顺治十四年(1657 年),"诏直省学臣购求遗书"。康熙二十五年(1686 年),诏求"有益修齐治平、助成德化"的经学史乘等书。但收效都不大。一因满汉民族对立情绪尚严重,一般汉族知识分子不会主动将书献给政府。二则此时去明亡未久,一些降清的封建士大夫在明朝多半在著作中骂过满洲,销毁尚恐不及,哪里还敢将书献出? 三则一些经办征集图书的官员,目睹了几起文字狱,深恐以此会给自己惹来横祸,因而采取"宪檄一到,即报无书"的敷衍态度①。就清政府而言,求书仅是

---

① 《亭林文集》卷三《与公肃甥书》。

274

一般号召,缺乏切实措施。因而内府图书增长甚为缓慢。

2. 乾隆时期

乾隆三十七年(1772年)以后的十来年时间,借"稽古右文"编修《四库全书》的旗号,通过各种渠道,征集到的图书达到了封建社会的最高峰。

乾隆三十七年正月四日,颁发征求图书谕旨,规定了征书范围和办法。半年之后又严旨诘问,并对一些求书不力的官员痛加斥责。在皇帝的督促下,安徽学政朱筠率先行动,于安庆、徽州、宁国、太平、凤阳、颖州、六安、卢州等地访得遗书多种,献给朝廷,而后各省相继行动。次年,征求遗书活动全面展开。

但求书主要在于能否求得善书。所谓善书,主要指唐、宋以来的名家著作,学术价值较高的史学著作和一些海内孤本、名家手稿等。而藏书家和经办官吏深鉴于顺康以来的文字狱,不敢搜求或献出明清之际有价值的史学著作或名人文集;此外藏书之家还怕政府言而无信,背弃借钞归还的诺言。故一个时期之内,求书活动虽在表面上热热闹闹,但所得不但无多,而且多半是一些价值不高的"近人解经论学诗文私集"。针对这种恐惧心情,乾隆帝从求书的大局出发,在求书高潮的三十八、三十九两年未搞文字狱,并屡降谕旨,反复解释:"朕办事光明正大,可以共信于天下,岂有下诏访求遗籍反于书中寻摘瑕疵罪及藏书之人乎?"书中"即有忌讳字面,……与藏书之人并无关涉,必不肯因此加罪。至督抚等经手汇送,更无关碍,又何所用其畏疑乎?"针对书出不还的问题,乾隆帝一面对那些希旨逢迎而逼迫藏书之家声称愿"以家藏旧书上充秘府"的官吏进行批评,指责他们这样作是"未能深喻朕意",另外,又向各地藏书之家再次保证:"所有各家进到之书,俟校办完竣日,仍行给还原献之家"。下令各藏书家书籍献到之日,便于所进书之面页加盖清政府和翰林院图章,并注明进书年月、进书官员、书属何家,并另造一册逐一登记。待发还之日,按册与所进图书面页上各项核对。"如有交发不明,惟该督抚是问"。经过这么一套手续,使藏书家"仍得全其故物"。这些规定,解决了求书中经办官员和藏书家最关心的问题,因而自乾隆三十八年(1773年)五月以后,大批珍贵图书先后集中到了北京,求书活动见到了实效。

为了促使藏书家献出更多更好的书籍,乾隆帝还想出了许多办法:

一是皇帝题词。乾隆帝规定:"其进书百种以上者,并命择其精醇之本进呈乙览。朕几余亲为评咏,题识简端。……并令书馆先行录副,将原书发还,俾收藏人家益增荣幸。"这对藏书家来说简直是梦想不到的恩荣,乾隆帝利用人们对封建帝王的崇拜和迷信心理,以其廉价的题词征集了许多好书。

二是以书易书。乾隆帝在求书过程中摸透了藏书家们的脾气和嗜好,深知这些人嗜书如命。要想求得好书,可以投其所好。当时,几部官修大型书籍刚刚印出不久,社会上很难得到。乾隆帝便采取了以其所有易其所无的方法,在乾隆三十九年五月十四日的谕旨中,对进献图书五百种以上之浙江鲍士恭、范懋柱、汪启淑和两淮之马裕四家,各赏《古今图书集成》一部;其它进书百种以上之士民官吏,各赏初印之《佩文韵府》一部。这样,献书家仅将家藏图书借给政府一段时间,便可得到皇帝赏赐的大部头书籍,不但经济上划算,而且还有荣誉,就更乐于主动地将自己家藏秘籍献给国家。

三是《总目》留名。当时的官僚和藏书家,绝大多数有浓厚的显亲扬名、荣宗耀祖思想。乾隆帝利用他们的这种心理,在乾隆三十九年七月二十五日的上谕中规定:"著通查各省进到之书,其一人而收藏百种以上者,可称为藏书之家,即应将其姓名附载于各书提要末。其在百种以下者,亦应将由某省督抚某人采访所得附载于后。"根据这一规定,献书多的人家和求书卖力的官员,都可在《四库全书总目》中留下姓名。

这些措施,激发了各地官员求书和藏书家献书的积极性。至乾隆三十九年八月,各地进到之图书数量已在一万种以上。经过层层审查,其中除部分书籍被禁毁外,其它都复制了副本。有的还当即发刊行世,从而大大充实了国家的藏书数量。乾隆中期的这次求书活动,得到极大的成功①。

(二)清政府有关图书的法令和政策

1. 积极刊印儒家典籍

清朝入关以后,仍然把打上程朱烙印的儒家学说作为统治人民的思想武器。对于儒家的创始人孔丘尊奉备至,不次擢用理学名臣以为辅佐。对于儒家书籍,则更是大开绿灯。每次求书,都把"经学史乘,实有关系修齐治平,助成德化"的儒家正统书籍放在首要地位。刊印和颁布于全国各学校的也多是五经、四书、《朱子全书》以及解释这些著作的《性理大全》和御纂的《性理精义》之类的书。与此同时,将一些反程朱理学的学术著作斥为"讥讪先贤,崇尚异说,得罪名教"②而严厉禁绝。清政府的这一政策严重禁锢了人民的思想。

2. 排斥打击话本小说

宋朝以后,由于手工业的发展,城市居民剧增,适应这一阶层广大人民的需要,话本小说也随之产生并在明朝后期达到了非常兴盛的局面,无名氏作家层出不穷,坊肆之间则大量刊印流传。由于这些作品里有反对封建礼教和揭露封建黑暗统治的内容,清朝统治者入关后不久便下令禁止这些作品流传。视这些作品为"琐语淫辞",指斥其坏人心而乱风俗,如顺治九年(1652年),曾"通行严禁"。康熙四十八年(1709年)、五十三年(1714年),两次严查禁绝"坊肆小说淫辞",并下令烧书毁板。乾隆、嘉庆中又多次

---

① 本目引文均见《办理四库全书档案》。
② 《清通考》卷六九。

禁绝,甚至罪及印刷这类作品的坊肆、贩卖的书贾和禁书不力的官员①。这些作品既产生于下层人民,也就受到了下层人民的保护,仍然以各种方式在民间私下流传。而且,就是在清朝统治者最严厉地禁绝这些作品之时,几部伟大的批判现实主义的作品《儒林外史》、《聊斋志异》、《红楼梦》等却相继问世并获得广泛的传播。清政府禁行小说的活动遭到了失败。

3. 乾隆的查缴禁书

乾隆中期,为禁绝一切反清书籍,曾借修《四库全书》征集全国图书的机会,在全国范围内开展了一场大规模的查缴禁书活动。

乾隆三十七年至三十九年(1772—1774 年),是清政府访求遗书的发动时期,为了不影响访求遗书的进行,不独文字狱暂时停了下来,对于违碍书籍的处理办法也仅是轻描淡写地说"不过将书毁弃"②。乾隆三十九年献书活动进入高潮,大批图书集中到北京,乾隆帝开始暴露他的"寓禁于征"的真实意图,他指出"明季末造,野史甚多,其间毁誉任意,传闻异词,必有诋触本朝之语,正当及此一番查办,尽行销毁,杜遏邪言,以正人心而厚风俗"③。尔后,他又连下谕旨,严令各省把查缴禁书放在访求遗书的首要地位。并责令《四库全书》馆将各省进到之书详细检查,发现有关碍者,即行撤出,准备销毁。至此,访求遗书的活动便转为查缴禁书。先是劝告藏书之家尽量呈缴,继又指定专人深入查访。在各级官吏的威胁利诱下,民间先后缴出大量违碍书籍。这些书籍,先在各省进行初步甄别,由地方长官分门别类开具缘由,缮写清单,具折奏进,然后把书籍逐一包封,派员解缴军机处。此外,《四库全书》馆也对各省采进本进行反复审查,将查出禁书亦交军机处。军机

---

① 俞正燮:《癸巳存稿》卷九《演义小说》。
② 《办理四库全书档案·乾隆三十八年三月二十九日上谕》。
③ 《办理四库全书档案·乾隆三十九年八月初五日上谕》。

处收到这两条渠道解交的禁书,按韵编号,交翰林院查点。翰林院官员则负责将"悖谬"之处逐条写成黄签贴在书眉上,或者将应毁原因写成摘要开单呈进,经乾隆帝最后审查批准,即将书籍送到武英殿前的字纸炉,在军机处满汉司员的监视下销毁。

随着查缴禁书活动的开展,查缴禁书的范围也日渐扩大。最初,禁书范围不过是有"诋毁本朝之语"的"明季末造野史"和"国初伪妄诗文"。但是,乾隆四十二年(1777年)《字贯》案发生后,禁书范围扩大到了当代人的著作。四十三年颁布的《查办违碍书籍条款》又将宋人谈抗金、明人谈反元而"议论偏谬尤甚"的著作也列入销毁之列。四十四年至四十六年,又先后扩大到收录禁书目录及其某些内容的地方志,涉及明末清初事迹的地方戏曲的剧本和"天文占验妄言祸福之书"。由于在这一过程中发现了不少新的实际问题,如针对宋人著作中有攻击女真字样、明人著作中偶及清朝先世的记载、一些类书和清人文集转载或征引有关禁书内容、清初官修各书未能为后来各帝避讳等问题,则分别抽毁其违碍部分,改动其违碍字句。一些典籍就这样遭到了肢解和窜改。此外,对一些"诋毁之处更多,较寻常违禁各书更为狂悖不法"的反清反专制情绪强烈的书籍则不仅禁书,而且毁板,"毋使片板只字留存","悉行查缴","克期净尽"。据统计,自乾隆三十八年至四十六年之间,收缴到的应毁书板达六万七千多块,统统作为木柴而焚毁净尽。

自乾隆三十九年开始查缴禁书,四十三年(1778年)十一月应各省督抚请求,展期两年。四十五年限满之后,又一再展期并将此项活动作为经常性的工作而持续到乾隆末年。在二十多年的时间里,约有三千余种六、七万卷以上的书籍遭到了禁毁[①]。民间惧怕得咎而私自焚毁者更无法统计。

---

① 孙殿起:《清代禁书知见录·自序》。

（三）国家藏书及南北七阁

1. 内府藏书

清沿明制，没有设立专门的国家藏书机构。除翰林院、国子监等处皆藏有部分图书外，绝大部分书籍藏于宫廷之内，由管理宫廷事务的内务府各有关下属机构管理，因称内府藏书。

内府图书分藏于多处，且各有侧重。凡是皇帝休憩、办公之处，如武英殿、懋勤殿、昭德殿、南熏殿、养心殿、昭仁殿、紫光阁、南书房、皇史宬、内阁等处均有不同数量的藏书。其中，内阁专以收藏故明文献、档案、历朝实录和本朝各种公文为主；皇史宬收藏本朝实录、玉牒和与国家典章制度有关的大清会典、方略等；昭仁殿之天禄琳琅是宫廷内的善本书库，收藏宋、辽、金、元、明的善本书；武英殿因设有修书处，所刻之书多在此存贮，实际上是国家的殿本书库。乾隆时又在坤宁宫后之摛藻堂、圆明园之味腴书屋分藏《四库全书荟要》各一部。嘉庆中还于养心殿之宛委别藏放置四库续收书。

2. 南北七阁

在清代国家藏书机构中，对书籍的保存和流传作用较大的是"南北七阁"。

北四阁是指紫禁城内的文渊阁、圆明园的文源阁、热河避暑山庄的文津阁和盛京（沈阳）故宫的文溯阁。在《四库全书》馆开馆不久，为了贮放即将修成的《四库全书》，乾隆帝决定建立北四阁。为达到防火、防潮、防蠹、长期保存图书的目的，在动工前派专人赴宁波了解已有二百多年藏书历史的范氏天一阁建筑情况并"烫成准样，开明丈尺"，以便取法。北四阁是仿照天一阁建造的。文津、文源、文渊三阁于乾隆三十九年至四十一年（1774—1776年）建成，文溯阁则建成于乾隆四十七年（1782年）。当时因《四库全书》尚未告成，便先颁《古今图书集成》各一部贮存其中。乾隆四十六年十二月，第一份《四库全书》告成，先贮于文渊阁。次年十月,第二份缮写完毕,遂运贮盛京文溯阁。四十八年,第三份竣工,贮于文源阁。四十九年十一月,第四份完成,于次年春入藏文津阁。北四阁的建成和交付使用大大充实了华北和东北地区的国家藏书。

南三阁包括镇江金山寺之文宗阁、扬州大观堂之文汇阁和杭州西湖圣因寺之文澜阁。分别建于乾隆四十四年至四十九年(1779—1784年)。其建阁之初,原为贮存康熙间所修之《古今图书集成》。第一份《四库全书》修成后,乾隆帝以江浙为"人文渊薮"之地,为方便当地士子"就近观摩誊录"[1],于乾隆四十七年(1782年)七月特下谕旨,由国家拨款续钞三份《四库全书》,分贮于南三阁。至乾隆五十二年(1787年)大体竣事并陆续发送各阁。为了防止"地方有司,恐士子等翻阅污损,或至过份珍秘"[2],以致徒使三阁藏书束之高阁,乾隆帝又重申"愿读中秘书者,许其呈明到阁抄阅"的规定。南三阁在传播古代文化方面起到了一定作用。

(四)私家藏书的兴盛及其特点

清代前期的私人藏书空前兴盛。据叶昌炽《藏书纪事诗》所收录,历代藏书家共一千一百七十五人,而清代便有四百九十七人,几占一半。除江浙一带为藏书家最多的地区外,全国各地都涌现了许多藏书家。而且少数民族特别是满族和蒙族中也出现许多藏书家。这些藏书家不仅以收藏和传播古代文化为己任、而且在整理古典文献事业中也做出了极大的努力,取得了辉煌的成就。当时,绝大多数藏书家在版本、目录、校勘、辨伪、辑佚,考据等方面都有专深而渊博的学识,并在其中一个或几个方面作出了卓越的

---

① 《办理四库全书档案·乾隆四十九年二月二十一日上谕》。
② 《办理四库全书档案·乾隆五十五年六月初一日上谕》。

贡献。兹择述若干私人藏书家情况，列表于下以见一斑①。

藏书家	藏书楼	藏书情况	学术地位
黄宗羲	续抄堂	藏书多至数万卷	思想家 史学家
黄虞稷	千顷堂	家富藏书	目录学家
钱谦益	绛云楼	藏书"几埒内府"	文学家
全祖望	双韭山房	藏书五万卷	史学家
朱彝尊	曝书亭	拥书八万卷	经学家 文学家
徐乾学	传是楼	藏书甲于天下	目录学家
鲍廷博	知不足斋	家富藏书	目录学家
卢文弨	抱经堂	聚书数万卷	版本学家
杭世骏	道古堂	藏书十万卷	史学家
吴泰来	遂初园	藏书多宋元善本	文学家
严 观	归求草堂	藏书二万卷	金石学家
汪 宪	振绮堂	藏书甲于浙右	目录学家
朱 筠	椒花吟舫	聚图书数万卷	金石学家
富察昌龄	谦益堂	积书万卷	版本学家
法式善	梧门书屋	藏书数万卷	诗人
黄丕烈	百宋一廛	多藏宋本图书	版本学家
吴 骞	拜经楼	藏书五万卷	经学家

（五）书院藏书

清初，全国书院甚少。雍正以后，随着清朝统治的巩固和文化事业发展的需要，对书院的政策由消极压制改为积极兴办、加强控制。雍正中，先后在全国各省会设书院一所，由政府拨给经费，聘请山长，学生由各省道员和布政司会同考核。同时放宽对私人建立书院的限制。因此，各地纷纷建立书院，据统计近两千所。为扩充藏书量，一些书院或派专人赴江南购买书籍，或接受学者、官员的赠书。如冯光裕主持贵州贵山书院，遣官至江南，购经史群籍数

---

① 据《清史稿》列传；叶昌炽：《藏书纪事诗》。

千卷①。张伯行入闽,建鳌峰书院,"出家所藏书千卷,充牣其中"②。阮元在杭州、广州先后创设诂经精舍和学海堂,组织人员编纂和刻书。所刊《诂经精舍文集》、《学海堂经解》、《学海堂文集》、《十三经注疏校勘记》、《经籍籑诂》等,不但充实了这两个书院的藏书,也对当时的学术研究产生了巨大的影响。书院藏书不仅是当时社会藏书的重要组成部分,也对古籍的保存和流传起了很大作用。

二、图书整理的巨大成就

(一)图书分类的进步

清朝前期,随着印刷术的进一步发达和学术研究的深入开展,许多学者根据学术研究的需要对传统的图书分类方法进行了改革。以史部分类而言,黄氏《千顷堂书目》为十八细类,《明史·艺文志》则分为十类,徐氏《传是楼书目》分为三十七细类,《四库全书总目》则分为十五细类,而且类目名称和排列次序还各不相同。至于将有关图书改隶部类的情况则更比比皆是。一些专科性书目在图书分类上更是立意新颖,如朱彝尊《经义考》将经部文献分为二十六类。在分类方法上,较有代表性的是《孙氏祠堂书目》和《四库全书总目》。

孙星衍编撰的《孙氏祠堂书目》内、外编七卷,分为经学、小学、诸子、天文、地理、医律、史学、金石、类书、词赋、书画、小说等十二大类,表现了作者改变传统的四部分类法,对图书分类表达了特殊见解,因被后人誉为"发凡起例,体例精彩"③。但由于四部分类法相沿已久,因而使该书在大类和细类的划分上仍受到四部分类

① 《碑传集》卷七一。
② 《碑传集》卷一七。
③ 陶浚宣:《〈孙氏祠堂书目〉跋》。

法的影响。如大类中的经学、小学可归经部，史学、地理、金石可归史部，诸子、天文、医律、书画、类书可归子部，小说可分入子史，词赋独归集部。至于十二大类下的细类划分，与四部各细类雷同者更多。而有些部分或自乱其例，或各类同时收录而致重复，但在突破传统的分类法上，不失其一定的地位。

《四库全书总目》虽未在大类划分上突破四部分类，但对细类划分进行了必要的损益和更动。首先，增设了一些新的细类。如唐刘知几《史通》是著名的历史编纂学史籍，但直至宋初此类著作甚少，故《新唐书·艺文志》著录在集部文史类，而宋代以后此类著述渐多，《四库全书总目》遂于史部增设史评类；南宋袁枢《通鉴纪事本末》是新体裁，元修《宋史》时因此类书籍甚少而强著于史部编年类，但自明朝以后继起之作甚多，遂为之增设纪事本末类。其次，《四库全书总目》在部、类的安排上也作了必要的调整。如诏令、奏议原分为二，《新唐书·艺文志》以诏令入于史部，《文献通考》以奏议附于集部，《四库全书总目》以其事关国政，史料价值较高，因将两者合并入于史部；子部之名家、墨家、纵横家，书籍甚少，各自立类，过于琐碎，《四库全书总目》仿黄氏《千顷堂书目》例，合为杂家。以具体书籍而言，如《笔阵图》、《羯鼓录》皆分别由经部小学、乐两类改隶子部艺术类；《孝经集灵》、《穆天子传》、《山海经》、《十洲记》、《汉武帝内传》、《飞燕外传》等书旧皆分入经类和史部起居注、地理、传记等类，《四库全书总目》以其事涉荒诞，史料价值不高，而改隶子部小说类。其它各书根据内容而改隶部、类者，更是所在多有。再次，《四库全书总目》在编修过程中对于各部类之下的细类排列次序，也经过了慎重的考虑。历来目录学家对于农家、医家多不加以重视而"退之于末简"，而《四库全书总目》则以"农者，民命之所关；医虽一技，亦民命之所关"[①]，于儒、

---

① 《纪文达公遗集》卷八《济公新编序》。

兵、法三家之后升农家居第四、医家居第五。全书四部四十四类，类目清晰，繁简得体，使学者览一类而知一类之源流，读全书而穷古今著述之大端，显示了图书分类对学术研究的巨大指导作用。

（二）版本学的兴盛

清初，不少藏书家在编制家藏书目时便已兼注版本。如毛扆《汲古阁珍藏秘本书目》，于各书下分注宋本、元本、旧抄、影宋、校宋本等字样。其后，季振宜《季沧苇书目》、钱曾《述古堂书目》均于卷首列出家藏宋版书目。乾嘉时期，宋、元旧刻日稀，因而许多藏书家不遗余力地搜求宋、元刻本并进行编目，一时出现了许多专记宋元旧刻的版本目录学著作。在此风影响下，清朝政府也将内府所藏之宋、辽、金、元、明五朝刻本、抄本编为《天禄琳琅书目》正、续编，从而使版本目录学出现了盛极一时的局面。与此同时，有关版本学的研究著作也大量涌现，如钱曾《读书敏求记》、张金吾《爱日精庐藏书志》、黄丕烈《士礼居藏书题跋记》、陈鳣《经籍跋文》和《简庄随笔》、彭元瑞《知圣道斋读书跋尾》等。至于散在文章、日记、笔记中论及版本的专类专篇更多，如王士禛《居易录》、朱彝尊《曝书亭集》、何焯《义门读书记》、卢文弨《群书拾补》和《抱经堂集》、钱大昕《竹汀日记钞》、顾千里《思适斋文集》、阮元《揅经室外集》等。充分说明版本学进入了全盛时期。

由于从事版本著述和研究的人增多，因而形成不同的分枝和流派。洪亮吉曾将这些人分为考订家、校雠家、收藏家、赏鉴家、掠贩家五种，并对其工作侧重点和代表人物一一作了介绍①。这也反映了清朝前期版本事业的繁荣景象。

（三）校勘学的发达

由于图书整理工作的推动，校勘学得到显著发展而成为一种专门之学。许多学者从事这项工作而获得巨大成就，如顾炎武因

① 《北江诗话》卷三。

285

五代以来儒家经典辗转翻刻，"讹脱实多"，以致"经术之不通，人才之日下"①，因至关中将流行监本和开成石经一一对勘，著成《九经误字》。此后作者继起，一大批学者投入整理图书的校勘活动中。其著名者，如卢文弨、顾千里等。

卢文弨（1717—1795 年）字绍弓，号弓父，浙江余姚人，乾隆十七年进士。他自乾隆中归隐后，即专门从事校书。"家藏图籍万卷，皆手自校勘，精审无误"。他博采异本、反复钩稽、广听意见、精心校录，积多年之力成《群书拾补》三十九卷，将当时行世的《魏书》、《宋史》、《金史》、《新唐书》、《新书》、《新论》等一一加以校正和补佚。此外，还将所校的《逸周书》、《孟子音义》、《荀子》、《吕氏春秋》、贾谊《新书》、《韩诗外传》、《春秋繁露》、《方言》、《白虎通》、《经典释文》等书连同自著以《抱经堂丛书》为名刊行世。由于他校书态度认真，被誉为"宋次道、刘原父、贡父、楼大防诸公皆莫能及"②。

顾千里（1766—1835 年）原名广圻，号涧薲，自号思适居士，江苏元和人。少时就学于吴派学者江声之门，"潜心经学，博览群书，自先秦以来，九流百家之书无所不读"③。因家境贫寒，校勘工作往往受雇于人。如嘉庆六年（1801 年）应阮元之聘编纂《十三经注疏校勘记》；嘉庆十三年（1808 年）与彭兆荪共代胡克家校勘李善注《文选》；十七年，又代胡氏校《通鉴》。此外，还先后代当时著名学者孙星衍、黄丕烈和继昌等校书三十余种。后人誉为"清代校勘学第一人"。

校勘图书工作受到了广大学者的普遍重视。如朱彝尊凡刻一

①　顾炎武:《九经误字·自序》。
②　钱大昕:《潜研堂文集》卷二五《卢氏群书拾补序》。
③　冯桂芬:《思适斋文集序》。

书，"写样本自校两遍，刻后校三遍"①。一些学者还从治学的角度出发，把校勘作为发现和研究问题的途径，校勘方法也较前代有所发展，即不但校异同而且校是非。不但解决书籍流传过程中出现的讹错脱漏等问题以恢复该书之原貌，而且还旁征博引，探讨该书原作中的史实、文字错误之处，即"断其立说之是非"。为了达到这一目的，许多学者深入钻研文字、音韵、训诂之学，以通晓全书之文字中的初文本义，并扩大所使用的材料范围。如卢文弨，"凡所校定，必参稽善本，证以它书，即友朋后进之片言亦择善而从之"②。又如王鸣盛，在校勘过程中，除"购借善本，再三雠勘"之外，"又搜罗偏霸杂史、稗官野乘、山经地志、谱牒簿录，以暨诸子百家、小说笔记、诗文别集、释老异教，旁及钟鼎尊彝之款识、山林家墓祠庙伽兰碑碣断阙之文，尽取之以供佐证"③。图书经过精细校勘，不仅使质量显著提高，而且也为整理图书工作增添和完善了新方法。

（四）辑佚书

1. 辑佚兴盛之原因

我国古代的图书，在其流传过程中由于自然的和人为的原因，散佚现象非常严重。后世的一些学者为了求得原书的全部或部分内容，不惜花费精力，从浩瀚的群籍中爬梳整理出这些已经亡佚书籍的字句片断，以恢复原书的大致面貌，这便是辑佚。唐朝马总的《意林》，宋末王应麟的《周易郑康成注》、《诗考》和明朝孙𪩘的《古微书》，都是辑佚成果。由于这一工作在当时仅仅处于开始阶段，只是个别学者作为学术研究的一个侧面而进行的，故所辑范围甚狭，方法也不细密，影响并不大。

---

① 叶德辉：《书林清话》卷一〇"朱竹垞刻书逸闻"。

② 钱大昕：《卢氏群书拾补序》。

③ 王鸣盛：《十七史商榷·自序》。

清康熙中期以后,汉学兴起。一些汉学家因不满于魏晋以后各家尤其是宋人对儒家经典的解释而上溯汉人旧注,为搜集资料因而出现了一些辑佚之作。如惠栋从唐人李鼎祚的《周易集解》中将散见的各家汉儒解《易》条文一一抄出而为《易汉学》八卷。而后,又广搜汉人解经旧注,分家疏解,为《九经古义》十六卷。因为这项工程孜孜矻矻,埋首故纸堆中,以求古求真相尚,皓首穷经,概不触及当时政治,对清代统治阶级有利无害,这些学术活动遂得到了统治者的提倡和支持,辑佚工作因而开展起来。

2. 政府组织的辑佚活动

康熙四十四年(1705 年)彭定求、杨中讷等奉命编成九百卷《全唐诗》。康熙五十年,又命词臣编《全金诗》。而大规模的政府辑佚活动是乾隆三十七年(1772 年)应安徽学政朱筠之请,从《永乐大典》中搜集佚书,"分别缮写,各自成书"。其中应刊书籍,一经辑出,立即付梓,合刊为《武英殿聚珍版丛书》。这批辑佚书录入《四库全书》的共三百八十九种,录入《存目》的一百二十七种[1]。即以史书而论,使若干著名史籍得到恢复和流传,如薛居正《旧五代史》系于宋初据历朝实录编成,史料价值远在后出的欧阳修《新五代史》之上,司马光修《通鉴》、胡三省撰《通鉴注》,都曾取材。但自金章宗泰和七年(1207 年)"削去薛居正《五代史》,止用欧阳修所撰"后[2],渐至绝传。在这次辑佚中,由邵晋涵自《大典》各韵中将薛史条文一一誊录,又抄辑宋人著作中引有薛史文字者,遂使该书又成完璧。又如宋李焘的《续资治通鉴长编》(一千零六十二卷)是记载北宋一朝历史而史料价值很高的名著,但元明以后罕传。清初,徐乾学求得该书一百七十五卷进呈内府,时人珍为秘乘。在这次辑佚中,又从《大典》"宋"字韵中辑出五百三

---

① 郭伯恭:《四库全书纂修考》。

② 《金史·章宗纪四》。

288

十卷。此外,一些史料价值甚高而足可订正正史不足的历代私人文集和反映中国古代农业和科技成就的《农桑辑要》、王桢《农书》、《九章算术》与宋代著名数学家秦九韶的《数学九章》十八卷等书也一并辑出。

由于这次辑佚规定的时间过于紧迫,许多应辑之书没有全部辑出。而且,由于参加辑佚工作的人员水平不一,也影响了辑佚的质量。嘉庆十三年至十九年(1808—1814 年),清政府组织阮元、徐松等一百多位学者广辑《永乐大典》、《四库全书》、《古文苑》、《文苑英华》、《唐文粹》等书中的有关篇章和搜罗到的金石碑刻及其拓本而编为《全唐文》一千卷。同时还辑出《宋会要》全部,为图书的保存和流传作出了贡献。

3.私家辑佚

私家辑书,虽然不像官府辑书那样有着丰富的图书和充实的财力,但是他们靠着辛勤劳动,辑书范围和成果都大大超过了官府辑书。以辑书范围而言,乾隆间的官府辑佚不过是靠了一部《永乐大典》,即是从一书中抄录群书。但《永乐大典》成书甚晚,早在明初之前不少书籍便已亡佚。因而许多学者便辑汉、隋两志所载而后来又已亡佚之书。在材料的来源上也多方发掘,遍及周秦诸子、群经正史之汉人笺注、唐人义疏以及明初以前的各种类书。由于辑书范围扩大,因而辑出书籍也多,如汉时已经亡佚的周秦古书、魏晋以后亡佚的两汉经师遗说、历代遗文以及各种小学训诂之书,凡有佚文者大抵都被辑了出来。从而出现了一大批辑佚名家,有的一人辑书多至数百种,并结合整理文献的其它程序,不但辑佚,而且结合校勘、注释、考证,并将这些成果汇为专书刊印行世。著名的如余肖客《古经解钩沉》,专辑唐以前之群经训诂;任大椿《小学钩沉》,辑录《苍颉篇》以下古代字书四十种;张澍《二酉堂丛书》,辑汉魏遗书三十六种。又如黄奭《高密遗书》、袁钧《郑氏遗书》、孔广森《通德遗书》,均为辑录东汉郑玄著作;孙冯翼、洪饴孙、钱大昭、茆泮林、雷学淇、秦嘉谟、张澍等分别辑佚《世本》；洪颐煊、陈逢衡、张宗泰、林春溥等分别辑佚古本《竹书纪年》。此外，孙冯翼《经典集林》、王谟《汉魏遗书抄》、《晋唐地理书抄》、茆泮林《十种古逸书》、李调元《全五代诗》、张金吾《金文最》等书也都是辑佚名著。其最有代表性的，是严可均的《全上古秦汉三国六朝文》、黄奭的《汉学堂丛书》和马国翰的《玉函山房辑佚书》。

《全上古秦汉三国六朝文》七百四十六卷，为上古至隋的总集。严可均（1762—1843年）字景文，号铁桥，浙江义乌人。嘉庆举人。嘉庆十三年，清政府组织一些学者编纂《全唐文》，严可均因未被邀参加，遂发愤而独力创编是书。该书以明代梅鼎祚所辑的《文纪》和张溥所辑的《汉魏六朝一百三家集》以及当时行世的三十三种汉魏六朝文集为基础，遍辑古今史书、史注、类书、杂记、碑版金石等，片言只语，悉加收录。并广求故记，为全书所收之三千四百多名作者各撰小传一篇，积九年之力始完成初稿。此后，作者又用十八年的时间"拾遗补阙"，对所收作者和文章进行整齐划一和必要的抽换调整，直到道光中叶才大致编就。使读者一编在握，便可看到唐代以前所有现存的单篇文章，是一部很有价值的辑佚书。

黄奭字右原，江苏甘泉人，道光举人。早年曾就学于著名学者江藩之门，为惠栋的再传弟子。在随同江藩问学期间，曾辑录各家《尔雅》古注为《尔雅古义》，从而开始了他的辑佚工作。江藩去世后，他专心汉学，十余年中辑东汉郑玄著作为《高密遗书》十四种。又辑唐以前的二百八十多种佚书为《汉学堂丛书》。该书对所收各书佚文一一注明出处，便于读者复核。但因遭战乱，初雕之板片损失不少，传世者仅二百十五种，分为二百十九卷。

马国翰字词溪，号竹吾，山东历城人。道光十二年进士，官至陇州知州。少年时因家贫无力买书，每见异书则手自抄录。出仕后，薪俸所入悉以购书，积至五万七千卷。他以章宗源的辑佚考证成果为基础，"广征博引"，成七百六十八卷《玉函山房辑佚书》，辑周至隋唐佚书六百三十二种。该书还在所辑佚书之前叙其作者事略及该佚书之源流，在所辑佚书之后又附有自古至今的诸家论说和研究情况，对隋唐以前经学史和思想史的研究有较高的参考价值。

但也应看到，这些学者在辑佚工作中也普遍存在一些问题：一是彼此很少通气，以致出现多人共辑一书的现象，无形中造成了人力的浪费；二是由于私人辑书，囿于见闻，使得所辑之成果，有的钩而非沉，有的又是沉而未钩；三是一些学者识见不高，分辨能力不强，误把他书作为佚书而误辑，也有的辑佚书把一些明明经过史家修饰之辞作为古人的言语，强加搜辑。但是，瑕不掩瑜，作为清代图书编纂和整理的一个重要方面，辑佚工作的成就是突出的，是有一定贡献的。

三、古典目录学的鼎盛

（一）国家编目工作

1.《古今图书集成·经籍典》

这是清代前期最先行世的一部官修目录。实际上是将历代正史、专史艺文志、经籍志加以汇总的大型目录。全文收录的有《汉书·艺文志》、《隋书·经籍志》、《新唐书·艺文志》、《宋史·艺文志》、黄虞稷《辽金元三史补艺文志》、焦竑《国史经籍志》六种。还广征博引，将前此行世的各种专史、专著的有关艺文方面的内容悉加收录，如陆德明《经典释文》、郑樵《通志·艺文略》、王应麟《汉书·艺文志考证》、马端临《文献通考·经籍考》、王圻《续文献通考经籍考》、朱彝尊《经义考》等。由于作者对前代各种书籍中的古代典籍进行了全面的汇总，从而使读者既可从《经籍总部汇考》中了解几种主要史志之原貌，又可从总部之下的各部中了解包括历代史志在内的各种目录学专著中的相关书目，为后人研究先秦至清初两千多年间典籍的存亡和目录学的发展情况提供丰富的资料。

《经籍典》于经籍总部之下将收录之书分为六十五类,虽未标四部之名,但大致仍以四部为序而以历代笺释、传注、义疏、考证之作附于其下。对于一些数量虽多然而影响不大的书,则加以概括而分类立部,如经部之河图洛书、三礼、四书、小学、经学,史部之纲目、史学、地志、山经,子部之诸子,集部之文选、类书、杂著等。这种以书目和按书籍性质相结合的分类方法,既突出了主要著述并使读者由书寻书,找到自古至今的相关著作,又避免了分类过于琐细而造成的不易寻检有关内容的弊病,表现了作者在图书分类中的独创见解。

2.《天禄琳琅书目》正、续编

乾隆九年(1744年),乾隆帝命于敏中等将内府藏书中的宋元以来的善本书择出庋藏于昭仁殿,赐名"天禄琳琅",并初步编目。在纂修《四库全书》期间,又命于敏中等以原编目录为基础,加上新征集到的各种善本书,"重加整比,辑为总目",定名为《天禄琳琅书目》,收入《四库全书》。全书十卷,收录宋、金、元、明四朝所刻之书四百二十二部。其体例是,首将各书以时代为序排列,明之影宋本则附于宋版书之后。对每代所刻之书籍,又以经、史、子、集四部为序排列,先列书名、函数、册数,然后于题解中详列作者时代、姓名、卷数、刊刻年代和先后收藏该书的藏书家的时代、姓名、里贯、身世以及流传始末,并照录乾隆帝和收藏过该书的藏书家的题识印章。因以收善本书为目的,故以版本为主,虽同一书同一版本也悉予收录。该书编成之后,又陆续征集到一些善本,嘉庆二年(1797年)十月,又命彭元瑞等续编二十卷。计收书六百六十二种,增收辽版和影辽版各一部。至此,宋代以后各朝所刊之书大体完备。正、续两编共录书一千零八十五部,几近《四库全书》收书量的三分之一。由于该书集中介绍了宋、辽、金、元、明五朝所刊书的年代、版本、流传、庋藏等情况，因而，对于后人研究宋以后的图书的流传、收藏和各种书籍的版本沿革情况提供了大量资料。然而，也需指出，续编由于对所收书籍未加仔细审查鉴定，因而误收了一些仿刻或伪造之赝品。

3.《四库全书总目》及其相关著作

（1）纂修经过

《四库全书总目》虽是编修《四库全书》的相连产物，但是编撰该书的有关准备工作，在决定编修《四库全书》之前便已开始。乾隆三十七年（1772年）正月的求书谕旨中便令各省督抚"先将求到各书叙列目录，注系某朝某人所著，书中要旨何在，简明开载，具折奏闻"①。不久，安徽学政朱筠在奏折中提出"先定中书目录，宣示外廷，然后令各举所未备者以献"。并建议仿汉以来各朝校书旧例"诏下儒臣，分任校书之选，或以《七略》，或准四部，每一书上，必校其大旨，叙于本书首卷，并以进呈"。经乾隆帝批准，决定将所征集之全部图书"详细校定，依经、史、子、集四部名目，分类汇列，另编目录一书，具载部分、卷数、撰人姓名，垂示永久"②。这就为《四库全书总目》的编撰制定了大致的编撰原则。乾隆三十八年（1773年）二月，四库全书馆于翰林院正式成立，于是这部国家目录便纳入编纂《四库全书》的轨道。对于各书之校勘、考证、提要之撰写以及根据该书内容价值而拟应刊、应抄、应存目三种意见统由一人负责。《四库全书总目》的实际负责人是当时四库全书馆的总纂官纪昀。纪昀（1724—1805年）字晓岚，一字春帆，晚号石云。河北献县人，乾隆十九年进士，历官至协办大学士。参加编写工作的纂修人员，也都是当时的著名学者。如戴震之于经学，邵晋涵之于史学，周永年之于子部，最后由纪昀作体例划一和文字润

---

① 《四库全书总目》卷首。

② 《办理四库全书档案》。

色工作。至乾隆三十九年七月，编撰提要已在万种以上。为了进一步提高该书质量和方便士子治学，乾隆三十九年七月以后又在收入《总目》各书之下加注版本来源和编撰《四库全书简明目录》的工作。乾隆四十六年二月初稿竣工，又经过反复修改，于乾隆五十八年由武英殿刊出，并发七阁收贮使用。次年，浙江省布、按二司因该书初印，份数甚少，无法满足学者抄录该书之要求，乃集资将该书翻刻，从而得到广泛传播。

（2）体例和内容

根据乾隆帝历次对四库馆臣编撰提要所作的指示，《四库全书总目》在刊行时分为两大部分：第一部分是规定编入《四库全书》中的各书即历次谕旨中提到的应刊、应抄各书的提要，第二部分是根据乾隆帝规定判为应存目录诸书，这一部分书籍因未被收入《四库全书》，故其提要以存目的形式列于《四库全书总目》各类之末。《四库全书总目》著录之书为三千四百六十一种，七万九千三百零九卷；存目六千七百九十三种，九万三千五百五十一卷，共一万零二百五十四种，十七万二千八百六十卷。基本上将乾隆以前的主要著作都作了介绍，是古代各种官修目录中收书最多的一部目录书。在面对一万多种古籍进行分类时，以纪昀为首的四库馆臣也费了一番心血。他们在充分吸收历代各种目录书编纂经验的基础上制定了"凡例"十七条，将全书分经、史、子、集四部四十四类。对于一些收书较多、内容又比较复杂的类，再于其下酌分子目。每部之前，均仿《隋志》之例，冠有总序，撮述该部源流演变。每类之前各有小序，详述该类的分并改隶情况以及划分类目的理由。如义有未尽，则或于子目之末，或于本条之下，附注案语。在各类所收书的排列上，大致以成书时代先后为次，但历代帝王著作，从《隋志》例，冠于各代之首。其余概以登第之年、生卒之岁排比。作者生卒年代无考的则附于该代之末。在提要内容上，每书于著录书名、卷数及版本来源之后介绍作者的时代、生平事迹和该

294

书内容性质、著述渊源、版本文字及其它方面的价值和不足,有的地方还作了必要的考证和评论。

(3)价值和不足

《四库全书总目》内容宏富,对两千多年来一万多种古籍作了系统的介绍。是一部篇幅巨大、体例完备、具有很高学术价值的目录学名著,是清代前期目录学事业中的一项重大成就。然而,由于《总目》是根据当时最高统治者——乾隆皇帝的意旨修撰的,目的又是为了宣扬封建道德、加强专制统治,故该书也存在着收书不遍、评价不公等严重问题。以收书范围而言,《总目》撰修之时,封建专制统治达到顶点,不少起文字狱都是由明末清初的著作而发生的,因而这一时期的著作几乎成了四库馆臣收录图书、撰写提要的禁区,稍涉忌讳者,或被判入存目,或者干脆不予收录。如顾炎武的《天下郡国利病书》,本为有名之作,却入存目类,并且还在提要中批评其书"间有矛盾之处"、"编次亦绝无体例"。又如顾祖禹的《读史方舆纪要》、黄宗羲的《明夷待访录》、温睿临的《南疆逸史》,或者史料价值较高,或者思想性较强,但在《总目》中连存目类也未列入。其次,该书所撰提要,均从封建道德观念出发,为维护封建统治服务,因而对不少著作的评价是错误的甚至反动的。如王充的《论衡》,是封建社会前期批判儒家思想的不朽之作,而该书提要却称:"其言多激,《刺孟》、《问孔》二篇,至于奋其笔端,以与圣贤相轧,可谓悖矣。"又如明末的李贽,是当时著名的学者和思想家,其所著的《藏书》、《续藏书》都是渗透着反封建思想的史学名著,而提要却称"贽书皆狂悖乖谬,非圣无法,……其书可毁,其名亦不足以污简牍,……故特存其目,以深暴其罪焉"。所有这些,都是《四库全书总目》中的糟粕,应该进行批判。此外,该书在学术上也不无可议之处,据近人余嘉锡先生研究,《总目》一书由于工程浩大、时日急迫,不少条提要在编撰时并未认真研读原书便顺手抄录前人所撰之提要以应付搪塞,有的提要编撰者甚至连一些有关的目录学著作都没有阅读。因而内容上有的以偏盖全,立论纰缪;有的版本不清,自相矛盾。为了订正《总目》的错误,近人胡玉缙、余嘉锡分别撰有《四库全书总目提要补正》、《四库提要辨证》等,可供参考。

（4）相关著作

与《四库全书总目》相关的著作有《四库全书简明目录》、《四库撤毁书提要》和嘉道间阮元修撰的《四库未收书提要》等。

《四库全书简明目录》二十卷,亦由以纪昀为首的四库馆臣集体编撰。乾隆三十九年(1774年)七月,乾隆帝发现各书提要编就者已在万种以上,将来钞刻成书,必定卷帙浩繁,不易翻阅。因命另编《简明目录》,"祗载某书若干卷,注某朝某人撰"。是书于乾隆四十七年(1782年)六月修成,乾隆帝命缮写四份,分贮北四阁。在体例上和《总目》不同的地方是:一、略去了《总目》的各部类中的总序和小序;二、收书范围仅包括《四库全书》收入之书,存目书一概略去;三、每书之下的提要,只寥寥数语,因此份量仅及《总目》十分之一。乾隆四十九年,四库全书馆缮书处分校官赵怀玉将《四库全书简明目录》在杭州刊印行世,是为该书最早之刊本。但乾隆五十二年(1788年)《四库全书》收书范围发生了一些变动,明末清初李清等人所著的《诸史同异录》等十一种书被撤出《四库全书》,此后刊刻的《四库全书简明目录》也随之修改。因而杭州刻本与后来各种官刻本在内容上遂有异同。

《四库撤毁书提要》亦由四库馆臣撰写,其中包括明清之际李清、周亮工、吴其贞、潘柽章四人所著的《诸史同异录》等九种书的提要。这九种著作原都收入《四库全书》并收贮于北四阁。但乾隆五十二年(1788年)三月,在缮书处将续写南三阁书籍陆续进呈乾隆帝审查时,乾隆帝发现李清所著《诸史同异录》中有诋毁清世祖福临之处,因而令将该书及其提要分别从缮写之各份《四库全书》及《四库全书总目》中撤出销毁,并于五十二年、五十三年组织人员对收入北四阁的《四库全书》进行复查。结果,除对不少书籍之违碍内容分别进行抽毁、窜改、删削外,李清的另外三种著作《南北史合注》、《南唐书合订》、《历代不知姓名录》,以及周亮工的《读画录》、《书影》、《闽小记》、《印人传》、《同书》,吴其贞的《书画记》,潘柽章的《国史考异》等十种书籍,也一并撤出《四库全书》。上述十一种著作虽遭撤毁之命运,但不知何故,直至清末,除《诸史同异录》、《同书》之外,其它九种书籍之副本及其卷首之提要仍然保存在清宫之内。一九六五年中华书局影印《四库全书总目》时,将此九书提要题为《四库撤毁书提要》,附于《四库全书总目》之末。《四库撤毁书提要》不过是《四库全书》纂修期间销毁图书的一个例证,更大量的珍贵图书在收入《四库全书》之前的层层关卡审查中便已被禁绝或销毁。光绪中姚觐元所刻《禁毁书目》及近人孙殿起《清代禁书知见录》等可供参考。

《四库未收书提要》(《揅经室外集》),嘉庆中浙江巡抚阮元组织人员编写。《四库全书》修成后,一些世所罕见的善本、孤本又陆续问世,阮元在抚浙期间先后征集到一百七十三种,乃仿《四库全书总目》,每一书都撰有提要,进呈给嘉庆帝。嘉庆帝特于养心殿之宛委别藏储存。在组织学者编写各书提要时,皆先从采访之处查清版本来源并邀请当时知名学者鲍廷博、何元锡等鉴定,然后再由阮元修改,故这部分书籍的提要价值不在《四库全书总目》各提要之下。道光二年,阮元的儿子阮福将这部分提要编为五卷,题为《揅经室外集》,附《揅经室集》后刊行。

(二)史志目录

1.《明史·艺文志》

《明史·艺文志》初稿出于清初学者黄虞稷之手。黄虞稷(1629—1692 年)字俞邰,先世泉州人,崇祯中随父移居南京。家有藏书六万余卷。康熙十八年(1679 年),清政府重开"明史馆"。二十年,黄虞稷应邀入馆修《艺文志》。他对明代几种主要官修目

297

录如《文渊阁书目》、焦竑《国史经籍志》以及清初傅维麟《明书·经籍志》等进行了全面的考察，发现各书不但对明代以前的著作登录不全，而且明人著作也为数寥寥。如重新搜集材料，不但其工甚巨，而且与《汉志》以下的各种史志大量重复以及因《艺文志》份量过大而与全书其它部分比例失调。因此，在确定《艺文志》的收书范围上，改变了《汉志》以来的历代史志通录古今的作法，而转为"纪一朝之著述"。他历十年之力，通考明代以后的各种官私藏书目录和有关文献，整理明代各种著述的撰人、书目和卷数等。同时，又考虑到《宋史·艺文志》收录范围仅至咸淳以前，不足以反映宋朝的图书著述和收藏全貌及辽、金、元三史均无《艺文志》，因将南宋咸淳以下及辽、金、元三朝的各种著述按类附于明人著述之后。此稿于康熙二十八年（1689 年）修成后上交明史馆，并以《千顷堂书目》为名行世。初稿在份量上比焦竑《国史·经籍志》几增一倍。如按焦竑《国史·经籍志》"宋前十七、宋后十三"计，则所收宋咸淳以后部分约超过六倍左右。可见，《明史·艺文志》初稿基本上反映了宋咸淳以后尤其是明朝一代著述的概况。因初稿没有现成的国家书目作主要依据，而不可避免地存在着收书不遍、卷帙或有不详以及作者氏里莫考等问题。继修人员本应进一步补充修改，但在黄虞稷离馆后，由于纂修《明史·艺文志》指导思想的变化和继修人员的不负责任态度，初稿却于康、雍时期以仅收明代和卷帙、氏里无考等理由被两度删削。不久，张廷玉等又对删改稿略作改动，以钦定名义将该书刊版行世。

　　《明史·艺文志》在分类上，仍取传统的四部分类法，每部之下，酌设类目若干。全书共三十五类，收录明人著作四千四百六十二种，十万五千七百九十四卷[1]。其特点是专录明人著作，所收各书先列作者，后列书名、卷数，与前此各种史志不同。由于《明

---

　　① 张文瀚：《〈明史·艺文志〉得失小议》，载《图书情报知识》1983 年第 1 期。

史・艺文志》初稿曾经两度删削,故该志最严重的缺陷是收书不遍。其次,由于继修人员多不负责任,因而有的著录重复,有的对书名、卷帙和作者的考订也不够精详。再次,列作者于书名之前,不便阅读。但它专收明人著作也反映了史志纂修的发展趋势,因而这种作法为后来的各种增补史志以及民国年间修撰的《清史稿・艺文志》所遵循。

2. 史志的补修

对历代史志进行补修是清代前期目录编修活动中出现的新现象。从康熙前期开始,一直延续到民国年间。在两个多世纪的时间里,先后有三十多种正史补志陆续问世,从而使凡无艺文志的正史大都有了一种或数种补修之作。这些补志和历代正史艺文志和经籍志一起,构成了一部完整而系统的综合目录,为中国古代目录学的发展作出了特殊的贡献。

最先从事此项工作的是清初学者黄虞稷。他在编修《明史・艺文志》初稿时,收宋咸淳以下的宋人著作六百七十八家;一万二千七百四十二卷和辽、金、元三代作者一千七百十人,著作一万二千二百二十卷,均附于《明史・艺文志》稿各类明人著述之后,填补了《宋志》以下各史艺文之空白。乾隆间,卢文弨将这一部分摘出,另成《宋史艺文志补》和《补辽、金、元三史艺文志》。金门诏、杭世骏、厉鹗等分别于雍乾之交撰成《补三史艺文志》、《金史艺文志补》和《补辽史经籍志》,所收书皆在万卷以上。稍后,钱大昕补撰《元史艺文志》四卷,收书三千二百三十一部,三万八千一百三十七卷。此外,有吴骞《四朝经籍志补》和朱文藻《宋史艺文志》等。经各家增补,四朝图书情况基本完备。一些学者又进一步把补志活动推广到凡没有艺文志的各部正史。首创之作是厉鹗的《补后汉书艺文志》。其后,钱大昭、洪颐孙先后著成《补续汉书艺文志》和《后汉艺文志》。道光时,一些学者还将补修活动扩大到三国和五代。如侯康有《补后汉书艺文志》四卷和《补三国艺文志》四卷；顾櫰三也著成《补后汉书艺文志》十卷和《补五代史艺文志》一卷。在增补史志范围日渐扩大的同时，增补史志的质量也有了显著的提高，如侯康所著《补后汉书艺文志》、《补三国艺文志》，虽皆为未成之作，但却皆以辑录体的形式为所收书目辑录了丰富的材料。在所收材料中，有历代学者考史、注史、校史的有关内容，有古史之佚文，有关于所收书目的有关序跋等项内容，为后人研究两代艺文提供了可贵的资料。

3. 专史史志的续修

乾隆中，清政府先后编修《续文献通考》、《皇朝文献通考》（以下简称《清通考》）、《续通志》和《皇朝通志》（以下简称《清通志》）等四书。其中《续通考》、《清通考》中的《经籍考》，《续通志》、《清通志》中的《艺文略》，都以专史史志的形式著录了宋以后至清朝乾隆年间的图书。

续、清两《通考》于乾隆十二年（1747 年）奉敕撰修，乾隆四十九年（1784 年）十二月书成。《续通考·经籍考》五十八卷，收录南宋以后和辽、金、元、明时期的各种著述。由于该书纂修期间由政府组织的从《永乐大典》中辑佚书的活动也在进行，因而该书《经籍考》中还收录了宁宗以前成书而《文献通考》所未采录者。《清通考·经籍考》二十八卷，收录清初至乾隆二十六年（1761年）以前成书的清人著述。上述两书在分类上大致悉仍马氏之旧，仅对各类下属细目根据《四库全书总目》的安排作了一些更动。对于所收书目，皆先列书名、卷数，而后介绍作者事迹、该书内容和历代学者的评论等。必要时，加馆臣按语以进行考辨和说明。从而与《文献通考》和民国年间刘锦藻编撰的《续清朝文献通考》一起，构成了反映先秦至清末图书情况的辑录体目录书。

续、清两《通志》于乾隆三十二年（1767 年）奉敕编撰，乾隆五十年（1785 年）书成。《艺文略》各八卷，分别收录《通志》以后宋、辽、金、元、明五朝和清初至乾隆中期成书的各种著述。在分类上也依郑氏旧规,分十二大类,至于每类中的细目区分,则据《四库全书总目》作了更动。此外,还仿《四库全书总目》体例,将所收图书分为著录、存目两大项。一般情况下,对于收录图书仅列书目、卷数、撰人,必要时加以考辨。因而份量比续、清两《通考》的《经籍考》少得多。

上述四书之始修虽皆在四库馆开之前,但却都是和《四库全书》同时成书并在修成后收入《四库全书》。因而,其中之《经籍考》、《艺文略》收书范围大都没有超过《四库全书总目》,文献价值不高。

(三)私家目录

1. 综合目录

(1)《传是楼书目》八卷,徐乾学根据家藏图书编成。

四部为序,各部之下,经部分为十五类;史部分为三十七类;子部分类更多且有重复。以编于清初,可以考见古籍的流传情况。他还将家藏宋元善本另编《传是楼宋元版书目》一卷行世。

(2)《振绮堂书目》,嘉庆末汪诚撰。汪氏为杭州藏书世家,室名"振绮堂"。乾隆间,振绮堂与赵氏小山堂、吴氏瓶花斋均以藏书丰富闻名。乾隆中期,四库馆开,振绮堂向朝廷献珍藏秘籍一百一十种。嘉庆二十四年(1819年),汪诚将其家藏图书三千三百零六种,六万五千三百八十二卷编成《振绮堂书目》。按四部排列。其中经部十类,史部十三类,子部十四类,集部五类,共四十二类。各书皆注明版本、作者,如有收藏家印章、跋文等,也一并著录。因而以收书较多,且多善本著称。

(3)《郑堂读书记》七十一卷附补遗三十卷,是一部以读书记形式出现的目录书。嘉道间周中孚撰。周中孚(1768—1831年)字信之,别字郑堂,浙江乌程人。嘉庆中,曾入杭州"诂经精舍"研习经史并与修《经籍籑诂》。在此期间,他广涉群籍,并将所见各书一一撰写提要,评其得失,间附个人见解,成《郑堂读书记》。收录图书四千余种,仿《四库全书总目》分为四部四十一类。其中经部十类,史部十六类,子部十四类,集部一类。由于该书较《四库全书总目》晚出三、四十年,因而其中多有四库所未收录者,在一定程度上起了《四库全书总目》续编的作用。

(4)《士礼居藏书题跋记》六册,黄丕烈撰,光绪中潘祖荫辑。黄丕烈是嘉道间著名的藏书家,精于版本鉴定之学。每得一善本,辄为题跋,叙其"版本之后先,篇第之多寡,音训之异同,字划之增损,授受之源流,翻摹之本末"以及"行幅之疏密广狭,装缀之精粗敝好",以致"跋一书而其书之形状如在目前"①。卒后,书归汪士钟。后渐散归杨致堂、陆心源等。光绪中,潘祖荫多方觅求,得黄丕烈所作书跋三百五十二篇,以《士礼居藏书题跋记》为名刊行。该书虽以题跋记的形式出现,但由于涉及版本、校勘流传,因而仍可起到目录书的作用。

2.善本书目

(1)《读书敏求记》四卷,钱曾撰。钱曾字遵王,自号也是翁。常熟人。家富藏书并曾据以编制《也是园书目》和《述古堂书目》。前者收书三千八百余种,仅记书名、卷数,为登录之底册;后者收书二千二百余种,在书名、卷数外,或载册数和版本。又著《读书敏求记》,收录六百三十四种,皆宋、元精刻。书以四部为序,其中经部分六类,史部分十类,子部分二十类,集部分三类,共三十九类。由于专记宋元精刻,故对所收各书的次第完缺、古今异同都加标明和考订,因而不仅是一部有很高学术价值的版本目录学专著,也是清代前期开始出现的善本书目的首创之作。

(2)《上善堂宋元版精钞旧钞书目》,孙从添撰。孙从添字庆增,号石芝。江苏常熟人。善医。先后收购图书上万卷。本书为其家藏善本书目录。不分卷,据版本分为宋版、元版、名人钞本、景

---

① 缪荃孙:《〈荛圃藏书题识〉序》。

宋钞本、旧钞本、校本六卷。计宋版书五十五部、元版书七十六部、名人钞本八十九部、影宋钞本七十二部、旧钞本一百四十五部、校本三十六部,共四百七十三部。各书之下备注其流传和收藏情况,为后世了解清代前期的善本书籍聚散情况提供了相当丰富的材料。

(3)《爱日精庐藏书志》,张金吾撰。张金吾自青年时期便开始搜求图书,十余年积至八万卷。嘉庆二十五年(1820年),曾将其中传世较稀之宋、元、明三代刻本及传写文澜阁本约一万二千余卷图书编目,成《爱日精庐藏书志》。六、七年后,收书益富。遂以原编为基础,增入新购之宋、元刻本和罕见之新、旧钞本,重加编次,并"附入原书序跋,厘为三十六卷",而仍以《爱日精庐藏书志》为名行世①。全书以四部为序,部下分类。其中经部十类,史部十三类,子部十三类,集部五类,凡四十一类。书下注版本来源,是清代前期收录较多的家藏善本书目录。

3。专门目录

(1)《经义考》

经部书籍不断增多的现象很早就引起了目录学家的注意,早自北魏卢昶编撰的《甲乙新录》,下至明代嘉靖中朱睦㮮的《授经图》二十卷,先后出现多种经部专门目录。清初学者黄虞稷又对《授经图》进行增补,重新刻印行世。这些,都为朱彝尊编撰《经义考》奠定了基础。朱彝尊(1629—1709年)字锡鬯,号竹垞,浙江秀水人。清初著名学者和藏书家。康熙十八年(1679年),应试博学鸿词科,授检讨,与修《明史》,旋充日讲起居注官,入值南书房。康熙三十一年(1692年),弃职南归。不久,开始修撰《经义考》,至康熙三十八年初稿成。此后,一面修改,一面付印。康熙四十八年刻至一百六十七卷时去世。又三十多年后,由卢见曾、马曰璐刻

---

① 张金吾:《爱日精庐藏书志·自序》。

成全书，凡三百卷。《经义考》在分类上，除将历代御注、敕撰之有关书目列于卷首单成一卷外，将全部收录书目分为易、书、诗、周礼、仪礼、礼记、通礼、乐、春秋、论语、孝经、孟子、尔雅、群经、四书、逸经、毖纬、拟经、承师、宣讲、立学、刊石、书壁、镂板、著录、通说二十六类，末附家学、自序二篇。但其中宣讲、立学、家学、自叙皆有录无书，似是原稿亡佚。各类下分列有关书籍名称、卷数、著者或注疏者之姓名，其卷数有异同者，则注于其下，并以另行注明该书之"存"、"佚"、"阙"、"未见"。而后，又分别仿朱睦㮮《经序录》和马端临《文献通考·经籍考》之例，抄录原书序跋。并依时代为次，广辑古今著述中论及该书之语，以及论说者的爵里事迹。朱彝尊本人的一些考证，也以按语的形式附列于最后。读者不但由此可尽知古往今来各家对传世各书内容得失的评价，而且也可由此窥见亡佚已久之书的主要内容和著者的情况。由于作者在发掘资料时下了很大功夫，并且对"自周迄今"的经学著作作了系统的总结，因而，该书在问世之初便得到极高评价，如毛奇龄在该书序文中称"非博极群书，不能有此"！陈廷敬在为该书所作的序文中也盛称朱氏之功，"微竹垞博学深思，其孰克为之"。另一个同时代的著名学者、编纂《古今图书集成》的陈梦雷，在《经义考》刊行之初，便将其已刊部分的易、诗、书、春秋、四书、群经等部分内容分别录入《古今图书集成·经籍典》各部中。此外，该书之问世也对清代前期学术研究的方向和研究方法产生了一定影响，不少学者以此为线索而开展了对经部书籍的研究和辑佚，也有的目录学家在朱彝尊编纂《经义考》所用方法的启发下，以大致相同之类例编撰其它专科性目录。因而，《经义考》作为一部专科性目录学著作，在清代前期的学术发展史上有着很高的地位。由于《经义考》是由朱彝尊独力完成的，故难免有遗漏之处。乾隆中期以后，在政府发动的求书高潮中，一些原为朱氏注佚之书又重新问世。为补该书缺漏并校正其中错误，乾隆中沈廷芳和翁方纲分别撰有《续经义考》和《经义考补正》。

（2）《史籍考》

在《经义考》问世后百年左右,章学诚仿其例著《史籍考》。作为一部史学专科性书目,《史籍考》的编修有着深刻历史的和现实的原因:一是随着史学的发展和历史记载的日益增多,史部专科目录应运而生;二是乾嘉时期,史籍即史部的陈旧观念开始动摇,史部以外的各种古典文献的史料价值逐渐为许多学者所重视。为总结这些学术研究的新成就并给史学研究发掘新的资料、开辟新阵地,目录学家也将史学研究的资料扩大到一切具有史料价值的古典文献上来。《史籍考》的编修始于乾隆五十二年(1787年),参加者有章学诚、洪亮吉、凌廷堪和武亿等。章学诚首先撰写了《论修史籍考要略》,大致规定了收书范围、分类标准、编写方法等。不久,编修工作由开封移至武昌。至乾隆五十九年(1794年),全书粗具规模,因毕沅降授山东巡抚并停止了对该书修撰工作的资助而陷于停顿。嘉庆三年(1798年),在浙江巡抚谢启昆的帮助下,章学诚携稿至杭,并在钱大昭、陈鳣等著名学者的协助下,借助文澜阁丰富藏书进行修订。经过两年努力,全书内容较原稿增四倍,卷数也由原先之百余卷增至五百余卷。正在这时,谢启昆调任广西巡抚,章学诚以老病未能从行,编修遂又告中辍。不久,章学诚病逝,这部未完之作便隐晦不闻。直到道光中,该书之武昌原稿和杭州增订稿辗转流入当时漕运总督潘锡恩手中。潘以原书"采择未精,颇多复漏",因又邀吕用贤、许瀚、刘毓嵩、包慎言等于道光二十六年(1846年)开始对全书进行删复、补略、校舛等。两年后,这部三百卷的史学目录巨著终于完成。并于当年将该书手写本及章学诚的武昌初稿、杭州修改稿和潘氏全部藏书三万卷同贮于潘氏径县原籍。不幸,十年之后潘家藏书失火,《史籍考》清本

"与藏书同归一炬,并原稿亦不复存"①。《史籍考》亡佚后,保存于《章氏遗书》中的《论修史籍考要略》、《史考释例》和《史籍考总目》等三篇文章成了探求《史籍考》内容的可贵文献。在收书范围上,章学诚提出了经部宜通、子部宜择、集部宜裁、方志宜选、谱牒宜略等主张。对原先史部文献的分类也作了必要的更动。根据《史籍考总目》所载,全书十二部,三百二十五卷。每部类之下,皆以书名为纲;各书之下,首著者姓名,次卷数,后著"存"、"佚"、"阙"、"未见"等情况。与此同时,在收录书目之后,还兼载其不同版本和各版本中的内容异同及刻书年代、校订人姓名等。可见,《史籍考》虽系仿朱彝尊《经义考》而作,但在体例上较朱书更为严密,登录内容也更为完善。在编修方法上,章学诚主张分两步:第一步,广收资料,编成长编。材料要尽量丰富,不只现存之书的序跋、凡例以及时人、后人对该书的评论要通行抄录,就是对于亡佚已久之书也要"搜剔群书记载",逐条抄录。第二步,在对所收材料通盘考查之后,对于各种材料抵牾矛盾之处进行考证,作出定论;然后删繁就简,勒为一编。而"分歧互见之说,赅而存之,别为考异一编",作为全书的副产品和参考书。由于《史籍考》已经亡佚,因而对全书的其它一些重要情况如收书数量和全书的具体内容一概不知。但由上述材料可以看出,该书内容宏富、体例严谨、考订精详、思考周密,是一部很有价值的史学专科性书目。

(四)章学诚的目录学理论研究

章学诚(1738—1801 年)字实斋,浙江会稽人,乾隆四十三年(1778 年)进士,曾官国子监典籍。章氏一生著述甚丰,是清代前期的著名史学家。他继刘向、郑樵之后,在对中国古代目录学理论进行全面的总结和深入研究的基础上,于乾隆四十四年(1779 年)著《校雠通义》,对目录学在学术研究中的地位、作用、目录书的编

① 潘骏文:《〈乾坤正气集〉跋》。

制体例和方法等问题,都提出了许多新的见解,为古典目录学的理论建设作出了卓越的贡献。

他认为,目录学是学术研究活动中的一个重要环节,在"辨章学术,考镜源流"、"部次流别,申明大道"等学术研究活动中起着"聚粮"、"转饷"的重要作用。他认为,不只图书分类要能反映出学术的流别,而且目录体制中的每一项内容也都对此承担着重要的责任。为了使目录书体例进一步完善,他认为,在撰写各书提要时,要具备书名(包括异名)、作者简历(包括其名、字、号等)、内容介绍、评价和有关问题的考异等项内容。为了使目录学更好地为学术研究服务,在编制目录书的方法上,他提出"互著"和"别裁"的主张,即将旧有的图书分类和久已固定的图书形式根据学术研究的需要进行重新组织,一书而有两方面以上的价值者,不妨于相关各类中同时著录;此类之某书中的有关篇章如与它类图书有联系,则亦不妨将其有关篇章录入它类并于其下注出见某书某篇。他还主张编制专科目录和索引。章学诚在目录学理论上的研究,是清代前期目录学事业中的重要成就。

四、图书的刊印与流通

（一）图书的刊刻

1. 官刻

清代前期官刻图书机构众多,遍及全国。中央政府中之部院监寺、地方之府州县学以及在京之王府、各地之书院无不印行书籍、官刻图书事业大致可分四个时期:即以故明经厂刻书机构为基础的清初时期,建立自己的刻书机构——武英殿修书处并形成自己刻书特色的康熙时期,以刻印《古今图书集成》和《武英殿聚珍板丛书》为主要标志的雍、乾时期和逐渐衰落的嘉、道时期。

（1）清初刻书情况

入关之前,清朝统治者便注意学习先进的汉族封建文化,先后设置了文馆、内三院等机构,并组织人员翻译《四书》、《三国演义》。入关之初即把明朝的经厂刻书处继承下来,主持官吏和刻印工匠基本上没有变化。因此,这个时期所刻的各种图书仍然保留了前明风格,皆白纸、黑口,长方字体、横细竖粗。由于这时的当务之急是镇压各地的反清武装斗争,清朝统治者不能以更多的财力投入刻书事业,因而这个时期的内府刻书数量很少,而且内容大多是教化人民作顺民百姓的《劝善恒言》和讲究统治术的《资政要览》之类的书籍。

（2）康熙时期的刻书情况

康熙十二年(1673 年),为了适应官府刻书事业的发展,设置了直属内府的刻书机构——武英殿修书处,官员众多,机构庞大。刻书数量比顺治时期成倍增长。据陶湘《殿版书目》所载资料统计,顺治一朝内府刻书仅十六种、七十九卷,而康熙时期却增至五十六种,五千五百九十六卷。在刻书风格上,也一扫明末的校勘不清、混浊板滞的刻书陋习,而非常讲究刻书质量。据有关文献记载,此时官府刻书多采用精致的开化榜纸,坚韧洁白;在字体上,政府规定通用仿宋体或者楷体字,挺秀工整、秀美洒脱、风格各异,将书法艺术与雕刻艺术融为一体,世称"康版",并有康版"更在宋版之上"的评价①。这种精写精刻的风气,不仅开创了清代武英殿刻书中写、校、刻、印无一不佳的风范,对后世的刻书事业也有影响。在内府刻书的影响和带动下,地方官府刻书事业也有较大的发展。各地府、州、县学和书院的刻书机构普遍恢复,有的地区刻书机构规模相当庞大,甚至还承担部分为内府刻板的任务。如扬州、苏州等地方刻书机构曾先后为武英殿修书处刻印《十三经注疏》、《廿一史》板片,这些地区的官府刻书机构还独立雕印了一些大部头书籍。其中最有名的是曹寅主持的扬州诗局。曹寅字子清,一字

---

① 金埴:《不下带编》卷四。

308

棟亭,号荔轩,内务府包衣正白旗人。康熙四十四年(1705年),曹寅在江宁织造兼巡视两淮盐漕监察御史任上奉旨以经营盐务余款,在扬州创办以编校、刊刻内府书籍为主的出版机构,即扬州诗局。由于经费充足,经营人员用心督课,故刻、刊、校、印都非常认真,因而质量很高。其第一部书《全唐诗》,字体秀润、墨色均匀、纸张坚韧洁白,又以鹅黄色硬纸装潢封面,淡黄色绢布装饰书签。未待全书刻成,康熙皇帝便在一份奏折上朱批:"刻的书甚好"。后又陆续刊刻《佩文韵府》、《渊鉴类函》、《历代赋汇》等奉旨刻印之书及曹氏私藏重刊之书《棟亭藏本》等多种。

(3)雍、乾时期的刻书情况

雍、乾时期,政治安定,经济繁荣,因而官刻图书事业达到全盛时期。就数量而言,雍、乾两朝共刻书三百八十种、两万六千九百八十二卷,分别占清代一朝刻印种数和卷数的百分之七十三和百分之五十一。就刻印技术而言,也较之康熙时期有新的提高。以铜活字和木活字分别印行的卷帙浩繁的《古今图书集成》和《武英殿聚珍版丛书》是其代表。《古今图书集成》一万卷,于雍正三、四年间由武英殿修书处用铜活字刊行,共一亿六千万字,分装五千零二十册、五百二十函。以开化榜纸刊印,书中还附有大量绘制精美的插图。《武英殿聚珍版丛书》是乾隆中期以木活字印行的。共收书一百三十四种、两千三百余卷。在刊印过程中,对各种工艺都有所改进。在刻字工艺上,改变了元王桢先在一块整板上雕字再锯为活字的旧方法,而是先锯好大小式样相同的一个个木子,然后贴上字样刻字。在排字上,使用标明部类笔画的排字柜。另外还采用了雕板与活字排印相结合的方法,将印书过程中大量相同的底板中的框格栏线先行雕板,印出,然后将活字正文及版心上的书名、卷次、页码等置于版槽,套印于框格内。由于框格线均是雕板印刷,因此每页界栏联着处严丝合缝,不留缺口,省工省时。刊印工艺的进步表明了这一时期的官刻图书事业进入了全盛时期。

《武英殿聚珍版丛书》刊行后,主持雕印该丛书的金简将印书的全过程及积累的经验著为《武英殿聚珍版程式》,分别条款并附插图、详细说明,以致各地的官私刻书者竞相仿效,对当时和以后的刻书事业影响很大。

(4)嘉、道时期的刻书情况

嘉、道时期,清政府在政治、经济上都处于非常困难的地步。作为官刻图书机构的主要代表,武英殿刻书业逐渐衰落。据陶湘《殿版书目》载,嘉庆一朝刊刻殿本书籍二十九种,道光一朝刊刻殿本书籍十二种,两朝总和不及乾隆朝的七分之一。在刊刻质量上,如《八旗通志》、《熙朝雅颂集》等,无论字体、纸墨、校勘,都显然不及前期。御纂、钦定之书尚且如此,其它书籍则更可想而知了。

2.私刻

清代前期的私家刻书出现了极其兴盛的局面。刻印家和刻书数量均超越历朝,质量也为以往各朝所不及。而且,这一时期的私家刻书还大都结合文献整理进行。因而在从清初到鸦片战争前的两个世纪中,数以百计的经、史、子、集各部精校精刊本相继问世,为古籍的保存和流传作出了可贵的贡献。

清初,由于社会动乱,除常熟毛氏汲古阁之外,较有名者如满洲贵族纳兰容若的《通志堂经解》、吴之振的《辑宋诗钞》、黄叔琳的《文心雕龙辑注》和《史通训诂补》等书。著名学者吕留良、徐乾学等也刻印了一些质量较好的书,但总的看来,私家刻书人数少,刻书数量也不多。

乾隆中叶以后,私人刻书急遽发展,著名者如下表:

姓名	籍贯	刊　刻　图　书
卢见曾	山东德州	《雅雨堂丛书》、《金石三例》
孔继涵	山东曲阜	《微波榭丛书》、《算经十书》
张敦仁	江苏阳城	《郑注礼记》、明本《盐铁论》
秦恩复	江苏扬州	《列子》、《三唐人集》、《词林韵释》
阮　元	江苏仪征	《文选楼丛书》、《十三经注疏》、《学海堂经解》
胡克家	江西鄱阳	影刻元本《资治通鉴音注》、影刻宋本《文选注》
张海鹏	江苏常熟	《学津讨原》、《墨海金壶》、《借月山房汇钞》
汪士钟	江苏长洲	影刻宋本《孝经义疏》、《刘氏诗说》、《郡斋读书志》
鲍廷博	安徽歙县	《知不足斋丛书》

3. 坊刻

坊刻图书由私人经营以赢利为目的,虽在经济实力和所刻书籍的内容价值等方面无法和官刻、私刻相比,但由于其以社会中下层人士为主要经营对象,所刻书籍又大多是村塾发蒙、士子应试及民间日常生活中的常用书籍,因而市场广泛;而在刻书过程中又多是采用价值低廉的纸墨工料和简单的工艺生产,成本较低,因而随着广大社会中下层人士对文化需要量的不断增长,出现非常兴盛的局面。江南地区的南京和苏、扬二州的坊刻事业继续发展,全国各地也出现大量刊刻和经销图书的坊肆。北京还兴起了新的坊刻中心——琉璃厂书肆。在书坊内部,也开始出现分工。有的以雕板刻字为主,如苏州的三经堂、西安的唐家刻字铺等;有的刻印兼发行,如北京琉璃厂的老二酉堂;以贩卖为主的书肆则更多,几遍全国各地。坊刻地区的进一步扩大和各书坊间不同程度的分工,不但标志着坊刻图书的兴盛,而且对普及和提高广大社会中下层人民的文化知识也作出了可贵的贡献。

4. 写刻图书的流行

随着图书刻印事业的发展,刻印技术也有了普遍的提高,主要表现是写刻的流行。

清代前期的几代帝王先后主持纂修了许多书籍。由于这些书籍大多是最高统治者鉴定的实录、盛典、方略等,故缮写、刻印都非常讲求,形成精写精刻风气,因而写刻图书在社会上广泛传播。不但私家和坊肆竞相仿效,先后印行了一大批质量较高的写刻图书;而且,不少著名学者和书法家也加入写刻图书的行列。这些书籍有着极高的艺术价值和珍贵的文献价值。将自己著作手写上板的,如雍正十一年(1733 年)广陵般若庵刻印的著名书画家金农(寿门)所著《冬心先生集》,乾隆十四年(1749 年)刻印的郑燮所著《板桥集》;江声的《释名疏证》由自己篆书上板,张敦仁的《通鉴补识误》由本人草书上板。为先贤或师友著作写刻而著名的如林佶的"林氏四写"①,黄丕烈手写上板的《季沧苇书目》、《百宋一廛赋》等。著名书法家许翰屏代人写刻图书更多,士礼居黄氏、平津馆孙氏、艺芸书舍汪氏以及张敦仁、胡克家等都先后邀其写刻图书,相传胡刻《文选》即由其手书上板,在当时有着很大的影响。

(二)泥活字的复活和磁版印书的发明

在图书刻印技术提高的同时,刻印材料和刻印工艺也有新的改进,这就是泥活字的复活和磁版印书的发明。

1. 泥活字的复活

清朝前期,首先使用泥活字印刷书籍的是苏州人李瑶。道光九年、十年(1829、1830 年),他用仿宋胶泥活字先后两次印行温睿临《南疆逸史》。道光十二年(1832 年),又用胶泥活字摆印《校补金石例四种》。由于文献材料缺乏,李瑶的身世经历和印书缘由

---

① "林氏四写":即林佶为陈廷敬手写的《午亭文编》、为汪琬手写的《尧峰文钞》、为王士禛手写的《古夫于亭稿》及《渔洋山人精华录》。

不详。仅知印书地点在文化和图书事业都很发达的杭州一带①。与李瑶大体同时或稍早的翟金生和他的几个儿子，也在长期试验的基础上，开始用泥字活版印书。翟金生是安徽泾县水东村的秀才，以教书为生，能诗善画。他发现社会中下层人士并不乏优秀之作，但往往因无力刊行而被埋没，翟氏对此极觉惋惜。他不顾"家徒壁立室悬磬"的困境，潜心于泥活字的制作。经三十多年的摸索试验，发明了"抟土爇炉、煎铜削木，直以铜为范、调泥埏埴、磨刮成章"等选模、作字、烧炼、修刮等一系列制做泥活字的方法，并亲手制作了各种规格的仿宋泥活字十万多个。道光二十四年（1844 年），他以这些泥活字印行了自著诗文集《泥版试印初编》。全书用白连史纸印刷，字画清楚，和木活字印本无甚差别。这次印刷的成功推动他继续改进印刷工艺，并陆续又印行了黄爵滋的诗文集《仙屏书屋初集》（1847 年）、自著诗文集增订本《泥版试印续编》（1848 年）、翟廷珍的诗文集《修业堂集》（1848 年）、翟震川所修《水东翟氏宗谱》（1857 年）等书。由上述所印行的几种书的情况来看，泥活字的复活是在社会中下层人士的要求下出现并为这一阶层服务的。因而，翟金生的这一发明和他的刻苦钻研精神受到了社会中下层人士的赞扬和钦佩。黄爵滋撰文称其"不远千里以求其材，不惜时日以尽其业"，是文化事业的"不朽功臣"②。

2. 磁版印书的发明

早在清初，王士禛《池北偶谈》中便有饶州推官翟某逼迫当地磁户制磁版印刷《易经》的记载，但未见传世原书。传世的磁版书是康熙五十八年（1719 年）泰定徐志定印行的张尔岐所著《周易说略》和《嵩庵闲话》。徐志定字静夫，雍正元年举人，曾作过知县。据徐氏为《周易说略》所作的序文，可以看出，该书自制版至刊印

---

① 《校补金石例四种》自序。
② 《仙屏书屋初集》卷九。

成书只用了几个月的时间,而且其所烧制之磁字,也"坚致胜木",足见磁版印书既提高工效又能保证质量。就现在传世的上述两书看来,字体端正整齐,墨色均匀,比翟金生泥活字印的书精致。

（三）图书的流通

清朝前期,市场买卖是书籍流通的主要方式。此外,私人藏书的出借和抄录、朝廷的颁赐以及《四库全书》修成后南三阁和翰林院副本对士子的开放,也对书籍的流通起了一定的补充作用。

1. 图书的买卖

清朝前期,南北两京、苏杭二州的书市比宋明以来又有发展,并成为全国书籍交易的中心地区。其中,南京由于聚集了许多优秀的刻工和有着极其便利的印刷和发行条件,成了许多著名学者如卢文弨、鲍廷博、孙星衍、黄丕烈、顾千里、阮元等人刻印和发行自己著述之地。苏州的玄妙观前更是书坊林立,仅据黄丕烈《士礼居藏书题跋记》中所载,便不下五十多家。这些书贾,大都与各地藏书家有着广泛的联系,为了贩卖书籍,竞相奔走于各藏书家之门。清初钱谦益独嗜宋元旧刊,"书贾闻风奔赴,捆载无虚日"。常熟毛晋性嗜卷轴,以高价搜求宋元善本,则"湖州书舫云集于门"。在书籍流通中,曾发挥过重大作用而值得专门介绍的是清代前期新兴的北京琉璃厂书肆。清初,琉璃厂由于居民增多并逐渐成了一个繁华的集市,于是一些书贾开始于此设摊卖书。康熙以后,由于文化事业的发展,琉璃厂书肆迅速发展,先后建立几十家书坊。《四库全书》纂修期间,清政府曾多次下诏求书,更刺激了各地书商纷纷进京,于琉璃厂设铺售书。其中不少人精通版本目录之学。其经营之书籍,又有许多是很有价值的罕见本、精刊本或者名人手稿;甚至一些有名的学者也常来访书求书并和书商研探学问。有的为了方便,干脆就近赁屋居往,如王士禛、罗聘、孙星衍、黄丕烈等,都在琉璃厂附近居住过。琉璃厂书肆自清初形成以后,作为文化中心,三百年来一直驰誉全国。

2. 借阅、借抄

在市场买卖之外，私人藏书家间互相借阅、借抄也是书籍流通的重要方式。清代前期，许多藏书家都把借阅抄录作为丰富知识、扩大藏书的一种方法。清初的黄宗羲，家藏图书读尽之后，先后至世学楼纽氏、澹生堂祁氏、千顷堂黄氏、绛云楼钱氏、天一阁范氏、丛桂堂郑氏、传是楼徐氏等著名藏书家钞书，且名其藏书室曰"钞书堂"。朱彝尊也以善钞书著称，在明史馆供职期间，曾因抄书而被罢官。乾嘉时期，藏书家彼此有无相易、互相钞录成为风气，各家藏书也因此而增加。

此外，《四库全书》修成后，经乾隆帝批准，江浙三阁之《四库全书》及翰林院之副本曾一度对士子开放。另外，朝廷也多次颁赐图书于各地官学。所有这些，对当时图书的流通，不无作用。但在藏重于用的思想指导下，南三阁和翰林院之官员对所藏之《四库全书》控制甚严，能够看到藏书的只有很少一些人；而且为时不久，其中三份《四库全书》便全毁于兵燹，文澜阁之藏书也损失过半。这几份《四库全书》在抄写过程中投下的人力、财力和其在图书流通中所发挥的作用是极不相称的。至于朝廷向各地官学所颁赐之图书，因为内容陈腐、数量有限，在图书流通中的作用更是微乎其微。

3. 图书收藏和流通的理论

清代前期，在公私藏书日渐丰富、书籍流通日益频繁的情况下，有关书籍收藏和流通的理论也有发展，其代表作是清初曹溶的《流通古书约》和乾隆年间周永年的《儒藏说》。

曹溶字洁躬，又字秋岳，号儒圃，浙江秀水人。明崇祯十年（1637年）进士，仕至御史。明亡降清，官至户部侍郎、广东布政使，是明末清初藏书家。目睹明末清初典籍大量散亡的情况并对之进行了认真的分析。他认为，战争动乱、水火之灾固然是典籍散亡的基本原因，但是，一些藏书家对所得孤本、善本进行封锁，使其

"寄箧笥为命",以致"稍不致慎,形踪永绝",也是导致典籍散亡不可忽视的原因。曹溶认为,藏书家中存在的这种风气是不爱惜古人劳动、"与古人深仇重怨"的表现。为此,他在《流通古书约》中提出了在流通中保存古书的主张。包括藏书家之间互相借钞和藏书家刊印家藏书等两方面。他主张"彼此藏书家,各就观目录,标其所缺者……视其所属门类同、时代先后同、卷帙多寡同,约定有无相易"。然后各藏书家使人将已有人无之书"精工缮写,校对无误,一两月间,各赍所钞互换"。关于刊印,主要是指那些财力充实的藏书家,将未经刊布的古人著作"寿之枣梨。始小本,讫巨编,渐次恢扩",以在社会上造成刊印家藏秘籍的风气。曹溶的这些建议,对于古籍的流通和保存无疑有着积极的意义。曹溶在《流通古书约》中所提建议虽对书籍的流通有一定的作用,但仅适用于藏书量大体相等的藏书家之间图书的流通,范围相当窄;此外,这一建议没有涉及到一般读书人的求书问题。对于全国范围内图书的保存和流通,则更是只字未及。因此,到了文化事业进一步发展的乾隆时期,便有周永年"儒藏说"和"借书园"计划的提出。

周永年(1730—1791年)字书昌。山东历城人。乾隆三十六年(1771年)进士。周永年藏书丰富,学识渊博,曾参加过《四库全书》的纂修和《四库全书总目》的编写,是乾隆时期有名的藏书家和学者。"儒藏说"是他于中进士之前在故乡读书期间提出的。在此之前,明末藏书家曹学佺就已提出过"儒藏说",但曹学佺的"儒藏说"不过是想以一人之力搜集历来的儒家经典和解经著作汇为一处以与释、道两藏相比美,而对于这些书籍的保存和流通等问题没有涉及。周永年的"儒藏说"远较曹之"儒藏说"为具体。他跳出了历来私人藏书的小圈子,提倡由社会承担起藏书的责任,使藏书为社会服务。他主张将天下图书"分藏于天下学宫、书院、名山、古刹",让"负超群之姿,抱好古之心,欲购书而无从"的"寒门窦士"使用。在当时的社会环境下,他自己也觉得这种设想未免悬鹄过高,不易实现。为此,又提出了临时的过渡方法,即由各县之长官、各地之巨族出面倡议,于当地名胜之处建立义学义田,接受藏书家之捐书和赠款。各地义学,应将其藏书编为《儒藏未定目录》并互相传钞,从而使士子知古人著作之存佚情况。同时,各义学各置活版一副,"将秘书不甚流传者"刊印行世,分而藏之,以使"奇文秘籍,渐次流通"。至于义学书籍的收藏和田产的管理,"须共推一方老成三五人,经理其事"。对于来此就学的寒士,则酌情补助。或供其食饮,或量给束修,以免其内顾之优。为了实现这一理想,他除在相识的学者中广为宣传之外,还实地试验,亲自置买田地,建立借书园,并将自己的数万卷藏书移置其中,以为"好学深思之士"创造"博稽载籍,遍览群书"的条件,他的这一举动感动了他的好友桂馥,也将自己藏书全部赠给借书园。但由于种种原因,在周永年生前,其中藏书便一再散失。周永年死后,借书园也随即夭折。借书园的试验虽然失败了,但是周永年早年提出的"儒藏说"却因他自己和朋友的宣传而在社会上产生了一定的影响。因此,可以说,周永年是十八世纪中国图书馆事业的先驱者。他的思想和事业在中国古代图书事业史上具有重要地位。

五、图书编纂工作

(一)类书的编纂

清代前期,类书的编纂空前发展。据统计有一百四十余部,为历代所不及。

1. 官修类书

官修类书的编纂集中在康、雍两朝。主要有《渊鉴类函》、《佩文韵府》、《骈字类编》和《子史精华》。

《渊鉴类函》四百四十五卷,康熙四十年张英、王士禛等纂修,康熙四十九年(1710年)由康熙帝亲为制序刊行。是一部侧重检索文章词藻的类书。它以《唐类函》为基础,将明嘉靖以前的各种类书、正史、诸子、文集的有关内容按部补入,从而使该书成为在时间上通贯古今,在内容上也远较同种类书更为丰富。

在分类上,大体仍《唐类函》之旧,但每部之内的安排较《唐类函》更为完善。它"以释名、总论、沿革缘起居一,典故居二,对偶居三,摘句居四,诗文居五"。在释名、总论中,先引《释名》、《说文》之有关内容以使读者通训诂、明涵义。次以朝代为序,列经、史、子、集等书典故。对偶、摘句则不受时代限制,诗文按体裁分类编入。由于该书对前此同种类书的成果作了清理和总结,因而是清代前期官撰的重要类书。

《佩文韵府》四百四十四卷,康熙五十年(1711年)张玉书等纂修,是专门汇辑诗词歌赋中词藻典故的类书。它以宋阴时夫的《韵府群玉》和明凌稚隆的《五车韵端》为基础,并参考其它同类著作增补而成。在编排体例上,按阴、凌两书的韵部次序收录字、词。同音之字,则按平、上、去、入排列。所收之字,先标音训,字下收录尾字和它相同的词语、典故若干条,并注明所据书目。所收之词语典故,凡采自阴、凌两书者,均于其前加韵藻二字而列于前;凡新增之词语典故,则于其前加增字,列于所收阴、凌两书条目之后。所收词藻、典故,皆按二、三、四字次序排列,各条下之例证,又以经、史、子、集为序。如果一条词藻典故同见于数书,则先引早出之书,而将其它各书之例句依次注于其下。所引之对语、摘句,附于该条典故之最后,并将"对语"、"摘句"四字各加方框。但不再指明所收词语的出处。该书刊行后,因发现尚有不少字、词遗漏,康熙五十五年(1716年)又编纂了《韵府拾遗》。由于该书在汇辑诗词歌赋典故方面总结了前人成果,因而是一部著名的类书。

《骈字类编》二百四十卷,康熙五十八年(1719年)命吴士玉等编纂,雍正四年(1726年)由雍正帝制序刊行。该书是和《佩文韵府》相辅而行的类书,作用和性质大体相同。在编书体例上,仍

318

按以类相从的旧例,按事类分为天地、时令、山水、居处、珍宝、数目、方框、采色、器物、草木、鸟兽、虫鱼等十二门,另附"人事"一门作为补遗。对于每字之后所引的与此相同的各条词语也皆齐句首之一字,犹似现在的各种词典的排列方式。和《佩文韵府》不同之处在于不像《佩文韵府》那样,收二字、三字、四字之词语而是仅收两个字的合成词。有此两书并行,读者可随时以不同方法查出有关词语的典故出处。而且,该书对于所引各书之词语,皆注明书名、篇第。因此与《佩文韵府》同为清代前期类书纂修的重要成果。

《子史精华》一百六十卷,康熙六十年(1721年)命吴士玉等编纂,雍正五年(1727年)刊行。该书是汇集子、史两部中可"资考证、广学问"的资料性类书。全书分为天、地、帝王、皇帝、岁时……等三十部,每部又依具体情况设二百八十子目,可按类查阅子、史古籍中的各种资料。

清代前期官修类书的主要成就是从一些方面对前代同种类书进行全面系统的总结。或删除重复,化繁为简;或增订、充实内容,体例上也更为完善。不仅丰富了图书的典藏,对保存和整理古代文化也作出了贡献。

2.私修类书

清朝前期,私修类书的份量不大,超过百卷以上的很少。但种类却较多,见于《四库全书总目》的便有四十八部。而且内容丰富多彩,几遍于自然界和社会生活的各个方面。

康熙年间陈元龙编撰的《格致镜原》一百卷,是考辨古代名物起源比较精审的类书。对所收资料,大多录其最早出处,并一一注明所据书目。对于书中涉及之各种名物,"必究其原尾,详其名号,疏其体类,考其制作,以资实用"。在编排体例上,该书按事类将全书分为乾家、坤舆、身体、冠服、宫室、饮食……等三十类。类下又分细目,共计八百八十六个。全书"体例秩然,首尾贯穿,无诸家丛冗猥杂之病"。① 可见它在份量上较为宏富,在内容上也考辨精当。

吴宝芝的《花木鸟兽集》三卷,是专门汇集有关花、木、鸟、兽等方面词藻典故的类书。全书分目一百一十。该书涉及面虽较一般类书狭隘,但能深入发掘资料,除常见书籍外,还旁及稗官小说、诗词佳句,使得该书质量反在一般类书之上。

葛万里编修的《别号录》九卷,是专门汇集古代人名别号的类书。它将宋、金、元、明四朝之人署有别号者一一录出。按详今略古的原则,将宋、金、元三朝之人合为一卷,仅注其时代而不注其里贯;明人八卷,兼注时代及里贯。该书将各人别号之下一字按韵目次序排列。每韵之下,仅其第一人标两字别号,其余人别号因下一字与前面相同,故仅标出不同于前人之上一字。虽然该书收录之别号尚有阙漏,但对于查找宋朝到明朝时期部分人的别号提供了方便。

方仲德编修的《古事比》五十三卷,是一部专门汇集古代人事方面典故的类书。从各书记载中,将涉及人事之部分抄出,并取其事迹相类者,以事为经,以人为纬,分类加以编排。给查找历史上事迹相似、性质相同的人事掌故提供了方便。全书不分大类,只分细目二百七十五个。可根据编目寻检相关内容。由于古史浩繁,作者不可能将所有相似之古事全部收入,因而内容并不完备。此外,有些条文过于简单,且又不注出处,给复核原书造成困难。

厉荃编修的《事物异名录》四十卷,是专门汇集各种事物不同名称的类书。在我国古代语汇中,一物多名的现象非常普遍。作者搜集这些不同名称,分三十九部,部下又分细目。所收各种事物,先列通称,后列各种异名。书成后,又经关槐增订,于乾隆末刊行。

----

① 《四库全书总目》卷一三六。

（二）《古今图书集成》

1.作者和编修经过

《古今图书集成》经雍正帝制序文后初刊于雍正六年（1728年）。虽卷首署名为康熙帝钦定、户部尚书蒋廷锡等校定，然真正编纂者则是陈梦雷。

陈梦雷字则震，又字省斋，晚号松鹤老人，别号天一道人。顺治八年（1651年）生于福建侯官县。自幼聪敏好学，二十一岁成进士，选庶吉士，任翰林院编修。康熙十二年（1673年）返闽省亲时，适耿精忠于福建举兵反清，因拒不任职而被拘于僧舍达五年之久。三藩平定后，遭诬枉以附逆罪下狱。不久，谪戍奉天。后康熙帝东巡，陈献诗称旨被召还，为皇三子胤祉侍读。迨雍正帝继位，因胤祉关系，复被流放塞外，直至去世。所著有：《周易浅述》八卷，《盛京通志》、《承德县志》、《海城县志》、《盖平县志》等书。

《古今图书集成》始修于康熙四十年（1701年）十月，事实上，陈梦雷自入宫以后，为了"仰备顾问"，他即随时"掇拾简编，以类相从"，这就是后来《古今图书集成》的雏形。由于他"读书五十年"，"涉猎万余卷"，学识非常渊博，因而发现前人所修的各种同类书籍都有不少问题。为了纠正这些书的范围狭隘、古今不通、体例不善、寻检困难等问题，他决心重修一部"大小一贯、上下古今、类例部分、有纲有纪"的大型类书。他的这一志愿得到了胤祉的支持，除将其协一堂藏书供陈使用外，还专拨款项雇书手抄写。为表示这部类书囊括古今书籍的全部知识，名之为《古今图书汇编》。

康熙四十年（1701年）十月，编修工作正式开始。陈梦雷将全书分为汇编、典、部等三层，部下分细目。这种分类方法无疑是类书编修体例中的创新，不但更加富有条理和系统，而且能容纳更为丰富的材料。对于材料的收录范围，本着"凡在六合之内，巨细毕举"的原则，凡收录的文字，不但对儒家经典和历代正史只字不遗，而且对一般不重视的"稗史子集"，也仅"十亦只删一二"，因而收录材料比前代类书更为丰富。在编修中，陈梦雷首先将阅过书籍的有关部分标明部类，由书手逐篇抄录并注明其原始出处；然后亲手整理、汇编，使其系统化。经过五年"目营手检、无间晨夕"的辛勤劳动，终于在康熙四十五年（1706 年）四月完成了这部三千六百余卷的巨型类书的初稿。

　　陈梦雷非常希望将此书初稿上献康熙帝，决定"何者宜存，何者宜去，何者宜分，何者宜合"，以在全书体例上作必要的更动。在收书范围上，则以协一堂和自己家藏有限，所收未备，希望进一步使用"秘府之藏，广其所未编"。同时，为了提高该书质量，还建议"于江南、浙江都会之地，广聚别本书籍，令精力少年，分部雠校"，使字画"不致舛讹"①。这些建议无疑都是合理的，但由于此时最高统治集团内部发生了激烈的皇储之争，康熙帝无暇及此，《古今图书汇编》初稿的修定工作实际上停顿下来。雍正帝即位后，陈梦雷被流放塞外，《古今图书汇编》的初稿也同时被夺，并将书名改为《古今图书集成》。虽然该书在刊印时对其中的类目名称和卷数作了一些改动，也未署陈梦雷姓名，但内容大都悉仍陈氏之旧。陈梦雷无疑是对整理文献作出过巨大贡献的著名学者。

　　2. 体例和内容

　　《古今图书集成》一万卷，另目录四十卷，内分六汇编、三十二典、六千一百零九部，每部之下又包括汇考、总论、图表、列传、艺文、选句、纪事、杂录、外编等项。所收内容，多将原书整篇、整段抄入并注明出处，标示书名、篇目和作者，以便核校。全书约一亿六千万字，仅次于《永乐大典》。是一部集图书大成的古代百科全书。

　　3. 价值和不足

---

　　①　谢国桢：《明清笔记谈丛·陈则震事辑》。

由于《古今图书集成》对古典文献进行了分门别类的全面清理和总结，因而在图书事业史上有着重要的地位和作用。首先，由于该书收书范围遍及经、史、子、集，而且多是不加删节的整篇、整段录入，因而保存了大量的原始资料，为古典文献的保存和流传作出了贡献。其次，由于该书体例完善，分类详细，也为学者治学提供了极大的方便。该书中的每一个类目，基本上是一门专史的资料汇编。学者可以根据自己的治学方向，阅读其中的有关典、部，了解其大致沿革，然后再由该书中注明的出处寻检相关书籍，以作进一步的研究。因而它不但可以作为专史资料汇编使用，而且也可以作为治学的向导。再次，由于《集成》成书较《永乐大典》晚三个世纪，因而未被《大典》收录的明代和清初的不少文献赖以保存，在辑佚和校勘等方面也有重要作用。如明末宋应星《天工开物》是古典科技名著，但清朝中叶以后隐而不闻，《四库全书》及《掣经室集》皆未收录。近人陶湘曾据《集成》所载，临摹重印。解放后，北京图书馆访得明崇祯十年（1637 年）原刻本《天工开物》，证明《集成》本近于原刻本。又明末科学家徐光启曾著有《农遗杂疏》，其中收有《甘藷疏》、《芜菁疏》等农学专著，清初尚存，分见于徐乾学《传是楼书目》和《明史·艺文志》子部农家类。但后来失传。而在《古今图书集成·博物汇编·草木典》里载有徐氏的《甘藷疏序》，由此窥见《农遗杂疏》的一鳞半爪。该书对辑录明初以前的一些已佚著作和文章也有作用。如嘉道间著名学者张金吾曾至吴兴鲍氏知不足斋借读朝廷颁赐之《古今图书集成》，先后从中发掘出金代遗文多篇，并将之录入《金文最》①。此外，由于该书成于清初，所录各书内容由于使用了较早的版本而多存古籍原貌，没有像乾隆中修书时因忌讳多端而对古籍肆加改窜，因此在校勘古

① 参见胡道静：《古今图书集成的情况、特点及其作用》，载《图书馆》1962 年第 1 期。

籍时有重要作用。

《古今图书集成》的缺陷和不足是：一、作者未阅"秘府之藏"，因而未将清初传世之书悉行收录。二、引文中有错误和脱漏。该书比《永乐大典》晚成三个多世纪，但份量尚不及《大典》之半，说明《永乐大典》中半数以上的书未被收录，尤其大典散佚后许多书籍随之亡佚，不能不惋惜编修时虽有可能但却没有使用《永乐大典》中的材料。此外，由于该书正式编修时间较短，又系由陈梦雷一人主持，所雇书手在抄录有关篇章、段落时，脱漏、错误之处不少，而陈梦雷也未能复核改订。尽管如此，该书仍为现存类书中规模最大、用处最广、体例最完善的类书。

4.流传和版本

《古今图书集成》于雍正六年（1728 年）由内府用铜活字印行，当时共印六十四部和样书一部。每部五千零二十册，分装五百二十二函，有开化榜纸和太史连纸两种印本。雍正、乾隆中先后将十余部颁赐有功大臣、四库开馆时献书较多的藏书家及南北七阁，其余仍贮内廷。近代以后，由于战乱，初刊本存者甚稀，除国外英、法等国分别存有全帙或残帙之外，国内所存者，仅故宫博物院藏有四部。光绪十四年（1888 年），英国人安·美查和弗·美查兄弟集资设"图书集成印书局"于上海，用铅活字翻印一千五百部，每部一千六百二十册，另目录八册。光绪十九年（1893 年）清政府令上海同文书局照初刊铜活字本原式石印一百部，书后附尤松琴《考证》二十四卷。一九三四年，上海中华书局又将原书缩小影印，分订八百册，附《考证》八册。于是流传渐广。此外，英人翟理斯和日人泷泽俊亮还分别为该书编了索引，为该书的使用提供了方便。

（三）丛书的编纂

1.官修丛书

官修丛书开始于康熙时期，曾先后组织编纂并刊刻了《御纂七经》、《古香斋袖珍十种》和《律历溯源》等丛书。《古香斋袖珍十种》是经、史、子、集四部俱备的丛书,《律历溯源》则是关于天文学著作的汇编。乾隆四年(1739年)刊行的《廿四史》、十二年(1747年)刊行的《三通》、三十八年(1773年)刊行的《武英殿聚珍版丛书》、四十六年(1781年)敕撰并刊行的《辽金元三史语解》和三十七年至四十七年动用全国各方面人才编修的《四库全书》以及《四库全书荟要》等,更称丛书中的巨擘。

2. 私修丛书

和官修丛书相比,私修丛书不但门类更齐全,而且在种类和卷数上也都远远超过官修丛书,其中多因文献价值高或因质量好而享有盛名。康熙初年,汪士汉辑刊的《秘书二十一种》,汇集先秦至宋古籍二十一种,文献价值颇高。康熙三十四年(1695年),王晫、张潮共同辑刊的《檀几丛书》,收录明清两朝著作,分三集,收书一百五十七种。张潮辑刊《昭代丛书》则专收清朝人著作,收书九十种,分甲、乙两集,每集六帙,分别刊行于康熙三十六年(1697年)和三十九年(1700年)。收录仕于清初的西方传教士利类思、安文思和南怀仁的《西洋要纪》,尤为清初少有的介绍西方情况的书籍。吴震方辑刊《说铃》前、后、续三集,亦专收清人著作,共收书六十二种,分别刊于康熙四十一年(1702年)和五十一年(1712年)。该书收录了后来遭禁的屈大均的著作《登华记》一卷和南怀仁所著较早介绍西方情况的《坤舆外记》。

乾隆以后,私修的普通丛书数量猛增,一直持续到道光以后。著名者,如乾隆二十一年(1756年)卢见曾辑刊的《雅雨堂丛书》,收书十一种,一百二十八卷,皆当时罕秘之本,且为精校名抄。孔继涵编修的《微波榭丛书》收书十七种,除自著外尚有戴震的《孟子字义疏证》、《考工记图》、《声类表》、《方言疏证》等。毕沅编修的《经训堂丛书》,收书二十一种,一百六十二卷,收《山海经》、《老子》、《墨子》、《晏子春秋》、《吕氏春秋》等,且皆精心校勘后付印。其中还收录清代经学家惠栋的著作和自著《关中金石记》、《中州金石记》等书。卢文弨编修的《抱经堂丛书》收书二十种,二百六十三卷,所收汉、唐古籍,皆集多本反复校勘,还收自著的《群书拾补》三十九卷,是作者校勘补佚诸史的汇编。周永年的《贷园丛书初集》、鲍廷博的《知不足斋丛书》、孙星衍的《岱南阁丛书》和《平津馆丛书》、孙冯翼的《问经堂丛书》、顾修的《读画斋丛书》、黄丕烈的《士礼居丛书》、张海鹏的《学津讨原》和《借月山房汇钞》及《墨海金壶》、吴省兰的《艺海珠尘》、陈春的《湖海楼丛书》、顾之逵的《艺苑捃华》等,或以收录多种古籍见长,或以精校精刊无俗字讹字驰誉,为中国古典文献的保存和流传,作出了可贵的贡献。

伴随着辑佚活动的兴盛,辑佚丛书也有了更大的发展。如洪颐煊的《经典集林》,共辑佚书三十种。王谟的《汉魏遗书抄》分经史子集四部,仅所辑各朝说经佚书即达一百零八种。张澍的《二酉堂丛书》,辑汉魏遗书三十六种。茆泮林的《十种古逸书》辑先秦《世本》以下至唐代的各种佚书十种。黄奭的《汉学堂丛书》和马国翰的《玉函山房辑佚书》,分别辑佚书二百一十五种和六百三十二种,可谓集佚书之大成。

地方丛书有嘉庆时祝昌泰所辑的《浦城遗书》,收录宋、元、明三朝浦城人著述十五种。宋世荦辑刊的《台州丛书》(一名《名山堂丛书》),分甲、乙两集,收录宋、明、清三朝著作九种。道光十二年(1832年),赵绍组、赵绳祖辑刊《泾川丛书》正、续两集,收录明清两代各种著作五十一种。次年,邵廷烈辑刊《娄东杂著》(一名《棣香斋丛书》),分九集,收录元代以后与该地有关著述六十八种。道光中吴兰修辑刊《岭南遗书》,内收宋、明著述六种。

族姓丛书之著名者,如康熙中赵饮谷刊行的《高阳四种集》,内收许姓一族三人著述各一种,徐姓著述一种。程定远辑刊的《荥阳杂俎》,收唐、宋、明、清四朝郑姓作者著述八种。田雯辑刊的《德州田氏丛书》,收清初德州田氏族人所撰之书十三种。刘青芝辑刊的《刘氏传家集》,收清初以来刘氏族中八人著述二十八种。

独撰丛书在各类丛书中发展最快。据统计,清朝独撰丛书共五百余种,而其前期有二百七十多种。如康熙间潘耒编刻的《亭林遗书》二十二种,集中了顾炎武一生中的主要学术成就。孔继涵编的《戴氏遗书》十八种,收录戴震的主要著述。其它如钱大昕的《潜研堂全书》、赵翼的《瓯北全集》、段玉裁的《经韵楼丛书》等,也都是有很高学术价值的独撰丛书。

在各种丛书中,专收经、史、子、集中某一部的丛书也很多。如康熙十九年(1680年)刊行的纳兰容若的《通志堂经解》九百卷,收录自古特别是宋、元以来各家解经之作共一百四十种。乾嘉之际臧琳、臧庸合撰的《拜经堂丛书》,则收录二人自辑自撰之经注十种。道光中阮元所辑的《皇清经解》,一千四百卷,是专收清人解经之作的大型丛书。史部丛书有道光中分别刊行的叶腾骧编辑的《崇正全书》和陈湖逸士编辑的《荆驼逸史》,都是明末清初的史料丛书,前者收书十种,后者收书五十八种。子部丛书有嘉庆九年(1804年)刊行的《十子全书》和道光十三年(1833年)刊行的王缵堂的《二十二子全书》。集部之丛书则更是举不胜举,仅小说一项,有的专辑前朝,有的专辑当代,有的甚至自撰小说编为丛书。如嘉庆十一年(1806年)王文诰辑刊的《唐代丛书》,内收唐人传奇小说一百六十四种,分六集刊行。至于将前人文集合刊、选刊而印行的丛书,则更是不计其数。

还有一些专辑医学、数学、天文学等自然科学方面的丛书。如乾隆十四年(1749年)刊行的陈嘉璐《医学粹精》、乾隆三十二年(1767年)刊行的王琦所辑《医林指月》和道光十年(1830年)刊行的杨乘六所辑《医宗己任编》,都是有关医学的专科丛书。天文学的丛书有嘉庆十二年(1807年)刊行的徐朝俊《高厚蒙求》五集十卷。关于数学的丛书有雍正中刊行的梅文鼎自撰之《梅氏丛书》二十八种,嘉庆中刊行的安清翘《数学五书》、张作楠《翠微山房数学》十五种和道光中刊行的罗士琳编辑之《观我生室汇稿》十种、李锐自编《李氏遗书》十一种等。

3. 丛书目录的出现

丛书目录的首创之作是顾修编撰的《汇刻书目》十卷,收宋、元以来各种丛书二百六十一种。它以丛书书名为纲,于丛书书名下分注其辑刊者姓名及时代。在每部丛书之后,分列所收子目书名、卷数、著者时代及姓名,为学者寻检丛书中的有关书籍提供了便利。其不足处是所收丛书甚少,仅二百六十一部,而体例上也极不完善,不仅在所收丛书的排列上无次序可循,同时也未编有相应的子目索引,不便查用。

4. 评价

清代前期丛书编修事业繁荣,对古代图书事业的发展起到了巨大作用。据统计,全部现存丛书中保存的单种文献近四万种,其中约有万种文献保存在清代前期所编修的各种丛书中。尤其是那些私人编修丛书的学者,克服物质条件上的种种困难,千方百计地搜求各种价值较高的古籍,整理校勘,使一些濒临亡佚的珍本秘籍重与世人见面。还有一些学者,在封建专制压迫空前酷烈的政治形势下,冒着绝大的风险,收藏或在丛书中刊行了一些虽遭禁毁但文献史料价值很高的书,予封建统治者反动的图书政策以有力的回击。即使曾经出现过几种丛书同收一书的重复现象,由于所据版本和编排方式不尽相同,在学术上也各堪自立。

(四)《四库全书》

乾隆三十七年(1772 年),政府征求民间遗书时,安徽学政朱筠建议开馆校书。这一建议,不仅要求广征遗书,而且要整理国家藏书,特别提出从《永乐大典》中辑佚,这是要求政府对全部现存图书进行一次总清理。乾隆帝非常重视这一建议,立刻派员校核《永乐大典》中所存佚书的情况。经过调查,了解到此建议确实可行之后,便立即组成以军机大臣为总裁官、由许多翰林参加的专门机构,进行辑佚活动。乾隆帝也改变了原来单纯求书的初衷,决计编纂一部囊括古今一切主要著述的巨型丛书——《四库全书》。乾隆三十八年(1773年)二月,"四库全书馆"于翰林院正式成立。一个由政府组织的声势浩大的编纂《四库全书》的活动开始。

"四库全书馆"机构庞大,官员多达三百六十人。特设正总裁官十六员、副总裁官十员,皆分别从大学士、六部尚书、侍郎内遴选。总裁、副总裁之下设总阅官十五人,总管阅定各书之事;总纂官三人,总理编书之事;总校官一人,总理校订之事;缮书处总校官四人,专掌抄书及总理校对脱误之事。总目协勘官七人,管理协定全书总目之事;翰林院提调官二十二人,武英殿提调官七人,翰林院收掌官二十人,武英殿收掌官十四人,缮书处收掌官三人,分掌各处藏书之提取出纳事宜;督催官三人则专掌督促编书、抄书之事;监造官三人,专任刊刻、印刷、装订、整理之事。每一机构之下,又设有具体办事官员多人。又招收抄写誊录的书手、绘画的手工工人和刻字印刷的工匠四千余人。这一专门机构的成立,对于《四库全书》的纂修起了保证作用。

乾隆帝除亲自任命当时的著名学者纪昀、陆锡熊为总纂官、陆费墀为总校官之外,还分别以大臣荐举、政府征辟等方式,将一大批学识渊博而又年富力强的著名学者安排到纂修和分校官各个重要岗位上。如著名经学家戴震、著名校勘学家周永年、著名史学家邵晋涵,即分别被任命为校勘《永乐大典》纂修官兼分校官;著名经学家姚鼐、翁方纲、朱筠,则分别被任命为校办各省送到遗书纂修官。著名学者程晋芳、任大椿、金榜、王念孙、庄存与等,也都各据所长安排了相应的职务。由于他们的辛勤劳动,使得《四库全书》在各方面都达到了较高的学术水平。

由于自清初以来,清政府即注意图书的搜求、庋藏和编修,至乾隆时国家藏书已比较丰富,而《四库全书》的纂修又是结合当时正在进行的对《永乐大典》的辑佚以及大规模地征求民间遗书的两项活动同时进行的,因而书籍来源广泛。自开馆至乾隆三十九年八月,各省进书即逾万种,而且还在继续增加,如果再加上政府原有藏书、从《永乐大典》中新辑之书以及为编入《四库全书》而临时敕撰之书,数量确实可观。根据乾隆帝的指示,凡在遗书到馆之日,便由各纂修官对每种书籍的不同版本进行校勘,并就其作者、成书时代、内容异同、版本优劣进行考证,将考证成果以另纸粘于该书每卷之末。同时,仿汉刘向校书之例,为每书撰写提要一篇,叙作者之时代爵里、事迹、内容得失,并根据该书之价值预拟出应刻、应抄、应存目三种意见,交总纂官审定修改。再由总裁官上奏,经乾隆帝同意后,除其中被判为应存目之书不录入《四库全书》外,其它应刊、应抄之书皆交缮书处组织人员按所定规格录入《四库全书》。应刊之书除缮写外,还由武英殿修书处以《武英殿聚珍板丛书》为名刊行。

《四库全书》从乾隆三十八年二月正式开馆起,至乾隆五十二年八份《全书》、两份《荟要》最后完成止,共用了十五年时间。计收入《四库全书》之书三千四百六十一种,七万九千三百零九卷,分装三万六千三百册、六千七百五十二函;收入《四库全书荟要》之书为四百七十三种,一万九千九百三十卷,分装一万一千二百五十一册,两千零一函。这在图书事业史上,实为空前壮举。

这八份《全书》分别使用开化榜纸和太史连纸在预先打好直行红格的朱丝栏内端笔正楷书写,半页八行,行二十一字;注文双行小字。有些书内还绘有精美的插图。装帧是绢面"包背装",经部绿色(独文澜阁经部为葵绿色)、史部红色、子部蓝色(文宗、文汇两阁子部为玉色、文澜阁子部为月白色)、集部灰色(文宗、文汇二阁集部为藕合色、文澜阁集部为灰黑色),以象征一年四季之色。每若干册贮在一个木匣内,名为一函,函面上刻有函内所装之书名,函内之书夹以香楠木片,再用绸带系住。函面之字、函内系书之绸带和书的绢面颜色相同。这样,不但防霉、防虫,而且形式上也极其整齐美观,有着极高的艺术价值。同时,对于每种书籍在阁内架上的陈列位置,也都作有具体规定,并且专门画出图样,名为《四库全书排架图》。

在《四库全书》的纂修过程中,同时产生了几种副产品,除有关书目外,还有《四库全书荟要》、《四库全书考证》和《武英殿聚珍板丛书》。

编修《四库全书》,对古典文献的保存和流传起了重大的积极作用。它在收书范围和质量上都远在前此同种书籍之上。各地藏书家累世珍藏的善本书和失传几百年而文献价值极高的珍本秘籍都因此而化私为公、变零为整,而且在纂修中还对之进行了分门别类的系统整理,从而使大批珍贵的古典文献赖以保存和流传。加以《全书》修成后分七处存放,不但有利于保存,也为传播古代文化作出了贡献。许多学者借翰林院副本和江浙三阁对士子开放的机会,入阁抄写世上罕传之书,或用之校勘家藏书籍,并将之刻为丛书行世。如张海鹏的《学津讨原》和《墨海金壶》、钱熙祚的《指海》和《守山阁丛书》等都以收录阁本而著称。但由于该书之纂修是在乾隆帝的主持下作为思想文化统治的手段而进行的,因而使该书在收录范围、收录内容上都存在着严重问题。如借修书为名,查禁并销毁了大量具有民族、民主思想价值极高的图书。据前人估计,纂修期间所销毁的各种图书总量约在三千种左右,几和《四库全书》的收书量相等,使古代文化遭到了自秦始皇焚书以来的又一次浩劫。一些图书即使侥幸未被销毁,也因为不符合乾隆帝规定的"为天地立心,为生民立命,为往圣继绝学,为万世开太平"的封建道德标准而被判为存目类不收入《四库全书》,甚至有的连存目类也不予登录。此外,对于所收之书也因忌讳多端而对之进行多方抽毁和窜改,使得许多珍贵古籍或遭肢解,或严重失真。再次,由于该书系官修之书,最高统治者的目的是借此以粉饰太平,相当一部分纂修、校订官员又将此作为仕宦之捷径,因而采取敷衍塞责的态度,使该书的学术质量也受到严重影响。如《永乐大典》本为明初以前各种古籍之渊薮,只要认真辑录,本可辑出更多的书,而决不止此次所辑之五百十六种;但由于馆中上自总裁下至多数纂修官,仅是信手抄录其较为完全之书,对于其它稍需花费气力者则一概弃之不顾。又如抄写工作是成书的重要环节,应认真对待,以保证质量。但竟有整部、整卷、整篇漏抄者。乾隆五十四年、五十五年(1789、1790 年),陆锡熊到文溯阁校书,查出漏写书二部、错写书三部,因错漏太多而需要另行抄写者三部,匣面错刻或漏刻书名者五十七部。乾隆五十七年(1792 年),纪昀重校文津阁书,仅经部书籍就查出空白和错误一千多处。乾隆五十九年(1794 年),又查出文源阁书内《盐铁论》漏写卷末《杂论》。虽经乾隆帝严厉惩罚,责令有关人员出资赔写,但各阁《四库全书》所存问题仍所在多有。